제3판

사회복지 정책론

양승일

YANGSEOWON
양서원

빈곤, 질병 등 복지사각지대에 노출되어 있는 사회복지문제를 공공의제에서 정책의제로 전환시킨 후, 정책목표 및 정책대안을 통해 집행을 위한 최종적 정책산출물을 도출하고 집행・평가하여 피드백시키는 과정이 사회복지정책이라면, 복지국가가 확대되어 가는 상황을 고려할 때, 그 과정은 매우 중요해졌지만 높은 수준의 복잡성을 띠고 있는 것도 주지의 사실이다.

따라서 복잡한 사회복지정책에 대해 체계적인 이해를 제고시키기 위해서는 이론, 사례 등을 논리적으로 기술하는 사회복지정책론이 반드시 필요하다. 즉, 복잡한 사회복지정책을 입체적이고 논리적으로 기술할 때, 이해도가 높아지고 정책효율성이 제고된다는 것이다.

본 저서도 이러한 점에 착안하여 기술하였다.

본 저서는 사회복지정책의 총론, 사회복지정책의 각론, 사회복지정책의 응용론으로 대별했는데, 전자는 사회복지정책의 의의, 역사, 이론, 과정 등으로 구성되었고, 중자는 공공부조정책, 사회보험정책, 사회복지서비스정책 등으로 이루어졌으며, 후자는 사회복지사례와 정책이론의 결합 A, B, C 등으로 기술되었다.

즉, 사회복지정책의 총론은 사회복지정책과 관련된 전반적인 내용을 반영함으로써, 사회복지정책을 큰 틀 차원에서 이해시키는 데 초점을 두었다.

사회복지정책의 각론은 총론을 통한 거시적 틀을 바탕으로 국민기초생활보장제도, 산재보험제도, 아동복지서비스정책 등 미시적 틀을 이해・형성시키는 데 무게중심을 두었다.

마지막으로, 사회복지정책의 응용론은 총론의 거시적 틀과 각론의 미시적 틀을 근거로 사회복지사례와 정책이론을 결합시키는 연구서 위주로 기술하였다는 점에서, 좀 더 이해를 제고하고, 발표 및 세미나수업 등에 도움이 될 수 있도록 조명하였다.

이러한 구성은 사회복지정책의 강의, 학습 등에 일정부분 체계적 방향을 설정하고 있다는 점에서, 조금이나마 도움을 줄 수 있는 행태라고 생각한다.

끝으로, 이 책이 나오기까지 성원해주신 부모님들과 아내, 그리고 양서원 회장님을 비롯한 임직원 여러분께 감사의 마음을 드린다.

저자 양승일

제1부 사회복지정책의 총론

제2부 사회복지정책의 각론

제3부 사회복지정책의 응용론

제1부 사회복지정책의 총론

제1장

사회복지정책의 의의

제 1 절 사회복지정책의 개념

사회복지정책의 개념은 학자들의 접근입장차이로 다양하게 정의되고 있는데, 먼저 기존에 연구된 개념정의를 살펴보면 다음과 같다.

우선, 박병현(2004: 22-29)은 사회복지정책에 대해 사람들이 인간다운 삶을 영위하도록 서비스나 소득을 제공함으로써 인간의 기본적 욕구를 충족시켜 주고, 각종 의존문제를 해결하기 위한 정부의 지침, 계획, 과정이라고 보고 있으며, 여기에 해당하는 핵심프로그램을 노후의 소득보장과 빈곤예방을 위한 연금제도, 산업재해나 실업에 대비한 사회보험제도, 사람들의 건강을 보존하고 질병을 예방하기 위한 건강보험제도, 저소득층의 기초생활을 보장해 주기 위한 공공부조, 아동·장애인·노인 등 사회로부터 불이익을 받고 있는 사람들을 위한 사회복지서비스 등이 있다고 정의한다.

김학만·김경우·이용환·진석범(2005: 28-41)은 사회복지정책에 대해 수준·범위별로 협의와 광의로 분류하였다. 먼저, 협의의 사회복지정책으로서 소득보장정책, 건강보장정책, 주택정책, 그리고 대인적 사회서비스 등으로 대별하였는데, 소득보장정책으로는 공공부조로서의 국민기초생활보장제도, 사회보험방식에 의한 공적연금제도, 그리고 아동수당·노령수당·장애수당 등으로 규정하였고, 건강보장정책은 사회보험방식의 국민건강보험제도와 공공부조방식의 의료보호, 그리고 노인의료와 결핵 등의 공비부담제도 등을 제시하였다. 주택정책으로는 주택저당대부제도, 공공임대주택·국민주택·주거환경개선사업 등을 규정하였고, 대인적 사회서비스로는 아동복지 · 청소년복지 · 노인복지 · 여성복지 · 장애인복지정책 등을 제시하였다. 한편, 광의의 사회복지정책을 교육정책, 조세정책, 그리고 노동정책으로 대별하였는데, 교육정책은 영유아보육, 저소득 중 · 고등학교 재학생의 학비지원, 학교급식, 산업체 부설학교, 장학금제도 등으로 규정하였고, 조세정책으로는 부의 소득세 등을 제시하였다. 그리고 노동시장정책은 고용정책, 노사정책, 임금정책, 사회보장, 산업복지 등으로 접근하였다.

현외성(2005: 29-35)은 사회복지정책에 대해 학문적 개념과 제도적 개념으로 대별하여 제시했는데, 학문적 개념으로는 소득, 의료, 주택, 교육, 고용 및 개인적 서비스 등을 포함하는 광의의 의미로 보면서, 이들에 대한 일련의 행동지침이나 이들을 통하여 인간다운 생활을 유지할 수 있도록 하는 제반서비스 및 급여의 배분원칙이나 목표달성을 위한 행동지침으로 접근하고 있다. 반면, 제도적 개념으로는 협의의 사회복지정책의 개념이 사용되는 것으로 보고, 이것은 공공부조와 사회복지서비스 관련 정책을 말하는 것으로서, 이들의 배분을 통하여 일정한 목적으로 달성하려는 일련의 행동지침으로 접근한다.

남기민(2006: 13-21)은 사회복지정책에 대해 협의로는 소득보장, 의료보장, 주거보장, 사회서비스 등 4개 영역으로, 광의로는 소득보장, 의료보장, 주거보장, 교육보장, 사회서비스, 조세, 노동 등 7개 영역으로 구성하였다.

전재일 · 배일섭 · 정영숙(2006: 33-38)은 사회복지정책에 대해 사회복지의 목적달성을 위한 방법, 절차 등을 명확히 하는 것으로서 필요한 자원의 조달 · 배분의 방법도 포함시키고 있다.

박정호(2006: 17)는 사회복지정책에 대해 사회구성원의 복리증진에 관한 정부의 계획된 지침이나 내용으로 정의하고 있다.

이태복 · 심복자(2006: 22-24)는 사회복지정책에 대해 그 주체를 독점적인 국가적 과제로 고정시킬 것이 아니라 지방자치단체, 기업, 노동조합, 민간기관 등 모든 행정기관과 사회집단으로 확대해야 하며, 이들 조직들은 사회복지정책에 참여할 책임과 의무가 있다고 규정한다. 또한, 보호가 필요한 아동, 장애인, 노인 등 사회적 약자에 대한 사회보장적 성격에서 전 국민으로 넓히는 것이 중요하다고 강조한다.

김한양・백윤철(2006: 19-20)은 사회복지정책에 대해 사람들의 삶의 질을 향상시키기 위한 정부의 지침이나 계획 혹은 과정과 관련된 것으로 정의하면서, 좁게는 사회적 약자들에게 소득이나 서비스를 제공하는 것으로 볼 수 있고, 넓게는 사회적 약자뿐만 아니라 모든 사람들의 삶의 질에 영향을 미치는 주택・교육・조세・노동정책까지 포함하는 개념으로 보고 있다. 한편, 실천적 측면에서는 국가 혹은 특정 지방 전체를 개입대상으로 하여 거시적으로 개입하는 사회복지실천의 간접적 방법으로 접근하고 있다.

원석조(2006: 15-18)는 사회복지정책에 대해 사회복지를 잔여적 개념과 제도적 개념으로 대별하고, 잔여적 개념에 대해서는 개인의 욕구가 일차적으로 가족이나 시장을 통해 충족되며, 이것이 제대로 충족되지 않을 때 잠정적・일시적으로 그 기능을 대신하는 구호적 성격의 사회복지로 보고 있고, 제도적 개념에 대해서는 사회적 욕구충족을 목적으로 하는 사회복지가 다른 사회제도와 동등한 수준에서 일차적・정상적으로 제도화되어 있다고 보는 것으로 정의한다. 한편, 정책에 대해서는 특정 목적을 달성하기 위한 행동들의 원칙, 지침, 일정한 계획, 조직화된 노력 등으로 정의한다.

조성한・임재현・주재현・한승준(2006: 3-13)은 사회복지정책을 기관적 관점, 분석적 관점, 그리고 정치적 관점으로 대별하여 접근하고 있는데, 기관적 관점은 사회복지의 욕구해결을 책임지는 기관들을 분석하는 관점으로 가족, 종교, 직장, 시장, 상호부조, 정부 등의 6개 기관으로 규정한다. 즉, 사회복지정책을 각 기관들이 개인이나 단체의 사회복지욕구를 충족시키는 문제 혹은 각 기관들의 관계적 문제를 해결하는 조직화된 의사결정과정과 행위라고 보는 것이다. 분석적 관점은 사회복지정책을 과정, 산출, 그리고 성과의 3가지로 구분하여 보는 것으로, 사회복지정책과정에서 영향을 주는 각종 요인들에 대한 분석, 사회복지정책과정의 결과로서의 제도・프로그램에 대한 분석, 이러한 정책결과의 집행이 성공적이었는지에 대한 분석 등을 포함하고 있다. 그리고 정치적 관점은 사회복지정책에 영향을 주는 이념, 이익집단의 행동, 사회문제를 보는 가치관 등에 대한 분석으로 정의하고 있다.

이처럼 사회복지정책의 개념정의가 다양하게 제시되어 있는데, 본 저서에서는 이러한 다양한 정의를 근거로 일정한 사회복지정책의 개념을 제시하고자 한다. 즉, 사회복지의 대상과 정책의 주체를 기준으로 유형화한 개념정의로서, 사회복지 대상의 경우 높은 수준으로 복지사각지대에 놓여 있는 저소득층 등 선별층과 선별층을 포함하는 모든 국민을 대상으로 하는 보편층으로 구분하고, 정책의 주체에 있어서는 중앙정부 등의 공공부문, 중앙정부 · 사회복지관 등의 공공 · 민간부문, 그리고 기업복지재단 등의 민간부문으로 대별하여 6가지의 개념으로 접근하고자 한다.

먼저, 개념 I은 중앙정부, 지방자치단체 등 공공부문이 저소득층 등 선별층의 복지문제를 인식하고 이를 해결하기 위해 체계적인 과정을 통해 복지목표에 대한 미래의 행동대안을 선택 · 산출하고 이를 집행 · 평가하는 것으로서, 공공부조정책 등이 이에 해당된다.

개념 II는 중앙정부, 지방자치단체 등 공공부문이 일반국민 등 보편층의 복지문제를 인식하고 이를 해결하기 위해 체계적인 과정을 통해 복지목표에 대한 미래의 행동대안을 선택 · 산출하고 이를 집행 · 평가하는 것으로서, 환경정책 등이 그것이다.

개념 III은 중앙정부 · 사회복지관 등 공공 · 민간부문이 연계해서 저소득층 등 선별층의 복지문제를 인식하고 이를 해결하기 위해 체계적인 과정을 통해 복지목표에 대한 미래의 행동대안을 선택 · 산출하고 이를 집행 · 평가하는 것으로서, 노숙자정책 등이 이에 해당된다.

개념 IV는 중앙정부 · 사회복지관 등 공공 · 민간부문이 연계해서 일반국민 등 보편층의 복지문제를 인식하고 이를 해결하기 위해 체계적인 과정을 통해 복지목표에 대한 미래의 행동대안을 선택 · 산출하고 이를 집행 · 평가하는 것으로서, 자원봉사조직정책 등이 그것이다.

개념 V는 기업복지재단 등 민간부문이 저소득층 등 선별층의 복지문제를 인식하고 이를 해결하기 위해 체계적인 과정을 통해 복지목표에 대한 미래의 행동대안을 선택·산출하고 이를 집행·평가하는 것으로서, 저소득층에 대한 실버정책 등이 이에 해당된다.

마지막으로, 개념 VI은 기업복지재단 등 민간부문이 일반국민 등 보편층의 복지문제를 인식하고 이를 해결하기 위해 체계적인 과정을 통해 복지목표에 대한 미래의 행동대안을 선택·산출하고 이를 집행·평가하는 것으로서, 일반국민에 대한 교육정책 등이 그것이다(〈표 1-1〉 참조).

표 1-1 사회복지정책의 개념

구분		사회복지(대상)	
		선별층	보편층
정책 (주체)	공공부문	개념 I	개념 II
	공공·민간부문	개념 III	개념 IV
	민간부문	개념 V	개념 VI

본 저서에서는 사회복지정책의 개념을 I부터 VI까지 모두 포괄적으로 접근하고자 한다.

제 2 절 사회복지정책의 발달요인

사회복지정책의 발달을 가져온 요인은 다양하지만, 본 절에서는 정치적 관점에 있는 정치권력의 유지, 경제적 관점에 있는 비용-편익의 극대화, 그리고 사회적 관점에 있는 산업화의 부작용 완화 등으로 접근하고자 한다(남기민, 2006: 50-53).

1. 정치권력의 유지(정치적 관점)

본 관점은 통치자가 정치권력을 유지하기 위한 수단으로 사회복지정책을 활용하면서, 사회복지정책의 발전이 왔다고 보는 입장으로 1883년부터 시작된 독일 비스마르크(O. E. L. Bismarck)의 사회보험, 1601년에 제정된 영국 엘리자베스(Elizabeth I)의 빈민법 등이 그것이다.

비스마르크는 정치권력을 유지하기 위해서 산업화과정에서 생겨난 문제들, 특히 1850년 이후 급속도로 성장해 온 노동자계층의 불만에 대해, 이를 해소하면서 비스마르크 자신이 지향하고 있는 사회적 질서에 노동자들을 통합시키는 데에 역점을 두었다. 즉, 비스마르크는 정치권력을 유지시키기 위해 영토통일에 이어 독일민족의 내부적 통일인 사회통합의 필요성을 통감하고 이른바 채찍과 당근정책에 착수했는데, 채찍정책이 사회주의자들에 대한 직접적인 탄압책인 '사회주의자 진압법'을 말한다면, 당근정책이란 노동자계급을 국가 내로 통합시키기 위한 일정한 양보책인 '사회보험'을 의미하는 것이다.

그리고 영국의 엘리자베스 역시 부랑인들이 기아선상에서 헤매다가 절망하게 되면 사회의 기존 질서가 무너져 왕실에 부담이 될 수도 있다는 점에 착안하여 1601년에 빈민법을 집대성했는데, 이 법의 핵심은 부랑인을 노약자 · 만성병자 · 맹인 · 정신병자 등 노동능력이 없는 빈민, 노동능력이 있는 빈민, 그리고 아동으로 대별하여 이에 상응하는 대책을 세운 것이다.

노동능력이 없는 빈민은 구빈원 또는 자선원에 수용하고, 노동능력이 있는 빈민은 교정원에서 강제로 일을 시켰으며, 아동은 직업에 필요한 지식 · 기능을 배우기 위한 직공으로 삼았다. 비록 빈민법 자체가 통제수단으로 활용되기는 했지만 빈민의 책임을 교회가 아닌 중앙정부 및 지방정부가 최초로 담당하고, 이를 위해 지방세액을 증가시켰으며, 각 교구에 구빈감독관을 임명하기에 이른다(네이버지식카페〈http://cafe.naver.com〉).

2. 비용-편익의 극대화(경제적 관점)

본 관점은 사용되는 비용보다 편익이 클 경우, 사회복지정책에 충분한 비용을 투자할 수 있다는 것으로, 저출생 · 고령사회정책 등이 그것이다.

현재 우리나라의 합계출산율[1]은 세계 최저수준을 나타내고 있다. 이러한 저출생의 요인으로는 외환위기 이후 확대되었던 고용불안이 경기회복조짐을 보임에도 불구하고 지속됨에 따른 경제적 불안, 자녀에 대한 양육비용의 증가, 상대적인 편익의 감소, 그리고 개인 삶의 질을 중요시하는 경향 등을 들 수 있다. 이에 정부는 2005년에 대통령직속으로 저출산고령사회위원회를 설치하고 본격적으로 출산장려를 위한 대책을 마련하기 시작했는데, 2006년부터 2010년까지 5년간 32조원의 예산을 투입하는 것이 그것으로, 이를 큰 틀 차원에서 살펴보면 비용-편익의 극대화정책이라고 할 수 있다. 이는 차후 다가올 노동력 감소로 인한 경제성장률 하락 방지, 노인층에 대한 젊은층의 과도한 부양책임으로 인한 세대 간 갈등 등을 최소화하기 위한 것이다.

실제로 보건사회연구원에 따르면, 출산율이 지금처럼 세계 최저수준을 유지할 경우, 2000년대 5.08% 수준이던 우리나라 잠재성장률이 2020년대에 3.04%, 2040년대엔 1.53%까지 떨어질 것으로 예상했다. 또한, 2005년에는 생산가능인구 8.2명이 노인 1명을 부양했다면 2020년에는 4.6명, 2050년에는 1.4명까지 떨어질 수 있다는 점을 지적하며, 이들 문제점 등을 방지하기 위해서는 충분한 비용이 수반되어야 한다는 점을 내포했다(매일경제〈http://news.mk.co.kr〉).

3. 산업화의 부작용 완화(사회적 관점)

본 관점은 성장제일주의에 입각한 산업화가 부의 불균형을 심화시켜 사회적 불평등을 낳았을 뿐만 아니라 실업난, 산업재해, 주택난 등의 문제점도 유발시켜 사

1) 합계출산율은 여자 1명이 가임기간(15~49세) 동안 낳을 것으로 예상되는 평균 출생아 수를 의미한다.

회복지에 대한 욕구확대에 따라 사회복지정책이 발달하게 되었다는 것이다. 즉, 빈부격차를 해소하기 위한 누진세제도, 실업난을 해소하기 위한 고용보험제도, 산업재해를 최소화하기 위한 산재보험제도, 그리고 주택난을 방지하기 위한 국민임대주택정책 등이 그것이다.

제 3 절 사회복지정책의 가치와 목표

사회복지정책의 가치와 목표에 대한 조명은 다양하게 접근하고 있으나, 본 절에서는 자유 · 평등 · 민주주의 · 연대의식 · 공평성 · 적절성 · 효율성 · 접근성 등의 가치, 소득영역 · 건강영역 · 근로영역 · 삶의 질 영역 등 목표영역, 궁극적 · 세부적 목표 등으로 구성되는 목표, 그리고 공공부조정책 · 사회보험정책 · 사회복지서비스정책 등으로 구성되는 대안 등으로 체계를 구성하여, 가치와 목표를 조명하고자 한다.

본 체계에서는 사회복지정책의 가치를 정점으로 하여 사회복지정책의 목표영역, 목표, 그리고 대안이 이루어진다([그림 1-1] 참조).

[사회복지정책의 가치]
자유, 평등, 민주주의, 연대의식, 공평성, 적절성, 효율성, 접근성 등

[사회복지정책의 목표영역]
소득영역, 건강영역, 근로영역, 삶의 질 영역 등

[사회복지정책의 목표]
- 궁극적 목표: 인간의 존엄성 지향, 자립성 지향, 사회통합, 경제성장 등
- 세부적 목표: 소득보장, 건강증진, 근로환경개선, 삶의 질 보장 등

[사회복지정책의 대안]
공공부조정책, 사회보험정책, 사회복지서비스정책 등

출처: 현외성(2005: 49-69)을 근거로 재구성.

그림 1-1 사회복지정책의 가치 및 목표체계

1. 사회복지정책의 가치

1) 자유

사회복지정책의 가치로서 자유(freedom)는 구속이나 속박으로부터의 해방을 의미하는 것으로, 대개 소극적 자유와 적극적 자유로 대별된다.

소극적 자유(negative freedom)란 개인이 자기의 욕구를 추구하는 과정에서 일정한 유형의 간섭이 없는 상태를 의미하는 반면, 적극적 자유(positive freedom)는 일정한 개체에 의해 자아실현을 할 수 있도록 보장받는 자유를 의미한다. 즉, 소극적 자유는 개인과 국가 간의 관계에서 국가의 간섭이 부재하거나 최소한에 그칠 것을 요구하는 반면, 적극적 자유는 개인의 자아실현에 장애가 되는 사회구조나 세력을 제거하기 위한 국가의 적극적 간섭을 필요로 하는 가치라고 할 수 있다.

국가로부터의 자유인 소극적 자유는 근대시민국가에서 발달한 가치로서 그 대상을 자본가 등 중・상류층에 한정한 반면, 국가에 의한 자유인 적극적 자유는 현대복지국가에서 발달한 가치로 사회의 모든 계층을 포함하고 있다. 즉, 적극적 자유는 모든 계층이 인간다운 삶을 영위할 수 있는 권리가 있고, 이 권리가 구현되지 않는 상태를 자유의 제한이라고 본다는 점에서, 사회복지정책의 핵심가치라고 볼 수 있는 것이다.

2) 평등

사회복지정책의 가치로서 평등(equality)은 권리, 의무, 자격 등이 차별 없이 고르고 한결같아야 한다는 의미로, 자유와 상충될 수도 있지만 평등이라고 해서 절대적인 평등을 추구하는 것은 아니며, 자유라고 해서 절대적인 불평등을 지향하는 것은 아니라는 점에서 공존 가능할 수 있다.

이와 같은 평등은 수량적 평등, 비례적 평등, 그리고 기회의 평등으로 대별할 수 있는데, 수량적 평등(numerical equality)은 모든 사람을 능력이나 욕구 등에 관계없이 사회적 자원을 똑같이 분배하는 것으로 결과적 평등이라고도 한다. 이러한 가치에 근거한 시행은 현실적으로 불가능할 수도 있지만 사회복지정책에서는 이러한 수량적 평등의 가치를 반영하여 접근하고 있는 것이 사실이다. 일정 연령에 해당되면 빈부나 능력 등의 차이에 상관없이 무조건 지급되는 아동수당, 노인수당 등이 본 가치의 사례라고 할 수 있다.

비례적 평등(proportional equality)은 개인의 욕구, 능력, 노력, 공헌 등에 따라 사회적 자원을 상이하게 배분하는 가치로서 공평과 같은 의미라고 할 수 있다. 이는 자본주의사회에서 널리 통용되고 있는 것으로 사회적 불평등의 요인이 되기도 한다. 소득비례의 원칙으로 운영되는 사회보험제도 등이 본 가치의 사례라고 할 수 있다.

기회의 평등(equality of opportunity)은 결과의 평등과는 관계없이 결과를 얻을 수 있는 과정상의 기회만을 똑같이 부여하는 것으로, 결과의 불평등을 합법화하는 수단이 될 수 있다. 결과를 위한 과정인 교육과 훈련 등이 본 가치의 사례라고 할 수 있다.

3) 민주주의

사회복지정책의 가치로서 민주주의(democracy)는 국가의 주권이 국민에게 있고 국민을 위하여 정치를 행하는 것으로 이에 대한 필수요건을 간략히 살펴보면 다음과 같다.

국민은 1인 1표의 보통선거권을 통하여 권한을 행사할 수 있다는 것, 적어도 2개 이상의 정당들이 선거에서 정치강령과 후보들을 내세울 수 있어야 한다는 것, 국가는 출판・결사・언론의 자유 등 모든 구성원의 민권을 보장하여야 한다는 것, 정부의 정책은 국민의 복리증진을 위한 것이어야 한다는 것, 국가는 책임 있는 비판을 보장하여야 한다는 것, 그리고 정권교체는 평화적 방법으로 이루어져야 한다는 것 등이다(법제처〈http://www.moleg.go.kr〉).

이 중에서 특히 1번째와 4번째 항목이 사회복지정책의 가치로서 작용하게 되는데, 민주주의하에서 이루어지는 국민의 1인 1표의 경우, 빈부 및 능력 등의 차이에 관계없이 동등하게 투표권을 행사하는 것으로, 이는 인간으로서의 권리를 제도적으로 보장하고 궁극적으로는 인간존중을 실현하는 것이라고 할 수 있다(남기민, 2006: 32).

한편, 민주주의의 요건인 국민에 대한 정부의 복리증진에 근거하여 각종 사회보장정책 등이 추진되고 있는데, 이는 한국의 민주주의 헌법규정 제34조[2]에도 잘 나타나 있다.

4) 연대의식

사회복지정책의 가치로서 연대의식(conscience solidaire)은 사회구성원 상호간 또는 구성원과 사회 간의 상호의존을 지탱하는 의식으로서 사회구성원이 공통적으로 가지고 있는 소속의식을 나타내는 의미라고 할 수 있다.

자본주의사회는 구성원의 능력, 경쟁 등을 지나치게 강조한 나머지 사회적 불평등과 인간소외현상 등 각종 부작용을 유발하고 있는데, 이러한 상황에서 사회구성원 간의 연대의식이 작용할 때, 구성원들이 공통의 위험에 빠지게 되더라도 이를 제거하기 위하여 협동하게 되는 것이다(남기민, 2006: 33).

따라서 빈곤, 질병, 재해, 실업 등을 위한 제도적 장치인 사회복지정책도 사회구성원 간의 연대의식이 높은 수준으로 형성되어 있을 때, 제대로 작동할 수 있는 것이다.

2) 헌법 제34조 ① 모든 국민은 인간다운 생활을 할 권리를 가진다. ② 국가는 사회보장·사회복지의 증진에 노력할 의무를 진다. ③ 국가는 여자의 복지와 권익의 향상을 위하여 노력하여야 한다. ④ 국가는 노인과 청소년의 복지향상을 위한 정책을 실시할 의무를 진다. ⑤ 신체장애자 및 질병·노령 기타의 사유로 생활능력이 없는 국민은 법률이 정하는 바에 의하여 국가의 보호를 받는다. ⑥ 국가는 재해를 예방하고 그 위험으로부터 국민을 보호하기 위하여 노력하여야 한다(법제처 〈http://www.moleg.go.kr〉).

5) 공평성

사회복지정책의 가치로서 공평성(equity)은 수평적 공평성과 수직적 공평성으로 대별되는데, 수평적 공평성(equal treatment for equals)은 모든 사람이 인간의 존엄과 인격 면에서 동등하기 때문에 기계적으로 동일하게 보상되어야 한다는 가치인 반면, 수직적 공평성(unequal treatment for unequals)은 사람들이 인간의 존엄과 인격 면에서는 동등하지만 인간의 욕구, 능력, 노력, 공헌 등 다른 측면에서 차이가 있는 경우 다르게 보상해야 한다는 가치로, 전자가 전술한 수량적 평등이라면, 후자는 비례적 평등이라고 할 수 있다.

그러나 대개 공평성은 수직적 공평성을 의미하는데, 이는 공평한 불평등성을 나타낸다. 사회보험정책의 경우 가입한 사람에게 보상하는 것이나, 창의적인 제안이나 집행을 통해 조직의 경쟁력을 높인 사람에게 포상이 주어지는 경우, 그리고 국가에 공헌한 대가로 국가유공자 등에게 주어지는 보상 등은 공평한 불평등성이라고 할 수 있다.

6) 적절성

사회복지정책의 가치로서 적절성(adequacy)은 사회복지정책이 대상자들의 정신적·육체적 욕구라는 현실을 얼마만큼 충족시켰는지를 나타내는 것이라고 할 수 있다. 이는 양적인 서비스뿐만 아니라 질적인 부분도 포괄하는 것으로, 사회복지서비스에서 복지사각지대에 놓여 있는 노인, 장애인, 여성 등의 욕구와 서비스 사이의 괴리가 적절했는지를 보는 것이다.

이러한 대상자들의 욕구에 대한 적절성은 시간과 공간에 따라 다르게 나타난다. 한국의 경우 산업화 이전에는 절대빈곤시대였으나 이후에는 삶의 질이 상당부분 향상되었다는 점에서 대상자들의 욕구수준과 유형은 달라질 수밖에 없다. 또한, 선진국가와 후진국가에 거주하는 대상들의 욕구 역시 같을 수가 없다는 점에서, 획일적인 적절성은 존재하지 않는 것이다.

7) 효율성

사회복지정책의 가치로서 효율성(efficiency)은 자원에 비해 인간의 욕구는 제한적이라는 점에 근거하여 최소의 자원으로 최대의 산출을 만들어내는 것이라고 할 수 있다. 이러한 효율성은 경제정책 등에는 매우 중요한 가치가 될 수 있는 반면, 사회복지정책에는 이차적인 수단의 성격을 갖는 경우도 있다. 이는 사회복지프로그램이나 보건의료체계 등에서 잘 나타난다.

사회복지프로그램은 시장경제에 상당부분 영향을 미치는데, 시장경제에 미치는 영향은 근로의욕과 저축률로 대별된다. 즉, 공공부조 및 실업급여 등과 같은 프로그램의 지급수준이 높은 수준으로 나타날 경우 대상자로 하여금 근로의욕이 저하되고 저축률이 감소되는 역효과를 가져올 수 있다. 하지만 지급수준이 너무 낮은 수준일 경우에도 부작용이 나타날 수 있는데, 저소득층 및 실업자 등이 빈곤의 굴레에서 벗어날 수 없게 되어 빈부의 격차 확대 등 사회적 위기가 올 수 있다는 것 등이 그것이다.

또한, 보건의료체계에 있어서도 국가가 높은 수준으로 이를 국유화하게 되면 의사들의 근로의욕을 저하시켜 의료의 질을 떨어지게 할 수 있는 반면, 이에 대해 국가가 너무 낮은 수준으로 접근한다면 저소득층은 의료혜택을 받기가 어려워져 빈곤의 굴레에서 벗어날 수가 없는 것이다. 즉, 이는 사회적으로 처한 상황에 따라 효율적 사회복지정책을 추진해야 한다는 것으로서, 이와 관련하여 부의 소득세에 의한 방법이 있다.

부의 소득세(negative income tax)는 자립적인 생활이 충분한 계층에 대해서는 국가에서 갹출하지만, 보호가 필요한 저소득층 및 빈민층에게는 건강관리비 등 최소한의 생활을 보장하는 비용을 지급하는 것으로, 저소득층이나 빈민층의 생활비 부족분에 비례해서 지급하는 것이다(조성한 · 임재현 · 주재현 · 한승준, 2006: 214-217).

8) 접근성

사회복지정책의 가치로서 접근성(approach)은 서비스대상자들이 사회복지시설 등을 얼마만큼 편리하게 이용할 수 있는지를 나타내는 것이라고 할 수 있다. 복지 사각지대에 놓여 있는 대상자들에게 복지시설은 필수적이라는 점에서 높은 수준의 접근성은 매우 중요한 가치가 되는 것이다.

사회복지시설 등이 도시 위주로 설치되어 있다면 도시에 거주하는 서비스대상자들의 시설에 대한 접근성은 높은 수준인 반면, 농촌에 거주하는 대상자들의 시설에 대한 접근성은 낮은 수준을 나타내어 문제가 되는 것이다.

2. 사회복지정책의 목표

1) 궁극적 목표

(1) 인간의 존엄성 지향

사회복지정책의 궁극적 목표로서 인간의 존엄성 지향은 민주주의체제에 있어서 매우 중요한 의미를 갖는데, 인간의 존엄성이란 개인이 인종, 종교, 연령, 성, 교육수준, 사회적 지위 등에 관계없이 존엄한 가치를 지닌다는 것으로 헌법 제10조에 "모든 국민은 인간으로서의 존엄과 가치를 가지며, 행복을 추구할 권리를 가진다. 국가는 개인이 가지는 불가침의 기본적 인권을 확인하고 이를 보장할 의무를 진다"고 규정함으로써, 인간의 존엄성에 대한 중요성을 강조하고 있다. 이에 착안해 인간의 충족되지 못한 다양한 욕구에 대응해서 문제를 해결하여 인간의 존엄성을 지향시키는 것이 사회복지정책이라고 볼 때, 인간의 존엄성 지향은 사회복지정책의 궁극적 목표가 되는 것이다.

(2) 자립성 지향

사회복지정책의 궁극적 목표로서 자립성 지향 역시 중요한 의미를 갖는데, 사회복지정책이 무조건적으로 클라이언트에 서비스를 제공하는 것이 아니라 궁극적으로는 의존에서 벗어나 자기 스스로 삶을 영위하도록 하는 데 있는 것이다. 즉, 사회복지정책을 통한 각 개인의 경제적 자립을 지향시키는 것이며, 동시에 이들에게 내재되어 있는 잠재적 능력이 최대한 발휘되도록 도와주는 것을 포함하는 것으로, 이는 프리들랜더(W. A. Friedlander)가 사회복지의 기본적 원리를 자발성 존중의 원리, 개인존중의 원리, 기회균등의 원리, 연대의 원리로 표현한 것에서도 잘 나타나 있다. 다시 말해서, 사회복지정책은 클라이언트가 자신의 문제를 스스로 인식하여 해결할 수 있는 데까지만 개입함으로써 스스로 일어날 수 있는 토대를 마련한다는 점에서, 자립성의 지향은 사회복지정책의 궁극적 목표가 되는 것이다.

(3) 사회통합

사회복지정책의 궁극적 목표로서 사회통합은 사회구성원 간에 서로 결속력을 제고하는 것을 말한다. 현대사회에서 사회복지정책은 클라이언트를 사회에서 제거시키려는 것이 아니라 그들을 경제적으로 자립시키거나 신체적으로 재활시켜 생산적인 인간으로 만들어 사회통합을 이루려는 데 목적을 두고 있다. 즉, 복지사각지대에 놓여 있는 장애인 등 클라이언트가 평등의 기초 위에서 정상인이 영위하는 수준과 동등하게 사회 내에서 존재하고 참여하는 정도를 의미하는 것이 사회통합이라고 할 수 있는 것이다.

결과적으로, 사회복지정책은 클라이언트에 복지적인 원조를 제공하여 사회생활을 유지하게 함으로써, 개인적으로 사회에 적응할 수 있도록 하는 것뿐만 아니라 사회 전체적으로도 사회혼란을 방지한다는 점에서, 사회통합 역시 사회복지정책의 궁극적 목표가 되는 것이다(현외성, 2005: 57-63).

(4) 경제성장

사회복지정책의 궁극적 목표로서 경제성장이 있다. 사회복지정책과 경제성장의 관계에 대해서는 긍정적 효과와 부정적 효과 등 다양한 의견이 존재하는데, 우선 부정적 효과를 정리하면 다음과 같다.

먼저, 사회복지정책이 자원을 탈산업화[3]시킨다는 것인데, 탈산업화로 인해 경제성장에 있어서 필수적인 생산성과 자본축적을 저하시키기 때문에 결과적으로 경제성장을 막는다는 것이다.

그리고 사회복지정책은 경쟁력을 저하시킨다는 것이데, 파업 중인 근로자에 대한 사회복지급여의 지급은 파업을 부추기고 장기화시키게 되며 과도한 임금인상을 요구함으로써 산업생산 마비 및 경쟁력을 저하시켜 경제성장을 해치게 된다는 것이다.

또한, 사회복지정책은 투자동기를 저하시킨다는 것인데, 사회복지정책의 재원을 마련하기 위한 누진세는 납세자의 가처분소득을 감소시킴으로써, 사적투자를 위한 자본축적의 중요한 재원이 되는 개인저축과 이윤창출의욕을 감소시켜 경제성장을 저해한다는 것이다.

마지막으로, 사회복지정책은 근로의욕을 저해한다는 것인데, 사회복지의 혜택이 높은 수준으로 제공되면 노동에 대한 동기유발이 어렵게 됨에 따라 근로의욕이 저하되고, 이는 대규모 자발적 실업 등을 가져와 경제성장을 해치게 된다는 것이다.

전술한 부정적 효과 이외에 긍정적 효과도 다양하게 의견을 피력하고 있는데, 이를 정리하면 다음과 같다.

먼저, 사회복지정책은 노동공급 증가에 기여할 수 있다는 것인데, 육아지원을 통해 여성의 출산율과 경제활동의 참가율을 높이고, 평생교육체계의 정비를 통해 고령자의 취업가능성을 높임으로써 생애취업기간을 연장시켜 경제성장을 촉진한

3) 탈산업화란 노동과 자본 등의 자원을 제조부문 등 시장지향적인 분야에서 사회복지와 같은 비시장지향적인 분야로 이전시킴으로써, 시장지향적 분야에서의 생산성과 자본축적을 저하시키는 경향을 의미한다.

다는 것이다.

그리고 사회복지정책은 양질의 교육을 제고시킬 수 있다는 것인데, 질 높은 공교육체계의 정비, 저소득가구 학생들의 학업여건 개선, 그리고 잘 정비된 평생교육체계는 사회구성원의 노동력의 질을 향상시킴으로써 경제성장에 기여한다는 것이다.

또한, 사회복지정책은 규모의 경제[4)]를 유도할 수 있다는 것인데, 다양한 사회복지정책을 민간기업이 아닌 국가가 공급함으로써, 상대적으로 저렴하게 양질의 서비스를 공급할 수 있어 경제성장에 기여한다는 것이다.

그리고 사회복지정책은 내수기반을 안정화시킬 수 있다는 것인데, 사회복지정책을 통한 소득균등화는 유효수요를 증대시켜 내수기반을 안정화하는 효과를 낳는다는 것이다.

또한, 사회복지정책은 불가피한 경제유연성을 가능하게 한다는 것인데, 높은 수준의 사회안전망이 존재할 경우 국민들은 경제성장을 위해 불가피하게 요구되는 산업구조조정 등을 기꺼이 수용하고 이에 능동적으로 적응하려는 태도를 취한다는 것이다.

그리고 사회복지정책은 중소·영세기업 등의 인건비부담을 줄여줄 수 있다는 것인데, 사회복지정책을 통해 제공되는 사회임금은 기업이 노동자들에게 지급하는 직접임금을 어느 정도 대체함으로써, 중소·영세기업 등의 인건비 부담을 경감시켜 줄 수 있다는 것이다.

또한, 사회복지정책은 단체교섭의 거래비용을 낮출 수 있다는 것인데, 사회복지정책은 노동자의 복지확보와 관련하여 기업에 대한 의존도를 줄여줌으로써, 기업수준에서 임금인상을 둘러싸고 전개되는 단체교섭의 거래비용을 낮출 수 있다는 것이다.

그리고 사회복지정책은 사회적 비용을 줄여준다는 것인데, 국민의 기초생활보장은 빈곤으로 인한 범죄 등을 감소시켜 사회적 비용을 줄일 수 있다는 것이다.

4) 생산규모의 확대에 따른 생산비절약 또는 수익향상의 이익 등을 의미한다.

마지막으로, 사회복지정책은 급격한 경기변동을 방지할 수 있다는 것인데, 불황기에 실업급여 등의 행태로 발생하는 사회복지지출과 지출의 재원충당을 위해 활용되는 누진세 등은 급격한 경기변동을 억제하는 기능을 수행한다는 것이다(네이버 지식카페〈http://cafe.naver.com〉).

이렇게 볼 때, 사회복지정책은 상당부분 경제성장에 긍정적 효과를 유도한다는 점에서, 경제성장은 사회복지정책의 궁극적 목표가 되는 것이다.

2) 세부적 목표

(1) 소득보장

사회복지정책의 세부적 목표로서 소득보장은 저소득층의 빈곤문제 등에 복지대안을 투입하여 정상적인 생활을 누릴 수 있도록 하는 것으로서, 먼저 소득보장을 유인하는 빈곤문제를 구체적으로 살펴보면 절대적 빈곤, 상대적 빈곤, 그리고 주관적 빈곤으로 대별된다.

절대적 빈곤은 인간의 기본적인 생존욕구를 충족시키는 데 있어서 필요한 절대적인 자원이 부족한 상태나 조건을 말하는 반면, 상대적 빈곤은 경제, 사회, 문화 등의 향상과 풍요한 생활에서 나타나는 상대적 박탈이라고 할 수 있다. 그리고 주관적 빈곤은 개인이 스스로 빈곤하다고 판단하는 상태를 의미한다.

한편, 빈곤의 요인도 다양하게 제시되고 있는데, 이를 정리하면 미시적 요인과 거시적 요인으로 대별될 수 있다.

미시적 요인은 개인의 낮은 성취동기, 게으름, 의타심, 과다한 출산, 음주, 도박, 질병, 불구 등 사회체제에 대한 개인의 적응실패에 초점이 맞춰지는 반면, 거시적 요인은 도시유입자의 취업기회 제한, 저소득층 자녀의 교육기회 제한 등 사회체제의 결함으로 인해 발생하는 빈곤이라고 할 수 있다.

이러한 빈곤문제에 대해 정부 차원의 국민연금제도, 국민기초생활보장제도 등 사회보장정책 등을 투입하여 소득보장을 지향하고 있는데, 특히 1961년부터 시작된 시혜적 차원의 생활보호제도가 2000년 10월에 국민기초생활보장제도로 대체되면서 모든 국민들이 최소한 국민복지기본선(national minimum)은 보장받을 수 있게 되었다.

즉, 제도・운영상의 문제제기에도 불구하고 국민기초생활보장제도는 저소득층에게 최후의 사회안전망으로서의 위치를 점하고 있는 것은 사실이라는 점에서, 소득보장은 사회복지정책의 세부적 목표가 되는 것이다.

(2) 건강증진

사회복지정책의 세부적 목표로서 건강증진은 최소한의 인간다운 생활을 영위하기 위한 매우 중요한 조건으로, 이를 통해 양질의 노동력 확보 및 국력제고 등을 위한 기초가 마련된다는 점에서, 사회복지정책의 중요한 목표가 되는 것이다.

건강을 저해하는 질병, 장애 등은 현대사회의 특성상 모든 국민이 일생 동안 충분히 직면할 수 있는 사항이라는 점에서, 이미 질병의 사회화가 된 것은 주지의 사실이다. 이러한 질병의 사회화에 대응하는 것이 의료의 사회화라고 할 수 있는데, 이와 관련하여 구체적으로 표현되고 있는 것이 건강보험제도 등이라고 할 수 있다(현외성, 2005: 66-67).

1977년 도입된 건강보험제도는 제도・운영상의 한계에도 불구하고, 개인의 책임이 아닌 사회공동 연대책임을 통하여 위험분산의 효과를 거두고 있는 것이 사실이라는 점에서, 건강증진은 사회복지정책의 세부적 목표가 되는 것이다.

(3) 근로환경개선

사회복지정책의 세부적 목표로서 근로환경개선 역시 중요한 부분이라고 할 수 있다. 이는 산업재해 및 고용불안 등 열악한 근로환경에 복지대안을 투입하여 원활한 생활을 누릴 수 있도록 하는 것이다.

산업재해는 근로과정에서 나타나는 신체적・정신적 피해, 즉 부상, 사망, 직업병 등으로 산업혁명 이후 제조업을 중심으로 급속히 증가하였다. 산업재해의 발생요인은 다양하게 제시되어 있으나 근로자측에서 살펴보면, 근로자의 피로, 작업상 부주의 · 실수, 숙련미달 등으로 나타나고 있고, 사용자측에서 조명해 보면, 산업재해에 대한 안전대책이나 예방대책의 부실 등에서 그 요인을 찾을 수 있다.

한편, 고용불안은 근로자가 사용자에 의해 일자리를 잃을지 모른다는 불안심리로 비정규직의 증가, 구조조정의 움직임, 소비감소로 인한 생산감소 등으로 인해 나타난다.

이러한 산업재해, 고용불안 등 열악한 근로환경을 개선하기 위한 사회복지정책이 산재보험제도, 고용보험제도 등인데, 제도 · 운영상의 문제점에도 불구하고 전자는 1964년에 도입되어 근로자가 사업장에서 일을 하다가 부상 · 질병 · 신체장애를 입거나 사망한 경우 국가가 신속하게 치료와 보상을 해줌으로써 재해를 당한 근로자와 가족을 보호하고, 사용자의 입장에서도 일시에 많은 비용을 부담하지 않게 함으로써 정상적인 기업활동을 보장하고 있는 것이다. 후자 역시 1995년 도입되어 실업을 많이 발생시키는 고용주에게 높은 보험요율을 부과[5]함으로써 실업의 발생을 억제하는 데 노력하고 있다는 점에서, 근로환경개선은 사회복지정책의 세부적 목표가 되는 것이다.

(4) 삶의 질 보장

사회복지정책의 세부적 목표로서 삶의 질 보장은 포괄적인 의미이지만 여기에서는 복지사각지대에 놓여 있는 취약계층인 노인, 장애인, 여성 등에게 최소한의 인간다운 생활을 영위할 수 있도록 하는 것이다.

이들 사회적 취약계층은 부양의무자가 없거나 부양능력이 없는 계층 등으로서 이들이 사회에서 인간다운 생활을 영위하기 위해서는 소득만으로는 한계가 있다는 점에서, 비화폐적 · 대인적 서비스를 필요로 한다(현외성, 2005: 67-68).

5) 이를 경험요율(experience rate)이라고 한다.

이러한 삶의 질 보장을 위한 사회복지정책이 사회복지서비스정책이라고 할 수 있는데, 사회복지서비스정책은 취약계층에 금전적인 것 이외의 방법인 상담, 재활, 교육 등과 같은 서비스를 제공하는 것으로 취약대상별로 아동복지서비스정책, 청소년복지서비스정책, 노인복지서비스정책, 장애인복지서비스정책, 여성복지서비스정책 등으로 구분하여 추진하고 있다는 점에서, 삶의 질 보장은 사회복지정책의 세부적 목표가 되는 것이다.

제 4 절 사회복지정책의 상반된 시각

본 절에서는 사회복지정책의 상반된 시각을 우선순위 등에 근거한 성장주의와 분배주의, 정부의 개입 정도 등에 근거한 개인주의와 집합주의, 그리고 수혜대상 범위 등에 근거한 선별주의와 보편주의로 대별하여 각각의 시각을 조명하고자 한다.

1. 성장주의와 분배주의

분배보다는 성장을 우선시하는 성장주의와 성장보다는 분배를 우선시하는 분배주의에 대한 논쟁은 현대사회에 있어서 대화의 화두가 되고 있으나, 어떤 이론이 경기불황을 타파하는 데 적절한 대안인지는 누구도 명확히 단언할 수 없는 것이 현실이다.

성장주의(growth theory)는 경기불황에 대한 최적의 대안으로 기업투자 등 성장을 내세우고 있으며, 이를 통해 고용이 증가하게 되면 소득이 증가함에 따라 소비가 증가하고 이에 따라 경기가 회복될 수 있다는 논리를 내세운다. 차선책인 분배에 대해서는 기업의 투자활성화를 통해 경기가 회복되어 성장이 지속되면 고소득층에서 저소득층까지 소득이 확산되어 자연스럽게 분배가 이루어진다고 보는 것이다.

반면, 분배주의(distribution theory)는 경기불황에 대한 최적의 대안으로 저소득층 지원 등 분배를 내세우고 있으며, 이를 통해 저소득층 등이 소득이 증가하게 되면, 소비가 증가하고, 이에 따라 경기가 회복될 수 있다는 논리를 내세운다. 차선책인 성장에 대해서는 적극적으로 분배를 시행하게 되면, 저소득층의 삶의 질을 향상시키게 되어 장기적으로는 성장에 기여할 수 있다고 보는 것이다.

이러한 두 시각에 대한 장단점을 살펴보면, 성장주의자들은 성장주의가 높은 수준의 경제효율 등을 가져와 국가경제에 상당부분 기여를 할 수 있다고 믿고 있으며, 분배주의에 대해서는 이러한 부분이 결여되어 있어 경제에 저해요인으로 작용할 수 있다고 주장한다.

반면, 분배주의자들은 분배주의가 빈부의 격차해소 등에 상당부분 기여할 수 있다고 보고 있으나, 성장주의에 대해서는 경제성장을 하더라도 분배가 제대로 이루어지지 않으면, 사회구성원의 의욕이 떨어져 경제에 악영향을 줄 수밖에 없다는 입장이다(〈표 1-2〉 참조).

표 1-2 성장주의와 분배주의의 상반된 시각

성장주의	구분	분배주의
경기불황	전제	경기불황
성장 · 분배	우선·차선순위	분배 · 성장
기업투자 등	대안	저소득층 지원 등
투자 → 고용증가 → 소비증가 → 경기회복	경기회복	지원 → 소득증가 → 소비증가 → 경기회복
높은 수준의 경제효율	장점	낮은 수준의 빈부격차
높은 수준의 빈부격차	단점	낮은 수준의 경제효율

출처: 기존의 여러 자료를 근거로 구성.

이러한 성장과 분배를 둘러싼 갈등을 조명해 볼 때, 두 가지 모두를 달성하기는 어려워 보인다. 하지만 여성, 노인 등에 대한 인적교육의 지원과 이를 통해 고용 있는 성장을 유도하는 등 성장과 분배를 동시에 추구하는 방안을 적극적으로 고려한다면, 이들이 동전의 양면처럼 동행할 수 있는 가능성도 엿볼 수 있는 것이다.[6)]

2. 개인주의와 집합주의

개인주의와 집합주의 역시 양립하지 못하며 갈등관계로 나아가고 있는데, 전자가 사회의 중심단위를 집단보다는 개인으로 파악하여 개인의 행동을 통해 개인의 이익을 추구하는 시각이라면, 후자의 경우는 사회의 중심단위를 개인보다는 집단으로 파악하여 집단의 행동을 통해 집단의 이익을 추구하는 시각이라고 할 수 있다.

개인주의(individualism)는 가족, 종교단체 등 민간부문을 사회개입의 기초로 보고 있는 보수주의를 택하고 있으며, 경제적으로 시장 내에서 방해받지 않고 본인의 물질적 이익을 위해 자유롭게 일할 수 있을 때 최적의 사회가 될 수 있다는 자유방임주의를 내세우고 있다.

반면, 집합주의(collectivism)는 중앙정부 등 공공부문을 사회개입의 기초로 보고

---

6) 이와 관련한 이론으로 허쉬만(A. O. Hirschman)의 터널효과(Tunnel Effect)가 있는데, 이는 후진국에서 선진국에 이르는 과정을 2차선 일방통행의 긴 터널을 벗어나는 것이라고 전제하고 있다. 후진국의 침체를 터널 속 자동차의 정체현상으로 비유하게 되면 성장초기에는 두 차선 중에 어느 하나가 움직이면 다른 차선에서 기다리는 사람도 본인이 있는 차선(성장 초기에 성장의 혜택을 받지 못한 계층)이 곧 움직일 것이라는 기대를 갖게 된다는 것이다(성장혜택을 곧 받으리라는 기대). 즉, 성장 초기에는 경제성장의 혜택이 남에게 돌아가더라도 그 혜택이 곧 본인에게 돌아올 것이라는 생각에 소득분배의 불균형을 어느 정도 이해하게 되지만 계속 한 차선만 움직이고 자기가 서 있는 차선의 정체가 지속되면 부풀었던 기대에서 오는 좌절감으로 불만이 쌓이게 되고 심지어는 터널 앞에서 차량소통을 규제하는 교통순경(정부, 정부정책)을 불신하기에 이른다는 것이다. 그 결과 불만에 찬 운전자가 교통법규(규칙)를 무시(위법, 탈법행위)하게 되어 터널 속은 더욱 혼잡해지고, 정체가 심해지는 것이다.
이와 같은 비유는 경제성장 초기에는 소득불평등에 대한 허용 정도가 높다가 경제가 성장함에 따라 점점 낮아지는 것을 분배개선으로 충족시키지 못한다면, 경제적 불안으로 비롯된 사회적·정치적 불안으로 경제성장의 원동력마저 잃게 된다는 것이다. 즉, 분배의 형성을 무시한 채 성장만을 지속적으로 추구하게 되면 효율성이 떨어져 성장을 저해시키게 됨을 비유한 것으로, 성장과 분배의 적절한 병행추진을 암시하고 있는 것이다(한겨레신문〈http://www.hani.co.kr〉).

있으며, 사회의 모순 등에 대하여 개혁을 통하여 점진적으로 해결해 나가는 이념인 진보주의, 사회민주주의 등과 맥을 같이 한다.

한편, 빈곤 등 사회문제에 대해 개인주의는 개인의 노력 부족 및 선택실패 등을 요인으로 파악하고 있다는 점에서 개인에게 책임이 있다고 보는 반면, 집합주의는 사회문제에 대해 사회경제적 환경, 기회의 부족 등으로 보고 있다는 점에서 사회의 책임을 강조하고 있는 것이다.

이러한 점에 착안한다면, 개인주의는 정부의 개입에 대해서 정부가 국가를 유지하는 데 필요한 국방, 치안, 법규의 정비 등에만 개입하고 나머지 분야는 최소한에 그쳐야 한다는 논리를 내세우고 있다는 점에서, 시장의 규제 또한 최소한에 머물러야 한다는 것을 강조한다. 반면, 집합주의는 정부를 사회구성원의 이익을 보호하는 사회기관으로 보기 때문에 전체 구성원을 위하여 성장, 고용 등을 유지하기 위한 적극적인 시장관리를 지향하고 있다는 점에서, 시장의 규제는 극대화가 되어야 한다는 논리를 내세우는 것이다.

결국, 전술한 부분을 종합하여 두 시각에 대한 사회복지정책의 방향을 조명해 보면, 개인주의의 경우 사회복지정책이 기본적으로 개인의 책임을 손상시키고 시장의 활동을 방해하기 때문에 최소한의 안전망 이상의 정책 확대에는 반대하는 논리를 내세우는 반면, 집합주의는 인간욕구가 충족될 수 있도록 적극적인 정부의 책임을 강조함에 따라 광범위한 사회복지정책을 실시해야 한다는 주장을 하고 있는 것이다(〈표 1-3〉 참조).

한편, 개인주의는 미국 등에서 기본적 가치로 삼고 있는 시각으로, 서구문화에 상당한 영향을 미쳤으며, 이는 사회복지정책의 발달에 저해요인으로 작용한 것이 사실이다. 따라서 개인주의에 바탕을 둔 자본주의가 발달함에 따라 다양한 사회문제가 발생했고, 이러한 사회문제를 해결하기 위해 정부가 개입할 수밖에 없는 정당성을 제공해 준 것이 스웨덴, 오스트리아 등에서 기본적 가치로 삼고 있는 집합주의라고 할 수 있는 것이다(남기민, 2006: 35-37).

표 1-3 개인주의와 집합주의의 상반된 시각

개인주의	구분	집합주의
개인	중심단위	집단
가족, 민간단체 등 민간부문	사회개입의 기초	중앙정부 등 공공부문
보수주의, 자유방임주의	이념	진보주의, 사회민주주의
개인의 책임	사회문제	사회의 책임
최소한의 개입	정부의 개입	최대한의 개입
최소한의 규제	시장의 규제	최대한의 규제
최소한의 안전망	사회복지정책의 입장	광범위한 안전망
미국 등	해당 국가	스웨덴, 오스트리아 등

출처: 기존의 여러 자료를 근거로 구성.

3. 선별주의와 보편주의

전술한 여타 시각과 마찬가지로 선별주의와 보편주의 역시 사회복지정책이 시작된 이래 끊임없이 논쟁이 이어져 왔는데, 전자가 자산조사 등을 통해 엄격히 선별된 저소득층 등 복지기본선 이하의 국민을 대상으로 한다면, 후자의 경우는 나이, 자녀유무 등 특정 자격에만 해당되면 소득이나 자산에 상관없이 모든 국민이 대상이 되는 시각이다.

자산조사 등을 통해 복지기본선 이하라고 입증되는 가구에 대해 혜택이 주어지는 국민기초생활보장제도 등 공공부조 등이 선별주의(selectivism)에 해당되는 반면, 일정 이상의 나이가 되면 모든 국민에게 연금이 지급되는 국민연금제도, 일정한 수의 아동을 가진 모든 가구에 대해 수당을 지급하는 가족수당제도, 모든 노인에게 지급되는 노인수당제도, 그리고 전 국민을 대상으로 무료의료서비스를 제공하는 의료공영제[7] 등은 보편주의(universalism)에 해당된다.

먼저, 두 시각에 대한 장단점을 살펴보면, 선별주의자들은 선별주의에 대해 한

7) 의료공영제는 서구 선진국, 특히 영국, 스웨덴 등에서 시행되고 있다.

정된 자원을 가지고 저소득층 등에게 지원할 수 있다는 점에서, 불필요한 자원을 줄여 비용효과성을 지향할 수 있다는 입장이며, 모든 국민이 아닌 저소득층 등에게만 복지혜택이 제공된다는 점에서 국가에 대한 의존현상을 최소화시킬 수 있다는 견해이다.

또한, 저소득층에 복지혜택이 집중적으로 제공된다는 점에서, 소득재분배를 통해 빈부의 격차를 상당부분 줄일 수 있으며, 선별주의의 특성상 여타부분에 대해서는 민간부문이 참여해서 복지활동을 할 수 있다는 논리를 내세운다. 하지만 보편주의에 대해서는 모든 국민을 대상으로 복지혜택이 주어진다는 점에서, 자원낭비가 심하고, 국가에 대한 의존성이 높아지며, 소득재분배가 낮은 수준으로 유도되고, 민간부문이 복지영역에 참여할 수 있는 여지가 낮아진다고 비판한다.

반면, 보편주의자들은 보편주의에 대해 모든 국민에게 복지혜택이 제공된다는 점에서 수혜자의 수치심과 이로 인한 절망감 등이 없고, 별도의 자산조사 등이 필요하지 않기 때문에 행정절차가 단순하다는 입장을 내세운다.

또한, 복지혜택이 선별층에게만 제공되는 것이 아니라 전 국민에게 지급된다는 점에서, 급여의 공정성을 통한 사회통합을 이룰 수 있어 사회효과성을 지향할 수 있고, 보편주의에 입각한 사회복지정책에 대해서는 선별주의에 비해 모든 국민이 지지를 한다는 점에서 안정적 운영이 가능하다고 보는 것이다.

하지만 선별주의에 대해서는 저소득층 등에게만 복지혜택이 주어진다는 점에서 수혜자의 입장에서는 수치심이 많아 절망감에 빠질 수 있으며, 자산조사 등이 필수요건이라는 점에서, 이로 인한 행정절차가 복잡할 수밖에 없다는 점을 지적한다.

또한, 모든 국민을 대상을 하지 않는다는 점에서, 급여의 불공정성으로 인한 계층 간 사회분열이 나타날 수 있고, 선별주의에 입각한 사회복지정책에 대해서는 모든 국민들이 지지를 할 수 없는 조건이라는 점에서, 축소 및 폐지의 우려가 있다고 비판한다.

한편, 두 시각은 단점에 대한 반박의 입장도 제시하고 있는데, 선별주의자들은 낮은 수준의 사회효과성을 지향한다는 것에 대해, 보편주의 못지않은 사회통합을 통해 사회효과성을 지향할 수 있다고 반박한다.

즉, 적극적으로 저소득층 등에게 복지혜택을 제공할 경우, 사회의 긴장감과 적대감 등이 감소되어 사회통합을 이룰 수 있고 이에 따라 사회효과성을 지향할 수 있다는 것이다.

보편주의자들 역시, 선별주의에 못지않은 높은 수준의 소득재분배를 달성할 수 있고, 낮은 수준의 자원낭비를 통해 비용효과성을 지향할 수 있다고 주장한다. 즉, 사회복지급여를 조세가 부과될 수 있는 소득액에 포함시켜 부유한 사람들이 보다 많은 세금을 내어 재정을 뒷받침하게 할 수 있는 세금환원제도 등을 통해 소득재분배가 가능하다는 것이다. 또한, 노인이나 임산부 등에게 포괄적인 서비스를 제공하여 차후 발생할 수 있는 문제를 미연에 방지함으로써, 높은 수준의 비용초래를 사전에 막을 수 있다는 것과 선별주의에서 시행하는 자산조사 등이 별도로 필요하지 않다는 점 등을 고려할 때, 상당부분 비용효과성을 지향할 수 있다는 것이다(〈표 1-4〉 참조).

어쨌든 경제적 성장이 두드러진 세계대전 이후에는 보편주의가 지배적이었고, 1970년대 오일쇼크[8] 이후에는 선별주의가 새로운 관심을 보였지만, 두 시각에 대한 논쟁은 아직도 지속되고 있어, 현실적인 차원에서 어느 시각이 우세한지는 명확히 증명되지 않고 있다.

다만, 이들 장점들을 종합하여 경제적 · 사회적 현실에 맞는 사회복지정책이 추진되고 있다는 점에서, 현실적으로는 한 시각만을 추구하는 것이 아니라 두 시각의 특징이 혼재되어 나타난다고 할 수 있을 것이다(조성한 · 임재현 · 주재현 · 한승준, 2006: 17-21).

8) 오일쇼크(oil shock)는 1973~1974년과 1978~1980년에 걸쳐 아랍석유수출국기구(OAPEC)와 석유수출국기구(OPEC)의 원유생산 제한과 원유가격 인상으로 인해 세계 각국에 경제적 혼란을 야기시켰던 상황을 의미한다.

표 1-4 선별주의와 보편주의의 상반된 시각

선별주의	구분	보편주의
복지기본선 이하 국민	대상	모든 국민
낮은 수준의 자원낭비(비용효과성), 낮은 수준의 의존성, 높은 수준의 소득재분배, 높은 수준의 민간부문의 복지참여	장점	수혜자의 수치심 부재, 단순한 행정절차, 급여의 공정성 · 사회통합(사회효과성), 정치적 지지에 따른 안정된 운영
수혜자의 수치심, 복잡한 행정절차, 급여의 불공정성 · 사회분열, 정치적 불지지에 따른 불안정된 운영	단점	높은 수준의 자원낭비, 높은 수준의 의존성, 낮은 수준의 소득재분배, 낮은 수준의 민간부문의 복지참여
높은 수준의 사회통합 가능(사회효과성)	단점에 대한 반박	높은 수준의 소득재분배, 낮은 수준의 자원낭비 가능(비용효과성)
국민기초생활보장제도 등 공공부조	해당 제도	국민연금제도, 가족수당제도, 노인수당제도, 의료공영제도 등
미국 등	해당 국가	스웨덴, 오스트리아 등

출처: 기존의 여러 자료를 근거로 구성.

제 5 절 사회복지정책의 구성체계

사회복지정책의 구성체계는 학자들의 접근입장차이로 다양하게 제시되고 있으나, 본 절에서는 사회복지정책의 주체, 대상, 그리고 주체가 대상에게 제공하는 급여로 대별하여 조명하고자 한다.

1. 사회복지정책의 주체

본 절에서는 사회복지정책의 주체를 중앙정부, 지방자치단체 등의 공공부문주체, 전국망 민간복지조직, NGO, 기업계, 종교계 등의 민간부문주체, 그리고 공공·민간부문혼합주체로 나누어 살펴보고자 한다.

1) 공공부문주체

(1) 중앙정부

보건복지부, 고용노동부 등 중앙정부는 사회복지정책의 주체로서 일정역할을 담당하고 있는데, 대략적으로 다음과 같은 역할을 수행한다(현외성, 2005).

첫째, 국가보조금을 지원하는 역할이다. 중앙정부는 지방자치단체나 사회복지관 등에 국가보조금을 지원하여 이들의 복지활동을 돕는다. 중앙정부의 지원은 이들 기관에 직접 전달하는 직접지원형식과 세금감면이나 면제의 간접지원형식 등이 있다. 이러한 국가보조금의 지원은 사회복지의 기능 자체가 국가의 책임이라는 점, 재원조달에 한계가 있는 공급주체에 보조금을 지급하는 점 등에 근거해서 추진되고 있다.

둘째, 규제자로서의 역할이다. 중앙정부는 사회복지정책 관련 법규를 통해서 사회복지관 등을 규제한다. 즉, 중앙정부는 관련 법규에 의해 사회복지관의 활동범위 등을 통제하여 그들이 기대하는 정책목표를 달성하도록 유도하는 것이다.

셋째, 사회복지인력의 고용자로서의 역할이다. 중앙정부는 공공복지의 현장이라고 해도 과언이 아니라는 점에서, 사회복지인력을 직접 채용하여 사회복지실천 등을 수행하는 거대한 조직 중의 하나인 것이다.

전술한 내용에 착안하여 중앙정부가 담당하고 있는 복지업무현황을 간략히 살펴보면, 보건복지부는 국민기초생활보장, 국민연금, 건강보험, 노인복지서비스, 장애인복지서비스 등을 담당하고 있고, 고용노동부는 산재보험, 고용보험 등을 맡고 있다. 그리고 행정자치부는 공무원연금, 교육부는 사립학교연금, 국방부는 군인연금 등을 맡고 있다는 점에서, 모든 중앙정부가 일정부분 복지정책의 주체로서의 기능을 담당하고 있는 것이다.

(2) 지방자치단체

공공복지주체인 지방자치단체 역시 중앙정부 못지않게 중요한 역할을 담당하고 있다. 특히, 지방자치제도가 발달한 국가일수록 이와 같은 현상은 두드러지는데, 수혜자인 지역주민에게 상대적으로 효율적이고 효과적인 급여를 제공할 수 있다는 것이다. 즉, 지역이 가진 특수한 욕구에 신속하고 전문적으로 대응하여 현실을 반영할 수 있는 위치에 있는 조직이 지방자치단체라고 할 수 있는 것이다. 이는 중앙정부가 지역과 상당부분 거리가 있고, 지역수혜자에게 맞는 사회복지서비스 등의 복지제공에 있어서 한계가 있기 때문이라고 할 수 있다.

2) 민간부문주체

사회복지정책의 민간부문주체는 접근입장차이로 다양하게 정의되고 있으나 본 절에서는 한국사회복지사협회 · 사회복지협의회 · 사회복지공동모금회 등의 전국망 민간복지조직, NGO, 기업 · 기업재단의 기업계, 그리고 한국종교계사회복지협의회 등의 종교계로 한정하여 조명하고자 한다.

(1) 전국망 민간복지조직

전국에 조직망을 두면서 사회복지업무를 전담하는 대표적인 민간복지조직은 한국사회복지사협회, 사회복지협의회, 사회복지공동모금회 등으로, 이들 단체는 수혜자에게 급여를 직 · 간접적으로 제공하는 사회복지정책의 주체로서의 역할을 담당한다.

먼저, 한국사회복지사협회는 1967년 4월에 설립된 단체로 시 · 도지부를 두고 있으며, 산하단체가 있다. 구체적으로 한국사회복지사협회의 역할을 살펴보면, 사회복지사 양성, 사회복지사자격증 발급, 사회복지사 관련 조사연구 · 출판 · 홍보, 그리고 국내외 사회복지 관련 전문가단체와의 교류 · 협력 등의 업무를 담당하고 있다.

사회복지협의회는 1952년 2월에 설립된 중앙협의회인 한국사회복지협의회와 독립된 시 · 도사회복지협의회, 그리고 시 · 군 · 구사회복지협의회가 설치되어 있으며, 한국사회복지협의회의 경우 직능단체, 전국규모단체, 보건의료단체, 그리고 경제 · 언론 · 종교계단체를 회원으로 두고 있다.

구체적으로, 한국사회복지협의회의 역할을 살펴보면, 사회복지에 관한 조사 · 연구 및 정책건의, 교육훈련, 자료수집 및 간행물 발간, 계몽 · 홍보, 자원봉사활동의 진흥, 학술도입과 국제사회복지단체와의 교류, 시 · 도사회복지협의회에 대한 업무지원 및 협력증진, 공동모금사업의 지원, 사회적 취약계층을 위한 지원사업, 그리고 보건복지부장관이 위탁하는 사회복지에 관한 업무 등을 담당하고 있다.

사회복지공동모금회는 1998년 11월에 설립된 단체로 시 · 도지부를 두고 있다. 후원 등을 통해 모은 모금액은 전국의 사회복지시설 등의 지원신청을 받아 배분하는데, 배분의 투명성과 효율성을 높이기 위해 경제계 · 언론계 · 종교계 · 노동계 등 각계 전문가로 구성된 이사회와 위원회의 심사를 거쳐 배분하게 된다. 구체적으로 사회복지공동모금회의 역할은 사회복지공동모금, 공동모금재원의 배분 · 운용 · 관리, 사회복지공동모금에 관한 조사 · 연구 · 홍보 및 교육훈련, 그리고 사회복지공동모금과 관련된 국제교류 및 협력증진 등이다.

(2) NGO[9)]

NGO는 사회복지정책의 주체로서 적극적 역할을 담당하고 있는데, 대략적으로 다음과 같은 역할을 수행한다(현외성, 2000).

첫째, 직접적 사회복지서비스역할이다. 정부위탁, 자체개발 등을 활용한 NGO의 직접적 사회복지서비스는 높은 수준의 수혜자 접근성과 헌신성, 그리고 낮은 수

9) NGO(Non Governmental Organization)에 대한 개념은 학자들마다 다양하게 정의되고 있지만, 본 절에서는 NGO를 민간단체이면서 공익을 추구하는 II 부문으로 정의한다.

구분		관민행태	
		공공단체	민간단체
이익행태	공익단체	I 부문: 부처청 등	**II 부문: NGO 등**
	사익단체	III 부문: 공사 등	IV 부문: 이익단체 등

준의 비용으로 서비스제공을 상당부분 지향할 수 있는 특징을 갖는다.

NGO가 직접적 사회복지서비스를 담당하게 된 배경은 공공부문의 책임분산과 사회복지서비스조직의 한계라고 할 수 있는데, 전자의 경우 NGO에 대해 공공부문의 책임을 일부 또는 전부를 전가시킴으로써, 공공부문은 자체의 부담을 감소시킬 뿐만 아니라 NGO의 개혁마인드를 둔화시키는 효과까지 기대하는 것이다. NGO 등 민간부문의 정치적 활동에 부담을 느낄 수 있는 정부가 이것을 물리적으로 제재할 수 없을 경우, 시민사회 속에서 이들의 행동반경을 제한하는 가장 보편적인 방법으로 직접적 사회복지서비스의 공간에 제한시키는 것이다.

한편, 후자의 경우는 사회복지서비스조직들이 급변하는 상황 속에서 새롭게 등장하는 환경에 적응하지 못할 경우 NGO가 직접적 사회복지서비스의 공간에 참여하게 되는 것이다.

둘째, 여론화역할이다. 복지사각지대를 발굴하여 여론화함으로써, 사회문제의 개선에 기여할 수 있는데, 차상위계층, 외국인노동자, 노숙자, 윤락여성 등에 대한 여론확산을 통해 이들을 공적인 문제로 전환시키는 역할을 수행하는 것이다.

셋째, 복지운동역할이다. 이는 사회복지 수혜자를 조직하여 이들의 권익을 쟁취하는 데 도움을 주는 것으로서, 수혜자는 다른 조직과 비교할 때, 낮은 수준의 힘을 보유하고 있고, 경우에 따라서는 이익집단화 할 수 없는 특성을 가짐에 따라 이들의 권익을 옹호하는 역할을 수행하는 것이다.

넷째, 정책과정에 대한 감시 · 비판역할도 담당한다. 이를 통해 다원주의사회에서 흔하게 발견되는 복지 관련 예산의 적절성 등을 감시하는 기능, 즉 모니터링 혹은 평가기능으로서 정부의 정책과정 등을 견제하는 것으로 이해될 수 있다.

(3) 기업계

사회복지재원이 부족한 상황에서 사회복지부문에 대한 기업 및 기업재단의 기여는 의미 있는 것으로 받아들여진다. 우선, 사회복지부문에 대한 기업계의 역할을 명확하게 정의하기 위해서, 기업계의 사회적 역할에 대한 유형을 조명하고자 한다.

기업계의 사회적 역할유형은 기업행위중심의 주주모형과 이해관계자모형,[10] 기업행위동기의 자기이익과 도덕의무를 기준으로 4가지 유형으로 대별할 수 있다.

먼저, 생산우선주의(productivism)는 기업의 사회적 역할에 있어서 전통적으로 설명되는 유형으로서, 기업의 역할은 궁극적으로 경제가치의 생산에 있고 이러한 부분이 기업이 담당해야 할 사회적 역할이라고 보는 관점이다. 기업은 생산활동을 통해 부를 창출하고 이러한 과정에서 기업의 이윤을 극대화하는 것 이외에는 어떠한 사회참여도 반대하는 것이다.

진보주의(progressivism)는 자기이익에 근거해서 끊임없이 기업의 혁신활동을 통해 사회발전을 도모해야 한다는 유형으로서, 기업은 사회로부터 신뢰를 얻을 수 있는 산업공해방지, 자원절약 등과 같은 비생산적 활동에 적극 참여해야 한다는 것이다. 이와 같이 직접적인 이윤추구를 위한 생산활동이 아닌 사회운동에 참여함으로써 궁극적으로는 신뢰가 제고되어 기업의 장기이윤이 증대된다는 것이다.

사회봉사주의(philanthropy)는 사회봉사를 기업의 사회적 역할로 포함하는 경우에는 사회적으로 도덕적인 의무를 수행해야 한다는 동기뿐만 아니라 기업이윤이 극대화되어야 한다는 전제를 지니고 있다. 따라서 기업은 그들의 주주들에게 돌아가는 경제적 이익을 넘지 않는 선에서 사회 전체에 이익이 돌아갈 수 있도록 책임을 다해야 한다는 것이다.

윤리이상주의(ethical idealism)는 기업이 이윤추구보다는 이타주의에 근거해 사회의 구성원으로서의 역할을 적극적으로 수행해야 한다는 유형으로, 주주의 이익을 지나치게 고려하지 않는 사회봉사, 사회개혁운동을 경제계에 확산하는 노력 등이 본 유형에 포함된다고 할 수 있다(〈표 1−5〉 참조).

---

10) 주주모형(stockholder model)은 기업의 소유주인 주주를 준거집단으로 하는 것으로, 본 모형은 기업이 주주의 경제적 이익과 부를 증진시켜야 하며, 경영자는 주주에 대해 경영성과의 책임을 져야 한다는 논리이다. 반면, 이해관계자모형(stakeholder model)은 노동자, 소비자, 협력업체, 지역사회 등 다양한 이해관계자를 준거집단으로 하는 것으로, 본 모형은 기업이 다양한 이해관계자의 이해관계를 만족시키고 증진시켜야 하며, 경영자는 이해관계자에 대해 경영성과의 책임을 져야 한다는 관점이다.

표 1-5 기업계의 사회적 역할 유형

구분		기업행위중심	
		주주모형	이해관계자모형
기업 행위 동기	자기이익	생산우선주의 (productivism)	진보주의 (progressivism)
	도덕의무	사회봉사주의 (philanthropy)	윤리이상주의 (ethical idealism)

출처: 이광래(2001)를 근거로 재구성.

(4) 종교계

종교계 역시 사회복지정책의 주체로서 중요한 역할을 담당하고 있는데, 사회통합과 사회비판의 역할 등이 그것이다.

첫째, 사회통합의 역할이다. 종교가 사회의 지배적인 가치와 규범을 정당화하면서 사회구성원들 사이에 공동체의식을 제고하여 사회통합을 유도할 수 있는 것이다. 즉, 종교는 믿음과 가치에 대한 권위적인 가르침을 통하여 다양한 의견과 견해 사이의 갈등과 모호성 가운데서 일정 틀을 마련해 줌으로써, 빈부격차 등 사회분열을 사회통합으로 전환시킬 수 있는 것이다.

둘째, 사회비판의 역할이다. 종교는 경제적 불평등 등에 대하여 날카롭게 비판하고 그 질서에 도전하면서 사회변혁을 촉구한다. 즉, 극심한 빈부격차 등은 사회구조적 요인 등에 기인하고 있다는 점에서, 이를 유발한 정부정책 등에 비판역할을 가하는 것이다.

한편, 종교계에서 사회복지정책의 주체로서 활동하고 있는 대표적 단체가 한국종교계사회복지협의회라고 할 수 있다. 종교계사회복지협의회는 1998년 6월 출범한 한국종교계사회복지대표자협의회를 사단법인화하여 2004년 12월에 거듭난 사회복지단체로서, 여러 종단이 참여하고 있다.

본 협의회의 구체적인 역할은 종단 간 사회복지에 관련된 협력, 사회복지에 관한 정책・학술・회원교육, 공공・민간 사회복지계와의 협력, 종교사회복지 조사연구 및 출판, 회원의 권익보호, 그리고 사회복지에 관한 국민홍보 등으로 요약된다.

3) 공공・민간부문혼합주체

공공・민간부문혼합주체는 각각의 주체가 가지고 있는 한계를 극복하여 사회복지정책의 목표를 효과적으로 달성하기 위해서 추진되고 있는 것으로, 미국의 산재보험은 정부가 민간보험회사와 계약을 통하여 운영되고 있고, 영국과 일본의 국민연금 역시 정부의 일정한 규제하에서 일부에 대해 민간보험회사와의 계약을 통해 시행하고 있다.

이와 같은 공공・민간부문혼합주체 시스템은 신자유주의(neoliberalism)[11]에 따라 점차 늘어가는 추세이지만, 대부분의 국가에서는 개별 사회복지프로그램에 한정하여 실시하고 있는 상황이다(현외성, 2005).

2. 사회복지정책의 대상

사회복지정책의 대상은 국민이지만, 일정한 원칙에 따라 대상이 선별될 수 있다는 점에서, 이와 관련한 대상선정원칙을 귀속욕구, 보상, 진단차등, 그리고 자산조사욕구 등으로 대별하여 살펴보고자 한다.

1) 귀속욕구

귀속욕구(attributed need)에 따른 급여대상은 충족되지 않는 욕구를 가진 공통집단에 속하는지 여부에 기초하는 것으로, 교통수당을 지급받는 모든 노인, 의무교육의 혜택을 제공받는 모든 초등학생 및 중학생, 그리고 산전・후 유급휴가의 혜

11) 신자유주의는 국가권력의 시장개입을 비판하고 시장의 기능과 민간의 자유로운 활동을 중시하는 이론이라고 할 수 있다.

택을 받는 모든 임신한 직장여성 등이 이에 해당된다. 이는 기본적으로 범주적 할당 등에 근거한다고 할 수 있다.

2) 보상

보상(compensation)에 따른 급여대상은 특정 집단에 속하는지 여부에 기초하고 있는데, 사회경제적으로 공헌한 재향군인이나 사회보험가입자, 그리고 인종적·종교적 편견 등으로 사회적으로 고통을 당한 피해자 등이 이에 해당된다. 이는 형평성을 회복하기 위한 규범적 판단, 범주적 할당 등에 근거한다고 할 수 있다.

3) 진단차등

진단차등(diagnostic differentiation)에 따른 급여대상은 신체적·정신적 장애와 같이 특정한 급여가 필요한 개인에 대해 전문가가 판단을 내리는 것인데, 「장애인복지법」에 근거하여 전문의가 장애인들의 장애를 분류하고 판정하여 장애인들에게 다양한 혜택이 주어지는 것 등이 그것이다. 이는 기술적 분류기준, 개별적 할당 등에 근거하는 것으로 볼 수 있다.

4) 자산조사욕구

자산조사욕구(means-tested need)에 따른 급여대상은 자산조사를 통해 재화나 서비스를 구입할 수 없는 개인을 대상으로 하는데, 급여대상에 대한 접근은 환경보다는 개인의 경제적 여건에 좌우되는 것으로 본다. 「국민기초생활보장법」에 근거해서 수혜를 제공받는 저소득층 등이 이에 해당된다. 이렇게 볼 때, 자산조사욕구는 경제적 기준, 개별적 할당 등에 근거하고 있는 것이다(김학만·김경우·이용환·전석범, 2005).

5) 대상선정원칙의 체계

전술한 대상선정원칙에 대해 일정체계를 살펴보면, 귀속욕구는 공통집단에 대해 정상적인 욕구를 충족시키기 위해 지속적 혜택이 주어지고, 모든 국민을 대상으로 한다는 점에서 제도적 개념과 보편주의에 가장 근접하는 반면, 자산조사욕구는 빈곤 등에서 탈피할 때까지 일시적으로 혜택이 제공되고, 자산조사 등을 통해 철저하게 선별된 개인을 대상으로 한다는 점에서 잔여적 개념과 선별주의에 가장 가깝다고 할 수 있다.

한편, 보상은 특정 집단에 대해 지속적으로 급여가 제공될 가능성이 높고, 모든 국민을 대상으로 하는 귀속욕구보다는 낮은 수준이기는 하지만 이들에 대해 범주적 할당이 주어진다는 점에서 제도적 개념 · 보편주의에 근접하는 반면, 진단차등은 상당한 기간이 소요될 수도 있지만 신체적 · 정신적 장애 등을 극복할 때까지 급여가 일시적으로 제공되고, 자산조사에 의한 철저한 개별적 할당은 아니지만 원칙적으로 개별할당이 이루어진다는 점에서 잔여적 개념 · 선별주의에 가깝다고 할 수 있다([그림 1−2] 참조).

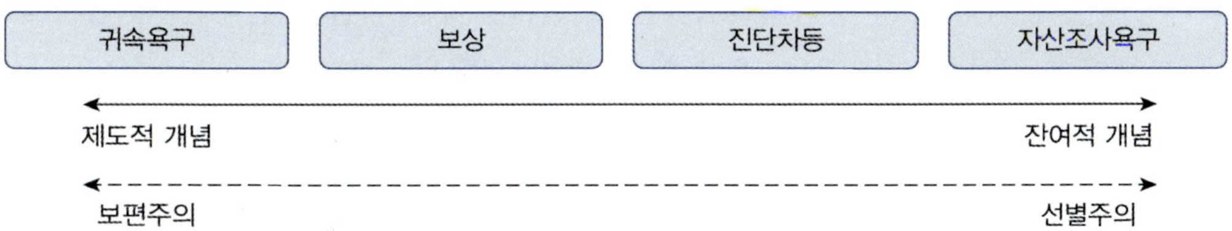

그림 1-2 대상선정원칙의 체계

3. 사회복지정책의 급여

사회복지정책의 주체가 대상에게 제공하는 것이 급여이다. 먼저, 대표적으로 알려진 기본적 급여유형을 현금급여와 현물급여로 대별하여 살펴보고자 한다.

1) 기본적 급여유형

(1) 현금급여

현금급여(in cash benefits)는 수혜자에게 현금을 지급하여 그들이 직접 시장에서 자신의 욕구충족에 필요한 물건이나 서비스를 구입하도록 하는 급여유형이다.

현금급여를 주장하는 사람들은 본 유형이 소비자주권, 관리비용의 절약, 기술혁신측면 등에서 유리하다고 주장한다.

먼저, 현금급여의 시행은 소비자주권이 제고된다는 것이다. 수혜자에게 현금을 제공함으로써 그들이 스스로의 판단에 따라 생활하는 것이 정당성 차원에서 바람직하며, 더 나아가 이를 통해 자신의 삶을 개척해 나갈 수 있도록 해야 한다는 것이다. 하지만 사회복지관 등에서 행동통제의 목적으로 현물급여를 지속적으로 추진하는 것에 대해서는 수혜자의 독립성과 자율성이 상당부분 훼손되어 자기결정역량으로 성장할 수 있는 기회를 갖지 못한다고 반박한다.

관리비용의 절약측면에서도 현금급여가 바람직하다는 것인데, 현금급여를 수혜자에게 제공할 경우 행정적으로 처리하기가 수월하다는 점에서 높은 수준의 관리비용이 수반되지 않는 장점을 갖는 반면, 현물급여는 이를 보관하는 인력, 기구가 필요하고 배분하는 데에도 적지 않는 관리비용이 수반된다는 것이다.

기술혁신측면에서도 현금급여가 경쟁력을 갖는다는 것인데, 수혜자들에게 현금을 지급할 경우 자신들에게 필요한 물건이나 서비스를 시장에서 구입하는 과정에서 시장을 더욱 활성화시킨다는 것이다. 즉, 이윤창출을 우선시하는 기업 등이 수혜자들에게 선택을 받기 위해 경쟁을 하게 되고 경쟁은 기술혁신을 야기시킨다는 입장이다.

하지만 이러한 주장에도 불구하고 이들은 현금급여에 대해 일정부분 한계를 지적하고 있는데, 현금사용의 불가적 상황 등이 그것이다. 지적장애인 등은 현금으로 지급되는 급여를 구조적으로 사용하기 힘들 수 있다는 것이다.

(2) 현물급여

현물급여(in kind benefits)는 수혜자에게 그들의 욕구를 충족시킬 수 있는 물건이나 서비스를 직접 제공하는 급여유형을 의미한다.

현물급여를 주장하는 사람들은 규모의 경제, 목표효과성, 정치적 선호측면 등에서 본 유형이 경쟁력을 갖는다고 주장한다.

먼저, 현물급여는 물건을 대량으로 생산하여 값싸게 제공할 수 있는 규모의 경제 효과가 있다고 주장한다. 즉, 수혜자에게 지급할 옷, 신발, 세면도구 등을 표준화하여 대량생산시켜 배분하게 되면 상당부뷴 비용을 절약할 수 있다는 것이다.

현물급여는 목표효과성을 적절하게 달성할 수 있다는 것인데, 현물은 수혜자에게 용도와 목적에 맞게 본래 목적대로 전달할 수 있어 저소득층 등 복지사각지대에 노출되어 있는 수혜자들의 삶의 질 향상을 제고하는 데 효과가 있다는 것이다.

현물급여는 정치적 선호를 갖는다는 것인데, 국민들은 자신들이 낸 세금, 기부금 등이 저소득층 등 수혜자들에게 삶의 질을 개선하는 데 실질적으로 사용될 때 지지를 보낸다는 것이다. 즉, 국민들은 저소득층 병자들에게 그들의 세금, 기부금 등으로 마련된 의료용품 등이 제공되면 지지를 보낼 수 있지만, 현금급여를 수급받은 수혜자들이 이를 도박 등의 용도에 사용한다면 이에 대한 국민들의 정치적 지지는 요원하다는 주장이다.

하지만, 현금급여와 마찬가지로 이들 역시 현물급여에 대해 일정부분 한계가 있다고 주장하는데, 획일화 등이 그것이다. 아이들에게 같은 의복을 일괄적으로 제공한다면 전체적으로 획일화를 강요하게 된다는 점에서, 적절하지 못하다는 것이다.

2) 확장된 급여유형

전술한 두 가지 유형으로만 급여를 고찰하는 것은 단순할 수 있다는 점에서, 기회, 서비스, 물품, 증서, 현금, 권력 등 확장된 급여유형으로 나누어 조명하고자 한다.

(1) 기회

기회(opportunity)는 특별한 기회를 제공하는 급여유형으로서, 이는 궁극적으로 다른 행태의 혜택을 획득할 수 있도록 해주기는 하지만 직접적으로 교환가치(exchange value)를 지니는 급여는 아니다. 본 급여에 해당하는 사례는 장애인에 대한 기업의 의무고용, 소수인종에 대한 별도의 대학입학정원 확보, 그리고 저소득층에 대한 임대아파트 제공 등이 있다.

(2) 서비스

서비스(service)는 물품과 달리 구체적인 형상을 지니는 것이 아니라 무형의 특성을 갖는 급여유형으로서, 기회와 마찬가지로 직접적인 교환가치를 갖는 것은 아니다. 본 유형은 시간과 공간, 그리고 서비스의 제공자에 따라서 그 내용이 달라질 수 있다는 점에서, 서비스의 표준화에는 한계가 있을 수 있다. 본 급여에 해당하는 사례는 상담, 교육, 치료 등이 있다.

(3) 물품

물품(goods)은 구체적인 형상을 지니고 있고 양과 질이 확정되어 있는 급여유형으로서, 제공되는 물품은 전당포 등에서 교환가치를 지닐 수는 있으나 시장가치 면에서 대체적으로 낮은 수준에 머물러 있다. 본 급여유형은 효율적으로 복지목표를 달성할 수 있는 장점 등이 있는 반면, 저소득층 등에게 수치심을 줄 수 있는 단점 등을 지니고 있다. 본 급여에 해당하는 사례는 의류, 음식, 주택 등이다.

(4) 현금

현금(cash)은 가장 강력한 소비자선택의 권리로서, 무제한의 구매력을 지니는 급여유형이라고 할 수 있다. 따라서 어떠한 재화나 용역도 손쉽게 구입할 수 있다는 점에서, 높은 수준의 교환가치를 지닌다. 본 급여에 해당하는 사례는 공공부조, 사회보험, 아동수당, 가족수당 등 현금으로 지급되는 것이 그것이다.

(5) 증서

증서(voucher)는 다른 자원으로 교환할 수 있는 높은 수준의 교환가치를 지니는 급여유형으로서, 소비자주권도 보장하면서 사회통제가 가능한 중간적 성격의 급여라고 할 수 있다. 즉, 물품에 비해서는 선택의 폭이 넓은 반면, 현금에 비해서는 교환의 범위가 한정되어 있는 것이다. 본 급여에 해당하는 사례는 주택을 구입할 수 있는 주택증서, 식품을 구입할 수 있는 식품증서 등이다.

(6) 권력

권력(power)은 정책결정과정에 저소득층 등 사회적 소외층이나 이들을 대변하는 대표자들을 참여시켜 사회적·경제적 자원을 선택할 수 있는 영향력을 재분배시키는 급여유형이라고 할 수 있다. 비록 권력이 현금이나 증서처럼 사용되지는 않지만 상품, 서비스, 기회보다는 폭넓게 선택할 수 있어 유동적인 교환가치를 지니고 있는 것이다. 본 급여에 해당하는 대표적인 사례로 대통령 소속 경제사회노동위원회 등을 들 수 있는데, 본 위원회에서는 노동자의 복지향상을 위하여 근로자대표가 정책결정의 한 축을 담당하고 있다.

제2장

사회복지정책의 역사

사회복지정책의 역사 분류는 일정기준에 따라 다양하게 정의되고 있으나, 본 장에서는 퍼지(Ferge, 1989)의 분류기준을 수정하여 빈민법시기, 사회보험시기, 복지국가시기, 그리고 복지국가후퇴시기로 대별하여 조명하고자 한다.

그의 구분은 빈민법시기, 사회보험시기, 복지국가시기로 분류하고 있으나, 1970년대 후반 이후에 나타난 복지국가의 후퇴국면을 반영하고 있지 않아 이를 4번째 시기로 규정하여 전체적인 역사를 보완하려는 것이다.

한편, 빈민법은 절대왕정의 봉건사회에서 농촌노동력에 대한 통제수단으로 만들어졌다는 점에서, 사회복지정책사의 일부분으로 반영하기에는 한계가 있으나 빈민법이 공공부조의 시발점이 될 수 있다는 점에서, 역사에 포함시켜 살펴보고자 한다.

제 1 절 빈민법시기

빈민법시기(period of the poor law)는 크게 빈민법과 신빈민법으로 구성되는데, 영국이 이에 해당된다. 빈민법(poor law)은 봉건사회의 농촌사회로부터 이탈한 부랑인 등을 통제하는 수단으로 등장한 반면, 신빈민법(new poor law)은 일부 빈민법으로 인해 빈민비용의 부담현상이 가중되는 등 여러 가지 변화가 일어나자 새롭게 제정된 것이다. 빈민법시기는 1948년 영국의 노동당정부가 국민부조법(National Assistance Act)[1]을 제정함으로써 완전히 폐지되기에 이른다.

---

1) 본 법은 부제를 '기존의 빈민법을 종료시키는 법'으로 규정하고 있다.

1. 빈민법

1) 14~16세기의 빈민법

14~16세기의 빈민법으로 노동자규제법, 걸인·부랑인처벌법, 건장한 부랑인·걸인처벌법, 그리고 부랑인처벌 및 빈민과 무능력자 구제법 등이 있었는데, 노동자규제법(Statute of Labourers)은 14세기 중엽에 발생한 흑사병으로 인해 인구가 상당부분 감소하자 노동력이 부족해지고 높은 수준의 임금상승이 수반됨에 따라 그 대책으로서 1351년에 제정되었다. 주요 내용으로는 걸식과 부랑의 금지, 임금억제를 위한 임금상한선 규정, 그리고 지주 상호간의 농민쟁탈 억제 등을 담고 있다.

걸인·부랑인처벌법(Act concerning Punishment of Beggars and Vegabonds)은 노동무능력자를 조사·등록시켜 구걸을 허용시키기 위한 법으로 1531년에 제정되었다. 이 외에도 본 법에는 노동능력이 있는 걸인·부랑인에게는 태형을 가하고 구걸지가 고향이 아니면 이전에 3년 이상 거주했던 곳으로 추방시킨다는 규정 등도 담고 있다.

건장한 부랑인·걸인처벌법(Act for Punishment of Sturdy Vagabonds and Beggars)은 노동능력이 있는 나태한 부랑인·걸인을 처벌하기 위해서 1536년에 제정된 법으로, 건장한 부랑인·걸인이 두 번째로 체포되면 매질과 함께 귀를 자르고, 세 번째 체포되면 사형에 처한다는 내용을 담고 있다. 또한, 빈민구제의 비용을 자선과 기여를 통해서 조달하고, 미성년걸인(5~13세)에게는 구걸행위를 금지하는 대신 도제로 보내지만 이를 거부하게 되면 매질을 가하는 내용 등도 포함되어 있다.

그리고 부랑인처벌 및 빈민과 무능력자 구제법(Act for the Punishment of the Vagabonds and for the Relief of the Poor and the Impotent Persons)은 헨리 8세 사망이후, 의회가 부랑인을 처벌하기 위해 그들을 농노로 만들기 위한 법으로 1547년에 제정되었다. 이 법은 가장 엄격한 규정을 담고 있는데 노동능력자가 3일 이상 계속 노동을 거부하게 되면 가슴에 V자를 낙인 찍어 2년간 노예로 삼을 수 있게 하였으며, 다시 도망치게 되면 이마에 S낙인을 찍어 평생 노예로 삼을 수 있도록 하였다.

2) 엘리자베스의 빈민법

엘리자베스의 빈민법(Elizabeth's poor law)은 16세기 인클로저운동(enclosure movement),[2] 1594~1597년까지 지속된 흉작, 그리고 신세계 귀금속의 대량유입으로 인하여 발생한 극심한 인플레이션과 이에 따른 부랑인의 증가로 인해서 실업의 요인이 개인의 책임뿐만 아니라 정부의 책임도 있다는 사실을 인식하게 됨에 따라 1601년에 제정되었다.

이는 빈민을 노령자·만성질환자·맹인·정신병자 등 노동능력이 없는 빈민, 노동능력이 있는 빈민, 그리고 빈곤아동으로 구분하였는데, 노동능력이 없는 빈민에 대해서는 자선원에 집단 거주시켜 보호하였고, 노동능력이 있는 빈민에 대해서는 교정원이나 작업장에서 강제노역을 시켰으며 이를 거부할 경우에는 수감조치를 했다. 빈곤아동에 대해서는 도제로 24세까지 장인에게 봉사시켰고 여아는 21세 또는 결혼할 때까지 하녀에게 양육을 시켰다.

엘리자베스의 빈민법은 빈민에 대한 억압책을 일정부분 포기하고 빈민책임이 교회가 아닌 정부에 있음을 인정했다는 점에서 의의가 있다. 즉, 최초로 빈민구제의 책임이 교회가 아닌 정부에 있다는 것에 근거해서, 각 교구에 시장이 임명한 빈민감독관이 빈민업무와 빈민세 징수 등을 수행했으며, 이에 대한 통일된 추진을 위해 빈민행정기구가 수립되기에 이른 것이다. 결국, 엘리자베스의 빈민법은 세계 최초의 공공부조로서 근대적 사회복지의 출발점이라 할 수 있는 것이다.

---

2) 미개간지·공유지 등 공동이용이 가능한 토지에 담이나 울타리 등의 경계선을 쳐서 타인의 이용을 막고 사유지로 만드는 것으로, 인클로저에 의해서 중소농들은 몰락의 길을 걸어 농업노동자가 되었거나 농촌을 떠나 공업노동자가 되기도 했다. 이에 따라 영국에서는 지주·농업자본가·농업노동자의 세 계급으로 나누어진 행태가 18세기 이후 나타났고, 19세기 중엽에 확립되기에 이른다(네이버백과사전 〈http://100.naver.com〉).

3) 정주법

산업화가 진행되면서 대규모의 농촌빈민들이 도시로 유입되었으나 당시 빈민 책임이 교구에 있는 상태에서는 유입되는 빈민들의 문제를 해결할 수가 없었다. 따라서 이들을 소속교구로 돌려보내기 위한 소송 등이 교구를 중심으로 이루어져, 찰스 2세가 1662년에 정주법(Settlement Act)을 제정하기에 이른다.

본 법은 소속교구를 명확히 하고 빈민의 도시유입을 막도록 한 것인데, 법적인 정주는 출생, 결혼, 도제, 상속에 따라 결정되었고, 새 교구로 이주하더라도 토지를 소유하지 못하면 40일 이내에 떠나야만 했다. 다만, 토지가 없더라도 1년에 금화 10파운드의 집세를 낼 수 있으면 이주가 가능했다.

4) 토마스 길버트법

토마스 길버트법(Thomas Gilbert Act)은 교구들이 연합하여 빈민공장을 만들고 빈민들을 노동시켜 그 비용으로 빈민비용을 조달하기 위한 법적 근거로서 1782년에 제정되었다.

본 법은 구호물품 등을 이용한 원외구호를 조장했고, 노동능력이 있는 빈민들을 농민들에게 순번으로 일하게 하는 순환고용제도도 허용하였다. 이 법에서는 노동능력이 있는 빈민과 실업자에게 가혹한 처벌을 가하는 것이 아니라 일자리나 무제한의 원외구호를 제공했다는 점에서, 인도주의적 빈민제도라고 할 수 있다.

5) 스핀햄랜드법

산업화, 인구증가, 인구이동, 18세기 말 흉작 등은 빈곤문제를 심화시켜, 실업자뿐만 아니라 노동자도 식량부족 등의 이유로 어려움을 겪게 되자 기존의 빈민법과는 다른 대안이 필요하게 되었다. 이에 따라 생계비와 가족 수에 연동시킨 수당을 저임금 노동자에게 지급하고 노동능력이 없는 빈민에 대한 원외구호를 확대

시킨 규정을 마련했는데, 이것이 1795년에 제정된 스핀햄랜드법(Speenhamland Act)이다. 본 규정은 최초로 생계비와 가족 수를 고려하여 최저생계수준 이하의 빈민에게 진정한 관심을 제공했다는 점에서 의의를 갖는다.

2. 신빈민법

스핀햄랜드법으로 인해 원외구호가 확대되고 최저생계비의 보장을 위한 가족수당을 지급하는 등 누구나 정부의 구제를 받으려 하는 경향이 팽배해졌기 때문에 빈민비용에 있어서 높은 수준의 부담현상이 나타났다. 이러한 점 등에 착안해서 정부의 구제를 어렵게 만들기 위한 규정이 만들어졌는데, 이것이 1834년에 제정된 신빈민법이다.

신빈민법은 억압정책으로의 회귀를 의미하는데, 프랑스혁명이 영국에 미치는 영향력을 두려워해서 스핀햄랜드법이 만들어졌다면, 그 후 빈민비의 증가가 큰 부담으로 작용하자 스핀햄랜드법의 모순과 빈민의 도덕성에 대해 비판하면서 다시 빈민을 억압하는 신빈민법을 제정하게 된 것이다. 결국, 엘리자베스의 빈민법 이후 시행되었던 토마스 길버트법의 원외구호, 스핀햄랜드법의 생계비와 가족 수에 따른 최저생계비 지원 등의 인도주의적 경향이 사라지고 다시 엘리자베스의 빈민법 수준으로 복귀하는 억압적 제도를 마련한 것이다.

이러한 신빈민법은 3가지 원칙을 고수했는데, 균일처우의 원칙, 열등처우의 원칙, 그리고 작업장활용의 원칙이다.

균일처우의 원칙(principle of national uniformity)은 행정기구를 개혁해서 빈민행정의 중앙집권화를 지향하는 것이고, 열등처우의 원칙(principle of less eligibility)은 빈민대상자의 구제수준이 자활노동자들의 생활수준보다 높지 않아야 한다는 원칙이며, 작업장활용의 원칙(principle of workhouse system)은 노역장강제수용의 원칙으로서 노동능력이 있는 빈민과 그 가족에 대한 구제는 작업장 내에서 한정시킨다는 것이다.

제 2 절 사회보험시기

사회보험시기(period of the social insurance)는 크게 독일의 사회입법, 영국의 국민보험법, 그리고 미국의 사회보장법으로 구성되는데, 자본주의체제가 발전하면서 기존 농촌노동력의 빈곤문제는 해소되었지만 산재, 직업병, 실업, 정년퇴직 이후의 빈곤 등 새로운 자본주의적 문제가 발생하면서, 사회보험이 등장할 수 있는 배경이 되었다. 사회보험시기는 자본주의의 이윤동기가 모든 것을 지배하는 약육강식, 적자생존의 상황에서 전개되었는데, 그 시기는 대략적으로 19세기 말에서 20세기 중반까지로 한정할 수 있다.

1. 독일의 사회입법

본 절에서 독일의 사회입법(social legislation)은 비스마르크(O. E. L. Bismarck)에 의해 추진된 사회보험들을 의미하는데, 이러한 사회보험들은 세계 최초의 의료보험, 산재보험, 그리고 노령폐질연금으로 구체화된다. 비스마르크는 독일통일에 이어 독일민족의 내부적 통일, 즉 사회통합의 필요성을 통감하고 이른바 채찍과 당근정책을 수행했는데, 채찍정책이란 노동운동을 선동하는 사회주의자들에 대한 직접적인 탄압책인 사회주의자진압법을 말하고, 당근정책이란 노동자계급을 국가 내로 통합시키기 위한 일정한 양보책인 사회입법을 의미한다.

이러한 배경 등으로 탄생한 비스마르크의 사회입법은 4가지 원칙이 존재했는데, 광산업, 조선소, 건축업 등에 종사하는 저소득 임금노동자를 의무적으로 가입시킨 강제보험의 원칙, 정부가 보험을 독점하고 엄격한 행정통제를 가하는 중앙통제의 원칙, 보험을 국가의 책임영역으로 간주하고 이윤동기 등이 침투하지 않도록 차단시킨 사보험회사배제의 원칙, 그리고 비용은 고용주가 부담하나 정부의 원조도 요구된 정부보조금지급의 원칙 등이다.

한편, 사회입법에 근거한 사회보험을 대략적으로 살펴보면, 먼저 1883년에 도입된 의료보험은 질병의 예방·치료, 소득보장을 위한 임신·분만에 대한 부조, 아동교육을 위한 가사부조, 농업경영을 지속할 수 있도록 하는 경영부조, 사망에 따른 현금지급 등의 기능이 있었다. 의료보험은 의료보험법에 의해 중앙통제기구를 창설하는 대신 이미 질병급여를 제공하고 있던 기존의 길드, 공장, 산업체 등에서 담당하도록 하였으며, 일반적으로 노동자들은 보험료의 3분의 2를 부담하였고 자본가들은 3분의 1을 각각 납부하였다.

1884년에 도입된 산재보험은 산재발생의 귀책사유에 관계없이 모든 재해노동자에게 적절한 수준의 보상을 제공할 수 있도록 함으로써 보상을 받지 못했던 많은 재해노동자들의 불만을 완화시키고자 했으며, 사회민주세력의 노동자운동을 억제하려는 정치적 의도도 존재하였다. 산재보험의 기본원칙으로는 무과실책임주의를 적용하여 산재사고에 대해 사업주가 과실이 없어도 재해노동자가 보험급여를 청구할 수 있는 권한이 주어졌으며, 급여수준이 산재발생 전에 납부한 보험료에 상응하여 결정되기 때문에 보험료와 급여 간에 형평성이 유지되었다. 그리고 산재사고의 귀책사유에 관계없이 재해노동자에게 급여청구권이 주어지는 대가로 사업주에 대한 민사상의 손해배상 청구권은 소멸되었다.

그리고 1889년에 도입된 노령폐질연금은 국가의 관리나 도제를 제외한 연간소득 2천 마르크 미만인 모든 노동자를 강제 가입대상으로 하여, 70세에 달한 노동자에게는 노령연금을 제공하였고, 자신의 과오가 아닌 사유로 노동이 불가능하게 된 노동자에게는 폐질연금을 지급하도록 하였다. 보험금 부담은 노사 양측이 각각 절반씩 부담하였는데, 이는 노동자들의 불만을 감소시키고 이들을 기존 질서에 편입하도록 하는 목적이 있었다.

어쨌든 독일 비스마르크의 사회입법은 음모론적 성격에도 불구하고 독일 사회정책의 초석을 다졌으며, 선진 자본국가들에게도 일정부분 영향을 미쳐 사회복지정책의 기반을 이루게 했다는 점에서, 의미가 있는 것은 분명하다고 할 수 있다.

2. 영국의 국민보험법

본 절에서 영국의 국민보험법(National Insurance Act)은 1911년에 자유당정부의 개혁을 주도했던 조지(D. L. George)와 처칠(W. L. S. Churchill)에 의해 추진된 입법을 의미하는데, 본 법은 건강보험과 실업보험으로 구성된다. 이들이 국민보험법을 제정한 이유는 노동자들의 자주적인 상호부조조직인 공제조합의 상당부분이 재정적인 곤란문제에 직면했고, 영국 내 사회주의 부활에 대한 지배계층의 우려 때문이라고 할 수 있다.

이들 자유주의 개혁파들의 사회보험에 대한 입장은 피보험자가 갹출한 돈으로부터 급여혜택을 받기 때문에 자신들의 관념과 잘 부합한다고 생각했는데, 이는 전통적으로 빅토리아적 자조의 미덕에 잘 합치된다고 생각하였던 것이다. 이에 대해 조지는 사회보험을 '강제된 자조'로 생각했는데, 급여수준은 인간다운 생활을 유지할 만큼 충분해서는 안 되고, 국가부담도 적어야 하며, 재정은 노동자와 고용자가 분담해야 한다는 것이었다. 또한, 처칠은 보험자격을 얻으려면 기여를 해야 하고, 자격이 없으면 혜택도 없다는 논리를 가졌다.

한편, 국민보험 중 하나인 건강보험을 대략적으로 살펴보면, 본 제도가 실시되기 전에는 의료관계보험에 가입하지 못한 사람이 노동인구의 절반이나 되었으며, 그들은 빈민법에 의하여 낮은 수준의 의료혜택을 받고 있었다. 이러한 상황 속에서 탄생한 건강보험은 실업의 요인인 질병을 감소시켜 국가의 효율성을 향상시키기 위하여 도입된 것으로, 이는 공제조합, 보험회사, 의사 등과 같은 기득권 집단들과의 장시간 협상을 거쳐 탄생한 것이다. 이미 조합원들에게 의료급여를 제공하고 있던 공제조합은 정부와 경쟁하기를 거부하였고, 이에 따라 정부는 공제조합에게 건강보험을 맡김으로써 이들을 포섭하게 된다.

한편, 보험회사에서도 반발을 하였는데, 보험회사들은 사망보험과 경쟁관계에 놓일 것을 우려해 미망인급여와 고아급여를 폐지해 줄 것을 요구하였으며, 정부 입장에서 보험회사를 끌어들이면 별도의 운영기구를 만들 필요가 없었으므로 이를 수용하게 된다. 그리고 의사들은 공제조합하에서 의료서비스를 제공하였는데 공제조합이 항상 진료비를 깎으려 했으므로 의사들이 불만을 가진 상태였지만 정부의료로 편입되고 싶은 생각도 없었다.

어쨌든 이러한 논쟁 끝에 건강보험이 만들어지게 되는데, 본 보험의 주요 내용을 살펴보면 대상은 연소득 250파운드 이하 16~70세의 모든 육체노동자와 연소득 160파운드 이하의 비육체노동자가 되고, 집행조직은 위원회를 조직하여 자치적으로 행하도록 했으며 이윤추구는 불허했다. 그리고 최소한 5,000명 이상의 가입자가 있는 경우에는 이를 건강보험조합으로 인정하였고, 조합설립은 기존의 공제조합, 노동조합, 민간의 보험회사에서 가능했으며, 노동자는 어느 조합이나 가입만 하면 됐다. 만약 조합에 가입하지 않는 노동자가 있으면, 정부에서 직접 관리했으며, 우체국에 직접 보험료를 납부하도록 했다.

한편, 보험료납부는 균일제로 했으며, 남자인 경우 주당 4펜스, 여자인 경우는 주당 3펜스를 납부하도록 했으며, 사용자는 주당 3펜스를 징수하였다. 급여지급은 병이 들어 임금을 받지 못하는 경우로 남자는 주당 10실링, 여자는 주당 7실링 6펜스의 질병수당을 받았고, 수급기간은 3일간 대기한 후에 26주간 지급받았으며, 그 이후에도 주당 5실링을 질병수당으로 제공받았다.

실업보험을 살펴보면, 본 보험이 실시되기 전에는 저임금 노동자들이 보험료를 납부하지 못하였으므로 실업에 노출됐을 경우 아무런 대책이 없었다. 이들에 대해 정부가 보험료를 일부 부담함으로써, 보험료를 낮은 수준으로 납부한 노동자들도 보험혜택을 받을 수 있는 제도가 도입된 것이다. 실업보험이 제정된 과정을 좀 더 살펴보면, 처칠이 실업문제의 전문가로 인정받고 있던 베버리지의 도움을 받아 실업에 직면할 가능성이 높은 특정한 산업분야를 한정하고, 갹출방식 · 국가의 보조, 보험료에 비례한 급여책정 등을 기본 틀로 하는 실업보험을 입안하게 된 것이다. 본 보험의 주요 내용을 살펴보면, 대상은 경기변동에 민감한 건축, 토목, 조선, 기계, 철강, 자동차산업 등을 중심으로 이루어졌으며, 보험료납부는 사용자와 노동자가 각각 주당 2펜스의 반씩, 정부에서 1펜스의 3분의 2를 부담하였다. 그리고 급여지급은 최소 15주간으로 규정하여 남녀차별 없이 일률적으로 1주에 7실링을 지급하였으나, 이는 보험료를 완납한 자에 한하여 시행되었다.

이러한 영국의 국민보험은 노동자계급의 성장에 대한 우려와 그들을 정부 내로 포섭하려는 음모론적 의도가 있다는 점에서, 비스마스크의 사회입법과 흡사하지만 영국의 사회복지정책에 중요한 초석으로 작용한 것은 주지의 사실이다.

3. 미국의 사회보장법

본 절에서 미국의 사회보장법(Social Security Act)은 1933년 루스벨트(F. D. Roosevelt)에 의해 추진된 입법을 의미하는데, 본 법은 연방정부가 관장하는 노령연금, 주정부가 관장하고 연방정부가 재정을 보조하는 실업보험·공공부조 등으로 구성된다.

1929년에 시작된 대공황(great depression)[3]의 경제위기 속에서 1933년에 당선된 루스벨트는 같은 해 3월 특별의회를 소집하여 적극적인 불황대책을 위한 긴급은행법(Emergency Banking Act),[4] 농업조정법(Agricultural Adjustment Act),[5] 그리고 국가산업부흥법(National Industry Recovery Act)[6] 등의 법안을 입법화하는 1차 뉴딜정책(New Deal)[7]을 시도하였다. 그러나 이러한 루스벨트의 1차 뉴딜정책은 1935년

---

3) 대공황은 1929년 10월에 일어난 뉴욕 증권시장의 주가대폭락을 계기로 하여 30년대에 엄습한 세계적 불황을 말한다. 1931년 5월에 오스트리아의 크레디트 안슈탈트 은행이 파산에 빠진 것을 계기로 구미의 은행에 환불소동 등이 일어났고, 이후 세계적인 금융공황이 초래됐다. 미국, 영국, 프랑스, 독일 등 당시 주요 공업국의 생산수준은 20여 년 전 수준까지 하락하여 불황의 심각도는 이전과 비교해서 가장 높은 수준이었다.

4) 통화흐름과 외환거래를 통제할 수 있는 권한을 대통령에게 부여하여 재기 가능한 은행에는 대폭적인 대부를 해줌으로써 금융공황으로부터 은행을 구출하여 은행업무의 정상화를 도모하고, 국민들의 은행에 대한 공포, 즉 예금의 인출사태를 수습하는 규정 등을 담고 있다.

5) 주요 농산물의 경작면적과 생산량을 줄임으로써 농산물 가격을 인상시키고 농산물 가격의 하락을 방지하여 균형가격을 회복하려는 의도에서 제정된 것으로, 몰락한 농업부문을 회생시키기 위해 농민에게 자금원조를 해줌으로써 농업구제에 대한 적극적인 의지규정 등을 담고 있다.

6) 기업 사이의 과도한 경쟁을 막고, 노사 간 갈등을 조율하여 과잉생산, 파산, 실업 등을 방지하자는 것으로, 각 산업부문마다 공정경쟁규약을 작성하게 하여 지나친 경쟁을 억제시켰다. 그리고 생산제한·가격협정을 규정하고 적정한 이윤을 확보시키는 한편, 노동자의 단결권과 단체교섭권을 인정하는 동시에 최저임금과 최고 노동시간의 규정 및 가격고정에 관한 기준을 통해 노동자에 대한 안정된 고용과 임금을 확보하게 하고, '상품가격 인하-임금 삭감'이라는 악순환을 종식시키는 내용 등을 담고 있다.

5월 27일에 대법원이 국가산업부흥법이 위헌이라고 판결함으로써, 위기에 빠지게 된다. 결국, 그 대안으로 대기업의 독점을 막고 노동자들의 권익을 보다 적극적으로 보호하는 2차 뉴딜정책을 펼치게 되는데, 와그너법(Wagner Act)[8]과 함께 1935년 8월 15일 루스벨트가 서명함으로써, 발효된 사회보장법이 그것이다.

먼저, 노령연금에 대해서 살펴보면, 보험료납부는 사용자와 노동자가 각각 임금의 2.5%에 해당하는 갹출료를 부담하면서 충담하였으며, 급여지급은 가입자가 65세가 되면 지불되고 그 액수는 퇴직자의 퇴직 전 소득에 비례하도록 하였다.

실업보험에 대해서 살펴보면, 보험료납부는 4인 이상의 노동자를 둔 사업자에게 임금총액의 3%에 해당하는 갹출료를 부과하여 충당하기로 하되, 1936~1939년에 한하여 경기회복의 정도에 따라 1~2%로 하기로 하였다. 아울러 고용안정을 유도하기 위해 해고율이 낮은 사용자에게는 급료세를 감면해 주는 특별감면제도를 마련했다.

그리고 공공부조에 대해서 살펴보면, 대상을 65세 이상의 노령빈민, 맹인, 요보호아동으로 하고, 각 주가 공공부조제도를 수립하면 그 새징의 1/3에서 1/2을 연방정부가 보조하며 신체장애아동, 고아, 신생아 · 산모를 위한 주정부의 공공부조에 대해서도 연방정부가 주정부에 보조금을 교부하도록 하였다. 이는 3세기를 이어온 빈민에 대한 지방책임이라는 원칙이 폐기되고 주정부에 대한 연방정부의 지원정책이 제도화되는 중요한 의미를 갖는 것이다.

이러한 내용을 담은 미국의 사회보장은 실질적으로 소득의 재분배보다는 경제의 회복에 더 큰 무게를 둔 것인데, 노령보험을 도입하여 노인들을 조기에 퇴직시킴으로써 실업자도 줄이고 직장을 찾는 사람들도 줄이는 역할을 했다는 점 등이 그것이다. 어쨌든 미국의 사회보장 역시 미국의 사회복지정책역사에 큰 계기를 마련한 것은 분명하다.

---

7) 1929~1933년의 대공황으로 인하여 농업생산이 반감되고, 실업자가 1,500만 명에 이르자, 루스벨트는 침체된 경제활동에 적극 개입하여 경제회복을 위한 뉴딜정책을 취하고, 구제와 부흥을 목표로 18개의 법률을 제정하였다.

8) 본 법은 1933년에 제정된 단결권 · 단체교섭권 · 최저임금제 등을 규정한 국가산업부흥법이 독점자본의 반대로 대법원에 의해 위헌판결을 받아 실효된 뒤 1935년에 제정된 것으로, 노동자의 단결권 및 단체교섭권을 보호하기 위하여 부당노동행위제도와 교섭단위제도 등의 규정을 담았다.

제3절 복지국가시기[9]

사회보험시기에 이어 도래한 단계가 베버리지보고서와 복지국가 등으로 구성된 복지국가시기(period of the welfare state)이다. 본 시기는 제1 · 2차 세계대전(1차는 1914~1919년 · 2차는 1939~1945년)을 거치면서 노동자계급뿐만 아니라 시민계급의 세력이 강해지고 이들의 다양한 요구사항을 국가가 관철시키지 않을 수 없는 상황이 복지국가를 만들어낸 것이다. 복지국가는 사민주의이념에 입각하여 시장불안정을 무마시키기 위한 사회연대, 소득과 부의 평등한 분배, 사회적 위험에 대한 공동체의 노력 등을 추구하였다. 복지국가는 자비나 온정의 관점이 아니라 시민권으로서 복지를 제공하였고, 제2차 세계대전 이후 세계경제의 호황과 시민계급의 정치성장에 따라 1970년대 오일쇼크까지 지속적으로 확대 · 발전되기에 이른다(원석조, 2006: 113).

1. 베버리지보고서

베버리지보고서(social insurance and allied services)는 복지국가시기의 시작점으로, 베버리지위원회에 의해서 만들어졌다. 영국노총(TCU)이 사회재건에 대한 책임을 지고 있던 처칠의 전시 연립정부 무임소장관인 그린우드(A. Greenwood)에게 전쟁에서 병사들과 시민들의 사기제고를 위한 프로그램이 필요하며, 이를 위해 기존 국민보험을 재검토하기 위한 정부 각 부처의 고위관료로 구성된 위원회를 조직할 것을 요구하였다.

이에 대해 실업보험 전문가인 베버리지(W. H. Beveridge)[10]가 위원회 위원장으로 추

9) 복지국가시기가 이전의 사회보험시기와 다른 점은 대상에 있다. 즉, 사회보험시기의 대상이 노동자중심이었다면, 복지국가시기는 노동자를 포함한 전 시민을 대상으로 한 것이다.

10) 베버리지는 인도 랑푸르에서 출생하여 옥스퍼드대학교 베일리얼칼리지에서 교육을 받았고 1903년 토인비홀의 부관장으로 임명되면서 실업문제에 관심을 갖게 되었다. 1919년부터 런던정치경제대학 학장으로 재직하였고, 1937년 유니버시티칼리지의 학장에 선출되었으며, 왕립 경제학회 회장 등을 역임하였다(네이버백과사전〈http://100.naver.com〉).

천되었고, 고위관료들이 위원으로 참여하게 되었다. 결국, 1941년 6월에 발족한 '사회보험 및 관련 사업에 관한 각 부처의 연락위원회', 즉 베버리지위원회에 의해 1942년 12월 포괄적인 사회보장의 내용을 담은 베버리지보고서가 발간되기에 이른다.

베버리지보고서는 기본적으로 과거의 경험을 충분히 살리고 당파적 이해관계에 매달리지 말 것을 주문하였고, 국가재건을 위해 결핍, 질병, 무지, 불결, 나태의 5대 악을 극복해야 하며, 사회보장보험에 있어서 개인은 국가가 보장하는 국민최저한 이상의 수준을 준비할 수 있는 자발적인 행동을 해야 하고, 국가의 사회보장은 이러한 자발적 활동의 여지를 남겨두는 선에서 이루어져야 한다는 정부와 개인의 역할분담 등을 강조한 것으로, 구체적으로 6대 원칙, 3대 전제조건 등을 통해 그 내용을 조명할 수 있다.

먼저, 베버리지보고서는 포괄성의 원칙, 급여적절성의 원칙, 정액갹출의 원칙, 정액급여의 원칙, 행정통일의 원리, 그리고 피보험자분류의 원칙 등 6대 원칙을 제시하고 있다.

포괄성의 원칙(principle of the comprehensiveness)은 보편주의에 근거해 모든 국민이 의무적으로 가입하는 보장특성에 걸맞게 적용대상이나 욕구보장에 있어서 범위가 포괄적이어야 한다는 것이고, 급여적절성의 원칙(principle of the benefit adequacy)은 급여수준이 일상생활을 영위하는 데 적절해야 한다는 원칙이다.

정액갹출의 원칙(principle of the flat rate contribution)과 정액급여의 원칙(principle of the flat rate benefit)은 소득이 다르더라도 동일한 보험료를 납부하고 동일한 수준의 급여를 수급받는다는 원리이고, 행정통일의 원칙(principle of the administrative uniformity)은 효율성 차원에서 지방사무소를 둔 하나의 사회보험금고가 관리 운영하고 개인은 통일된 갹출료를 납부한다는 원칙이다.

그리고 피보험자분류의 원칙(principle of the classification)은 사회보장 대상인구를 취업연령중심으로 고용노동자, 자영업자, 전업주부, 임시직 · 시간제 노동자 등 4가지로 분류하고, 미취업연령을 기준으로 미성년자, 노인 등 두 가지로 나누어, 이들 모든 인구층의 욕구를 보장한다는 원칙이다.

표 2-1 베버리지보고서의 사회보장체계

주요 제도(강제적 사회보장)	보조제도
포괄성의 원칙 (principle of the comprehensiveness)	* 국가부조(national assistance): 사회보험에 포함시킬 수 없는 빈자 * 임의보험(voluntary insurance): 강제적 사회보험 대상자 중에서 고소득자를 위한 소득비례보험
급여적절성의 원칙 (principle of the benefit adequacy)	
정액갹출의 원칙 (principle of the flat rate contribution)	
정액급여의 원칙 (principle of the flat rate benefit)	
행정통일의 원칙 (principle of the administrative uniformity)	
피보험자분류의 원칙 (principle of the classification)	
사회보장의 3대 전제조건	
가족수당(family allowances)	
포괄적인 보건서비스(comprehensive health service)	
완전고용(full employment)	

출처: 기존의 여러 자료를 근거로 재구성.

한편, 베버리지는 사회보장이 성공하기 위해서는 3가지 기본 전제조건이 필요하다고 했는데, 가족수당, 포괄적인 보건서비스, 그리고 완전고용이 그것이다.

가족수당(family allowances)은 가족의 크기와 가족의 소득을 고려하여 결정되어야 하고, 포괄적인 보건서비스(comprehensive health service)는 치료뿐만 아니라 예방적인 장치도 있어야 한다는 것이다. 그리고 완전고용(full employment)은 정부가 직접적으로 개입하여 실업으로 인한 임금손실 등을 지양하여야 한다는 것이다(〈표 2-1〉 참조).

이러한 베버리지보고서는 국민여론에 입각한 광범위하고 과학적인 조사가 이루어졌고, 포괄적인 사회보장제도를 확립시켰다는 점에서 의의가 있으며, 실제로 각종 사회보장정책으로 입법화되어 영국의 복지국가 탄생뿐만 아니라 프랑스, 서독 등 유럽 국가들에게 높은 수준으로 영향을 미쳐 복지국가의 청사진을 마련했다는 점에서, 상당한 의의가 있는 것으로 파악된다.

2. 복지국가의 등장

영국은 제2차 세계대전 후 1945년 총선에서 애틀리(C. Attlee)의 노동당이 전쟁영웅인 처칠의 보수당에 승리함으로써 복지국가(welfare state)[11]의 틀을 만들어 가게 된다. 노동당이 승리한 요인은 베버리지보고서에 대해 보수당이 현실성이 없다고 간주한 반면, 노동당은 보고서에 입각하여 복지국가의 청사진을 선거공약으로 내세워 영국의 중간계급과 노동자계급의 지지를 토대로 복지동맹을 만들었기 때문이다.

1945년에 단독정부를 구성하게 된 노동당정부는 1951년 정권을 다시 보수당에 내줄 때까지 복지국가에 총력을 기울이게 되는데, 2인 이상의 아동을 가진 가족에게 정부에서 수당을 지급하도록 하는 가족수당법(Family Allowance Act · 1945년), 노령 · 질병 · 불구 · 실업 · 남편의 사망 · 분만 등 각종 사회적 사고 시에 소득을 보장하는 포괄적인 사회보험의 규정을 담은 국민보험법(National Insurance Act · 1946년), 영국 내에 거주하는 모든 주민에게 정부에서 무료로 의료서비스를 제공하는 내용을 담은 국민보건서비스법(National Health Service Act · 1946년), 그리고 지방정부가 노령, 장애 등의 이유로 보호가 필요한 사람들에게 거처를 제공하고 긴급한 보호가 필요한 사람들을 위해 임시거처를 마련하는 등 지방정부가 중앙정부의 사무를 위임받아 작은 규모의 재정으로 시설보호와 지역사회보호의 규정을 담은 국민부조법(National Assistance Act · 1948년) 등은 베버리지보고서에 근거하여 입안한 것으로 복지국가체계를 확립하는 데 중요한 역할을 담당하게 된다.

한편, 스웨덴 역시 복지국가의 체계를 일찍부터 만들어 갔는데, 특히 1938년에 노

11) 복지국가는 국민 전체의 복지증진과 행복추구를 가장 중요한 사명으로 보는 국가로서, 영국의 켄터베리 대주교인 템플(W. Temple)이 본인의 저서인 『시민과 성직자』에서 나치독일을 전쟁국가(무력국가)로, 영국을 복지국가로 비교하여 규정한 데에서 그 유래를 찾을 수 있다(원석조, 2006: 117).

동조합연맹(LO)과 사용자연합(SAF) 간에 맺어진 살쮀바덴협약(Saltsjoebad Agreement)을 통하여 계급협동이 이루어지고, 이를 근거로 노동시장위원회가 구성되어 노동자대표, 사용자대표, 정부대표가 모여 임금문제와 완전고용문제 등 적극적인 노동시장정책을 결정하고 집행하는 조합주의 복지국가의 면모를 갖추게 된다.

제 4 절 복지국가후퇴시기

제2차 세계대전 이후 지속적으로 확대해 오던 복지국가는 1970년대에 이르러 위기를 맞게 된다. 즉, 오일쇼크로 인한 스태그플레이션(Stagflation)의 시작과 경제성장의 종식, 완전고용의 종식과 대량실업의 발생, 국가의 재정위기, 복지예산의 삭감고려, 그리고 복지국가의 사회체계에 대한 신뢰상실 등의 조짐이 복지국가후퇴시기(period of the welfare state retreat)의 시작점이라고 할 수 있다.

이러한 상황에서 등장한 것이 신자유주의이다. 신자유주의(neoliberalism)는 국가권력의 시장개입을 비판하고 시장의 기능과 민간의 자유로운 활동을 중시하는 사상으로서 영국의 대처리즘과 미국의 레이거노믹스 등이 이에 해당된다.

대처리즘(Thatcherism)은 1979년 총선거에서 보수당이 승리하여 대처(M. H. Thatcher)가 수상으로 집권함에 따라, 노동당정부가 고수해왔던 각종 국유화와 복지정책 등을 포기하고 민간의 자율적인 경제활동을 중시하는 높은 수준의 경제개혁을 의미한다. 대처리즘의 핵심은 시장은 좋고 정부는 나쁘다는 관점으로서, 시장의 보이지 않는 손이 모든 수요와 공급을 조절하므로 국가가 과도하게 개입할 필요가 없다는 것이다.

특히, 대처에게 있어서 과거의 영국정부는 사회민주주의, 강한 노조, 복지국가와 짝을 이루었으므로 개혁과 청산의 대상이었다. 즉, 대처리즘은 반사회민주주의, 반노조주의, 반복지국가주의를 주요 내용으로 하는 것으로, 실제로 대처는 민영화정책, 공영주택의 매각, 보충급여의 축소, 자원봉사 등을 통해 복지정책을 축소했다.[12)]

레이거노믹스(Reaganomics)는 1980년 미국대통령으로 취임한 레이건(R. W. Reagan)이 인플레이션, 생산성 정체, 국가경쟁력 상실이라는 미국경제의 상황을 해소할 방법으로 집권기간 동안 추진한 규제완화, 감세, 노동의 유연화로 대표되는 신자유주의정책을 의미하는데, 이는 영국과 마찬가지로 재정위기를 타개하기 위해서 사회복지부문을 중심으로 정부예산을 대폭 삭감한 것이다.

이러한 대처리즘이나 레이거노믹스의 정책은 경제 활성화에 도움은 주었으나 빈부의 양극화 현상을 초래했다는 비판을 받고 있다.

한편, 신자유주의의 지배 속에서 복지와 노동을 연계한 제3의 길(the third way)이 등장하는데, 이는 사회보장과 재분배 등 사회복지정책에 관심을 기울이는 동시에 부를 만들어내는 복지수혜계층의 역할과 책임, 즉 노동담보복지를 강조하는 사상으로서, 영국의 토니블레어정부, 독일의 슈뢰더정부, 그리고 미국의 클린턴정부 등이 이에 해당된다.

제 5 절 시기별 비교

지금까지 조명한 사회복지정책의 4가지 시기를 간략하게 비교해보면 〈표 2-2〉와 같다.

사회복지정책의 주체에 있어서 빈민법시기는 국가·교회·봉건영주, 사회보험시기는 국가·노동조합, 복지국가시기는 국가·NGO, 복지국가후퇴시기는 국가·민간부문으로 조명할 수 있으며, 특히 복지국가후퇴시기는 국가가 최소한의 지원을 하게 되고 NGO, 기업, 종교 등 민간부문이 자원봉사, 기부 등의 역할을 보충적으로 수행하게 된다. 사회복지정책의 대상은 걸인·부랑자·구제가치가 있는 빈민, 노동자계급, 모든 국민, 국민최저선 이하의 국민으로 각각 설명할 수 있는

12) 하지만 국민보건서비스 등 주요 사회보험은 크게 손을 대지 못했는데, 이는 국민들의 사회보험에 대한 지지가 크게 변하지 않았기 때문으로 판단된다.

데, 복지국가후퇴시기는 직전시기에 비해 복지사각지대에 노출되어 있는 저소득층 등을 대상으로 한다는 점에서, 복지부문에 대한 정부지원이 상대적으로 최소화에 머무르게 된다.

사회복지정책의 지원수준은 최소한의 생존지원, 산업화 · 도시화로 인한 사회적 위험에 대한 최소지원, 보편적 지원, 선별적 지원으로 각각 대별할 수 있는데, 특히 복지국가후퇴시기는 재정적자 등을 타개하기 위해서 저소득층 등을 중심으로 선별적 지원을 하게 된다. 대상의 권리수준은 무권리, 사회보험에 입각한 권리, 높은 수준의 시민복지수급권, 낮은 수준의 시민복지수급권으로 조명을 할 수 있는데, 마지막 시기는 직전시기에 비해 양질의 사회복지정책이 줄어들어감에 따라 시민으로서 받는 수급권리도 낮아지게 되는 것이다.

마지막으로, 사회복지정책이 경제와 갖는 관계는 대략적으로 무관, 종속, 대등, 그리고 다시 종속으로 가는 단계를 거친다고 할 수 있다.

표 2-2 **사회복지정책의 시기별 비교**[13)]

구분	빈민법시기	사회보험시기	복지국가시기	복지국가후퇴시기
사회복지 정책의 주체	국가 · 교회 · 봉건영주	국가 · 노동조합	국가 · NGO	국가 · 민간부문
사회복지 정책의 대상	걸인 · 부랑자 · 구제가치가 있는 빈민	노동자계급	모든 국민	국민최저선 (national minimum) 이하의 국민
사회복지 정책의 지원수준	최소한의 생존지원	산업화 · 도시화로 인한 사회적 위험에 대한 최소지원	보편적 지원	선별적 지원
대상의 권리수준	무권리	사회보험에 입각한 권리	높은 수준의 시민복지수급권	낮은 수준의 시민복지수급권
경제와의 관계	경제와 무관	경제에 종속	경제와 대등	경제에 종속

출처: 원석조(2006: 93-95)를 근거로 재구성.

13) 복지국가후퇴시기는 신자유주의에 근거한 것이며, 높은 · 낮은 수준은 상대적 개념에 따른 것이다.

제3장

사회복지정책의 이론

본 장에서는 사회복지정책의 이론을 사회복지정책 관련 이론, 사회복지정책 관련 사회사상, 그리고 사회복지정책 관련 유형으로 대별하여 조명하고자 한다.

제 1 절 사회복지정책 관련 이론

사회복지정책 관련 이론은 매우 다양하지만, 본 절에서는 수렴론, 이익집단론, 국가중심론, 확산론, 사회양심론, 음모론, 그리고 시민권론으로 대별하여 접근하고자 한다(김한양 · 백윤철, 2006: 78-83; 원석조, 2004: 169-219).

1. 수렴론

수렴론(convergency theory)은 산업화론(industrialization theory), 합리론(rationality theory) 등과 유사한 이론으로, 윌렌스키(H. L. Wilensky)와 르보(C. N. Lebeaux) 등을 대표적인 학자로 꼽을 수 있다. 수렴론은 경제발전이 높은 수준에 도달하게 되면 사회복지가 유사한 행태로 수렴된다는 것으로 [그림 3−1]과 같이 도식화할 수 있다.

즉, 기술발전 등으로 인한 산업화는 경제성장을 가져오는 동시에 새로운 문제와 욕구를 수반하게 되고, 경제성장은 새로운 문제와 욕구에 자원을 제공하여 복지국가를 등장시키게 한다는 것으로, 수렴공간에 진입하게 된 국가들은 유사한 복지국가가 되어 산출된다는 것이다.

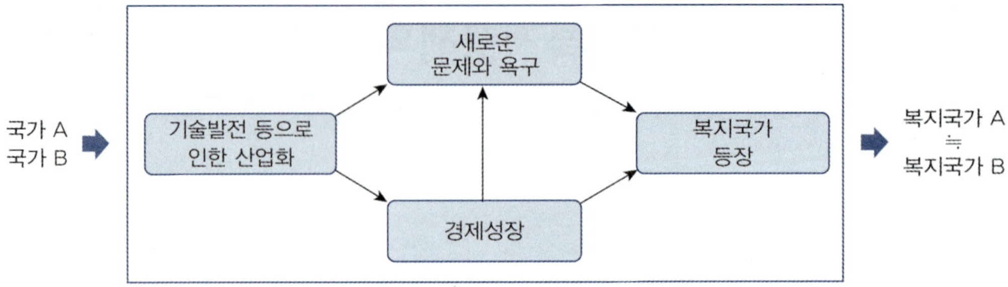

그림 3-1 수렴론의 개념도

본 이론과 관련하여 산업화로 인하여 발생하는 새로운 문제는 산업재해, 실업, 빈곤문제, 도시화, 이혼의 증가 등 이전에 없었던 사항으로, 이러한 문제시되는 부분의 치유를 위한 욕구가 발생하게 되고, 욕구에 대해 국가의 지원이 불가피해진다는 것이다. 아울러 자원확보는 경제성장을 통해 국가가 사회복지에 사용할 수 있는 자원을 축적하고, 국민들의 실질소득이 올라가게 되면 조세부담능력이 제고되어 국가재원이 증가한다는 것이다.

한편, 본 이론은 일정부분 한계를 노출하고 있는데, 특히 새로운 문제와 욕구가 발생하게 되면 복지제도의 출현이 당연한 것으로 보고 있으나, 이는 제도도입과정에서 국가 간의 가치차이를 무시하고 있는 것으로 판단된다.

2. 이익집단론

이익집단론(interest group theory)은 사회복지정책을 이익집단[1]의 갈등과 타협의 산출물로 간주하는 이론으로서, 이를 도식화하면 [그림 3-2]와 같다.

---

1) 이익집단이란 특수이익을 옹호하고 증진시키기 위해 정책과정에 압력을 행사하고 서로 다른 이해를 가진 이익집단 간에 갈등을 하는 조직화된 사회집단이라고 할 수 있다. 즉, 개인들의 집합체로서 공유된 목표 또는 가치를 달성하기 위하여 상호작용을 하는 집단이라고 할 수 있는 것이다. 이들은 정책형성과정에 압력을 행사하여 자신들에게 유리한 결과를 도출하려 한다는 점에서, 압력단체라 불리기도 한다. 집단의 이익을 달성하기 위하여 정부에 대해 정책형성과정에 있어 영향을 미치려고 하기 때문에 하나의 정치조직이며 중요한 정치적 행위자인 것이다. 이러한 이익집단은 시민단체와 차이가 있는데, 시민단체는 공익을 목

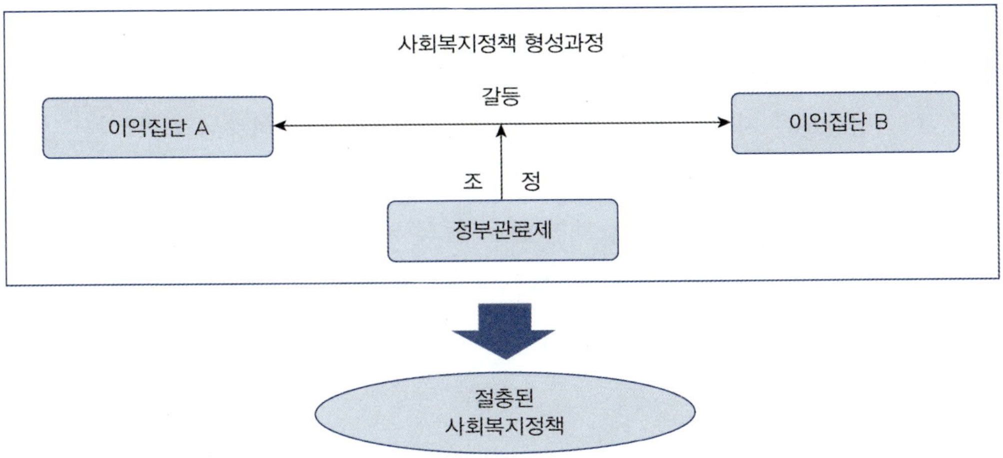

그림 3-2 이익집단론의 개념도

즉, 사회복지의제를 가지고 이익집단들 간 갈등이 이어지게 되면, 정부가 이들을 조정하여 타협에 이르게 하고, 절충된 사회복지정책을 산출하는 것이다. 여기서 주목할 점은 정부가 중립적으로 그들의 입장에서 조정을 해야 한다는 것이다. 사회복지정책의 형성과정[2]에서 정부가 비중립적이고, 국가 자체의 이익을 보다 더 중시하게 되면 비판과 권력분산이 되지 않았다는 반론에 직면하게 된다. 결과적으로, 이익집단론은 이익집단의 성장이 정부의 사회복지지출을 가져오는 기제가 될 수 있다는 것이다.

이러한 이익집단론은 사회복지의제를 둘러싸고 서로 다른 이해를 가진 이익집단들이 행사하는 영향력을 분석하고, 각 이익집단들의 이해관계를 적절히 폭로함

적으로 하고, 회원가입이 비교적 개방되어 있으며, 시민들의 자발적이고 능동적인 참여로 이루어진 조직으로서, 이는 사회갈등·사회문제의 해결, 그리고 사회사업 등을 목적으로 하는 단체를 뜻한다. 시민단체는 정부주도가 아닌 민간주도로 설립된 단체를 망라하는 비정부 민간기구(NGO, Non Government Organization)와 유사한 용어로 사용되고 있으며, 미국과 일본에서는 비영리단체(NPO, Non Profit Organization)란 용어를 사용하기도 하는데, 이들 개념은 모두 공공성, 자발성, 개방성을 내포한다는 점에서 공통점을 갖는다. 어쨌든 이익집단과 시민단체는 이익을 추구하고 조직을 이룬다는 점에서 공통점이 있으나, 이익집단은 사유재산권을 추구하고, 시민단체는 공유재산권을 추구한다는 점에서 차이가 있다.

2) 정책형성과정은 다양하게 정의되고 있으나 본 연구에서는 정책의제형성과정과 정책결정과정을 포괄하는 의미로 사용된다.

으로써, 사회복지정책과 이익집단들의 관계를 근본적으로 파악할 수 있다는 장점이 있는 반면, 일정부분 한계도 발견된다.

즉, 이익집단론은 자본가, 노조 등의 계급보다 이익집단의 비중이 더 크다는 것을 암시하고 있는데, 이는 사회복지정책에 있어서 이익집단의 비중이 계급보다 더 클 수는 있어도, 전체적으로 조명해 보면 노조 등의 계급은 코포라티즘(corporatism)에 근거해서 합법적인 기구를 통해 막강한 영향력을 행사하고 있기 때문에, 이익집단론은 논란의 여지가 있을 수 있다는 것이다.

3. 국가중심론

국가중심론(state centered theory)은 사회복지정책의 산출이 제 집단의 요구를 반영한 것이 아니라 독립된 위치에 있는 정부관료제 등 국가가 문제를 인식하고 대안을 찾는 일련의 정책과정으로 보는 이론으로, 스카치폴(T. Skocpol) 등이 대표적인 학자이다. 전술한 이익집단론이 국가의 조정역할을 중시하는 입장이라면, 본 이론은 국가의 리더역할을 강조하는 이론이라고 할 수 있다.

국가중심론은 사회적 의제와 정책대안이 높은 수준으로 변동됨에 따라 이익집단, 시민단체 등의 역할은 약화되고 상대적으로 정부 등 국가의 역할이 중요해졌다고 전제하면서, 사회복지정책의 형성과정에 있어서도 이익집단 등 특정 집단의 요구를 반영하지 않고 정부가 주체적으로 사회복지에 대한 문제를 인식하고 적극적으로 대안을 탐색하여 정책을 산출시키는 노력의 과정으로 보는 것이다([그림 3-3] 참조).

실제로, 스카치폴은 이에 대한 근거를 제시했는데, 1930년대 미국의 루스벨트 정부가 뉴딜정책의 일환으로 추진한 농업조정법과 전국산업부흥법 등이 그것이다. 전자는 정책을 수행할 수 있는 정책수단이 기존의 연합정부 내에 존재했기 때문에 성공한 반면, 후자는 기업자율규제의 필요성을 제대로 인식하고 이에 우호적인 국가행정조직이 존재하지 않았기 때문에 실패했다는 것이다.

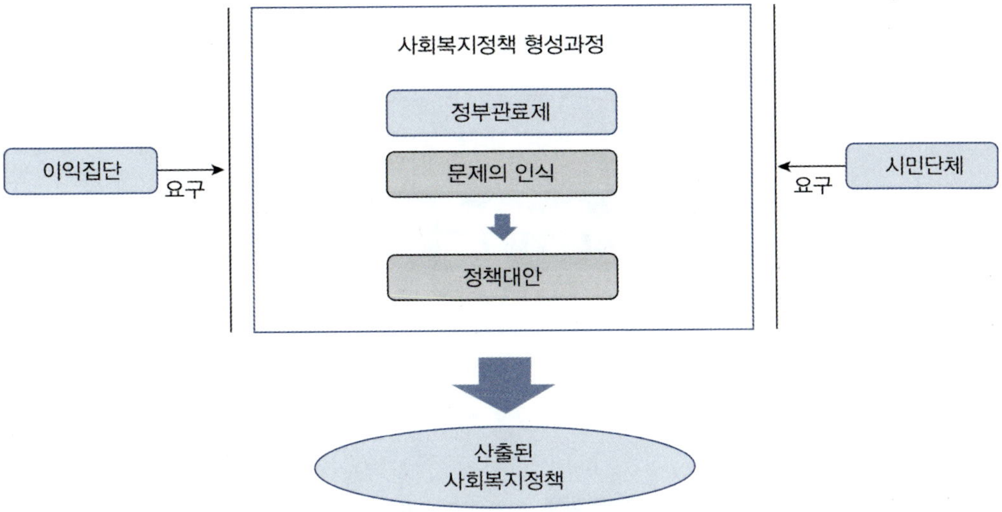

그림 3-3 국가중심론의 개념도

다만, 본 이론은 현대사회의 패러다임인 다원주의체제를 부정하는 이론으로 해석된다. 즉, 이익집단, 시민단체 등의 참여는 시민들의 선호에 대한 정부의 반응성을 높이는 기제가 될 뿐만 아니라 시민들에게 민주주의의 유지에 필요한 자질 및 태도를 함양시킨다고 할 수 있다. 다시 말해서, 이들의 참여를 통해 사회복지정책의 형성과정에 대해 보다 많은 것을 알게 되며, 문제해결과 목표달성을 위한 기술을 터득할 수 있다는 점을 고려할 때, 국가중심론은 이를 간과하고 있는 것이다.

4. 확산론

확산론(diffusion theory)은 타이라(K. Taira), 콜리어(D. Collier) 등이 주장했는데, 이는 한 나라의 사회복지정책이 다른 나라에 영향을 미쳐 확대된다는 것으로서, 선진국의 사회복지정책 관련 제도적 혁신이 상대적으로 후진국인 인접국가로 확산된다는 이론이다([그림 3-4] 참조).

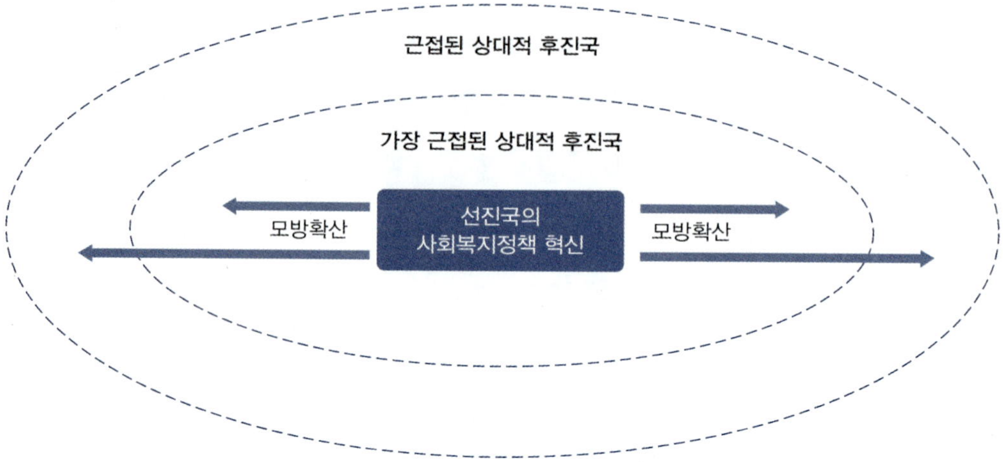

그림 3-4 확산론의 개념도

즉, 한국의 건강보험이 일본의 건강보험을 거의 모방한 것이 이에 해당된다. 그러나 본 이론은 일정부분 한계를 노출하고 있다.

첫째, 반드시 사회복지정책이 선진국에서 후진국으로 확산된다는 것은 아니라는 것이다. 이는 상대적으로 근대화가 늦었던 독일에서 세계 최초로 비스마르크가 사회보험을 만들어 영국에 영향을 미친 것이 이를 증명한다.

둘째, 확산효과는 미미하다는 것이다. 독일의 사회보험에 대해 유럽 각국의 정책결정자들이 관심을 보인 것은 사실이지만 제도도입에 있어서는 확산효과보다는 이를 참고하여 국가 내부의 정치 · 경제적 상황을 먼저 고려했다는 것이 지배적이다.

5. 사회양심론

사회양심론(social conscience theory)은 베이커(J. Baker) 등이 주장했는데, 이는 사회복지의 발전이 사회적 양심의 증대 때문이라고 보는 이론으로서, 이를 도식화하면 [그림 3-5]와 같다.

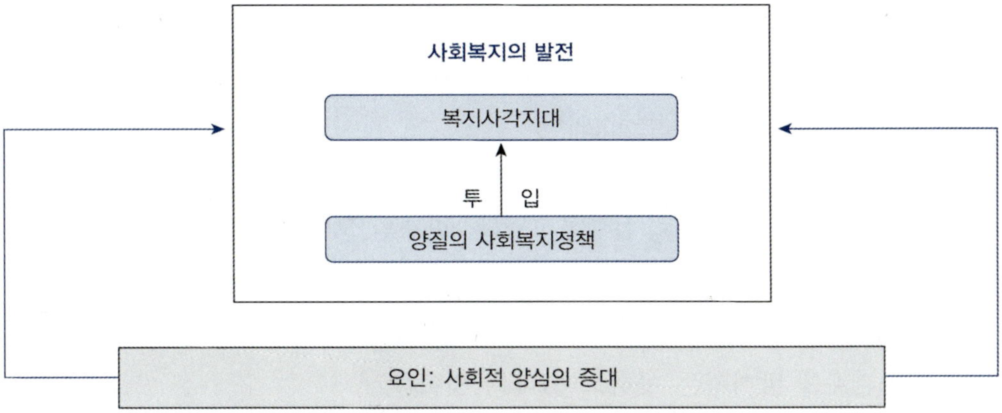

그림 3-5 사회양심론의 개념도

즉, 복지사각지대 등에 양질의 사회복지정책을 투입하여 증대되는 사회복지의 발전은 사회적 의무감, 타인에 대한 사랑 등 동정주의적 관점에 입각한 사회적 양심의 증대로 인해 가능해졌다는 것이다.

베이커가 주장하는 사회양심론은 5가지로 요약할 수 있는데, 이를 조명하면 다음과 같다.

첫째, 사회복지정책은 인간이 가지고 있는 서로를 위한 사랑이 국가를 통해 표현된 것이며, 사회복지의 혜택은 전체 공동체를 위해 제공된다.

둘째, 사회복지정책은 사회적 의무감의 확대 · 심화와 사회적 욕구에 대한 과학적 지식의 증대로 변화된다.

셋째, 사회복지정책은 대체로 관대하고 보다 넓은 범위로 발전한다.

넷째, 현재의 사회복지는 가장 높은 수준의 역사적 행태이다.

다섯째, 비록 현재의 사회복지수준은 불완전한 부분이 발견되지만, 사회복지의 주요 문제들은 앞으로 해결될 것이며, 현대사회는 매우 튼튼하게 구성되어 있어 개선에 대한 전망은 낙관적이다.

하지만 본 이론은 일정부분 한계를 노출한다.

첫째, 사회복지발전의 원동력을 사회적 양심에 중점을 두어 바라봄으로써 여타 사회적 맥락 등을 간과했다는 것이다.

둘째, 사회복지의 현안문제에 대해 낙관적인 전망을 하고 있으나, 현실적으로 공공정책들이 높은 수준으로 실패하고 있는 현재의 모습을 볼 때, 설득력이 떨어진다고 할 수 있다는 것이다.

셋째, 사회적 양심이 사회복지의 발전을 가져왔다고 보고 있으나 이에 대한 명확한 인과관계를 밝히지는 못하고 있다는 것이다.

6. 음모론

음모론(conspiracy theory)은 피븐(F. F. Piven)과 클로워드(R. A. Cloward) 등이 주장했는데, 이는 자본가 등 지배계급이 자비심에서가 아니라 빈민을 규제하기 위해서 사회복지정책을 사용한다는 이론으로, 사회복지정책의 주목적이 인도주의나 양심의 실현이라는 사회양심론과 반대되는 이론이라고 할 수 있다.

본 이론은 대규모 실업 등으로 인해 사회가 불안정할 경우 사회복지정책을 확대 · 시작하고, 고용이 확대되는 등 사회가 안정될 경우는 사회복지정책을 축소 · 폐지하는 것으로, 이러한 요인을 지배계급의 빈민규제책으로 보는 것이다.

즉, 사회복지가 인도주의나 지배계급의 동정주의의 결과라는 기존의 통념과 차별되는 것으로, 사회복지정책의 확대는 서민들이 생활처지의 추락과 궁핍에 대해 저항하고 투쟁하는 것을 막기 위한 대응책으로 보는 것이다([그림 3-6] 참조).

대표적인 사례가 전술한 비스마르크의 사회보험인데, 비스마르크는 영토통일에 이어 독일민족의 내부적 통일, 즉 1850년 이후 산업화과정에서 급속도로 성장해 온 노동자계급의 불만을 해소하고 비스마르크 자신이 지향하고 있는 사회적 질서에 노동자들을 통합시키기 위해 이른바 당근정책을 추진했는데, 이것이 노동자계급을 국가 내로 통합시키기 위한 양보책인 '사회보험'인 것이다. 또한, 군사정

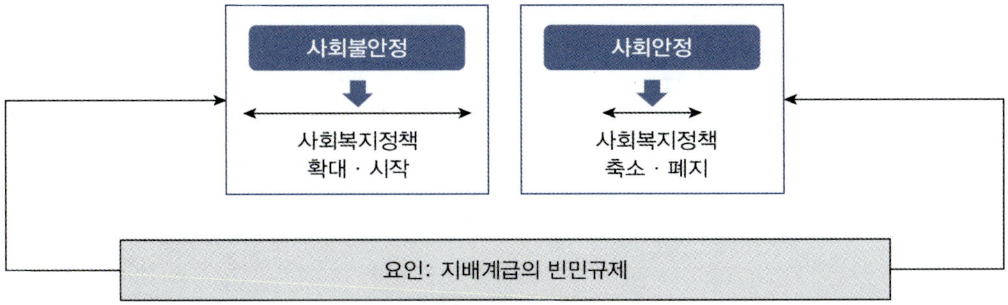

그림 3-6 음모론의 개념도

부가 쿠데타로 정권을 잡을 경우, 정권의 정당성을 확보하기 위해서 국민들에게 각종 사회복지정책을 펼치는 것도 음모론과 그 맥락을 같이 한다고 할 수 있다.

다만, 본 이론 역시 일정부분 한계를 노출하고 있는데, 사회복지정책이 노동자, 장애인 등 빈민의 혁명의식을 약화시킨다고 보는 명확한 증거가 부재하다는 것이다.

7. 시민권론

시민권론(citizenship theory)은 마샬(T. H. Marshall) 등이 주장했는데, 이는 시민에게 부여되는 권리와 권력을 향유할 수 있는 지위로서, 18세기에는 사유재산권 및 표현 · 사상 · 신념 등 개인의 자유에 필요한 공민권, 19세기에는 정치유권자로서 정치권력에 행사할 수 있는 정치권, 그리고 20세기에는 최소한의 경제적 복지와 보장에 대해 정부에 서비스제공을 요청할 수 있는 복지권[3]으로 발전되었다고 볼 수 있다. 마샬은 시민권론의 개념을 근거로 사회복지정책의 출현을 분석했는데, 이를 도식화하면 [그림 3-7]과 같다.

3) 복지권에 대한 개념정의는 다양하게 접근하고 있으나, 좁은 의미의 복지권은 현대산업사회에서 적절하다고 간주되는 생활수준 이하에 속한 요구호자에게 직접 혜택을 주기 위해 자원을 재할당하는 것으로 정의할 수 있고, 넓은 의미의 복지권은 '인간다운 생활의 보장'이라는 광범위한 차원에서 정의할 수 있다.

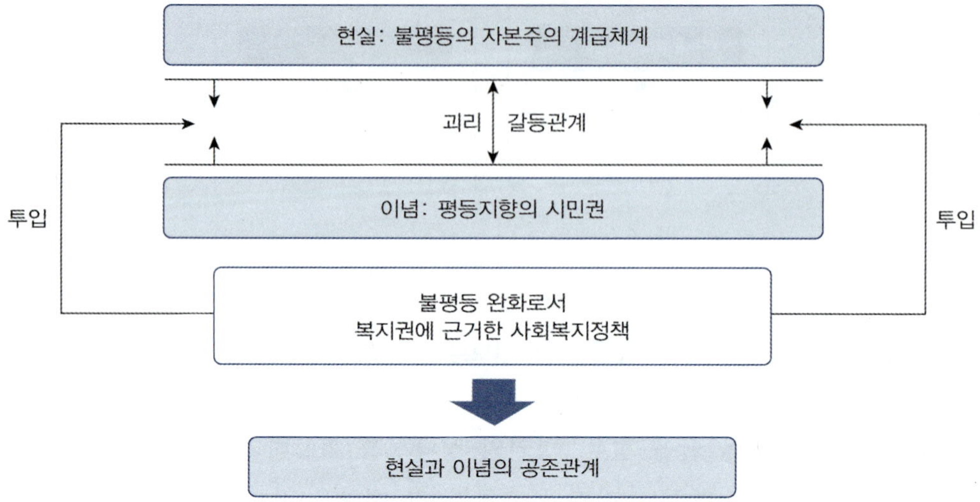

그림 3-7 **시민권론의 개념도**

즉, 현실은 자본주의의 계급체계로 인해 항상 불평등이 존재하고, 이러한 문제를 해결하고자 하는 평등지향의 시민권 이념이 현실과 괴리를 보이며 갈등관계를 나타내고 있어, 이러한 갈등관계를 치유하기 위해서는 복지권에 근거한 사회복지정책을 투입해야 한다는 것이다. 따라서 사회복지정책을 활용하여 사회적 효율을 해치지 않으면서 불평등을 완화한다면, 현실의 불평등과 시민권 이념을 공존관계로 전환시킬 수 있다는 것이다.

본 이론과 관련하여 대표적인 사회복지정책이 공공부조정책, 즉 국민기초생활보장제도 등인데, 본 제도는 낮은 수준이기는 하지만 저소득층의 빈곤문제를 치유하여, 불평등의 자본주의 계급체계와 평등지향의 시민권이 공존할 수 있는 근거를 마련하고 있는 것이다.

다만, 본 이론은 현실과 이념 사이에 사회복지정책을 투입하여 공존관계로 간다고 했으나, 이에 대한 명확한 검증사례가 부재하다는 점에서, 일정부분 한계로 지적된다.

제 2 절 사회복지정책 관련 사회사상

사회복지정책 관련 사회사상도 다양하지만 본 절에서는 케인스주의, 신자유주의, 조합주의, 그리고 제3의 길로 대별하여 조명하고자 한다(김한양·백윤철, 2006: 99-112; 김호진, 2003: 189-204; 원석조, 2004: 131-164).

1. 케인스주의

케인스주의(Keynes Principle)는 유효수요의 원리에 입각하여, 경기순환을 안정시키고 완전고용을 실현시키기 위해서는 국가의 적극적 개입이 필요하다는 사상으로서 케인스(J. M. Keynes)[4]가 주장했다.

케인스는 19세기 유럽에서 전성기를 누렸던 고전파 경제학의 자유주의 질서는 국내외적으로 불평등을 심화시켰고, 이것이 세계경제의 침체, 대공황, 그리고 제2차 세계대전으로 이어져 세계는 위기를 맞았다고 보면서, 소위 케인스주의를 제시하게 된다([그림 3-8] 참조).

케인스주의는 고전파 경제학에서 말하는 고용감소의 요인인 사용자에 대한 근로자의 높은 수준의 임금요구, 이에 대한 사용자의 고용거부, 이어서 실업을 초래한다는 기존 이론을 거부하고 유효수요의 입장에서 새로운 이론을 제시했다. 즉, 고용감소의 요인을 소비와 투자로 구성된 유효수요의 감소로 보고, 이것이 감소할 경우 경기불황이 초래되고, 이는 기업의 이윤감소로 이어지며, 실업이 발생한다는 것이다. 또한, 소득의 불평등에 대해서도 언급했는데, 소득의 불평등으로 인해 부유층 및 저소득층의 계층차이가 명확히 구분될 경우, 부유층은 소비하고 남은 소득을 저축하게 되면서, 이로 인해 소비에 이어 투자가 감소하여 실업이 초래된다는 것이다.

---

4) 케인스(1883.06.05~1946.04.21)는 영국 케임브리지 출생의 경제학자로 이튼고등학교를 거쳐 케임브리지대학의 킹스칼리지에 입학하였고, 1905년 대학 졸업 후 공무원이 되었으며, 이후 재무상 고문, 국제통화기금(IMF)과 국제부흥개발은행(IBRD) 총재 등을 역임하였다. 대표적 저서는 1936년 펴낸 『고용·이자 및 화폐의 일반이론』(*The General Theory of Employment, Interest and Money*)으로, 케인스주의는 이 저서에 근거한다.

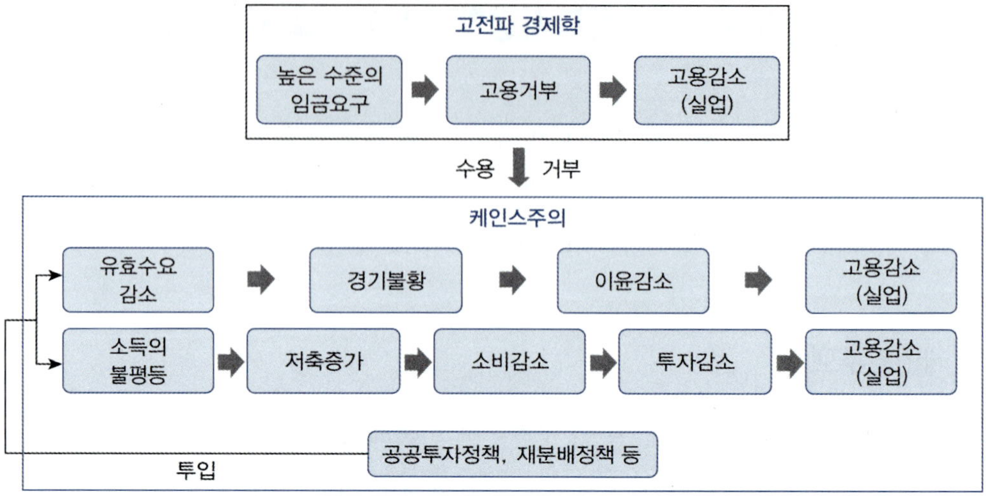

그림 3-8 케인스주의의 개념도[5)]

이러한 고용감소를 지양시키기 위해서는 국가가 적극적으로 나서서 유효수요를 증대시키고, 소득의 불평등을 완화해야 한다는 것인데, 인플레이션이 수반된 경기활성화를 위한 공공투자정책, 누진세 등 재분배정책 등이 그것이다.

이 중 사회복지정책과 가장 관련이 있는 정책은 누진세 등을 활용한 재분배정책으로서, 이를 통해 소비성향을 제고하고 소득의 불평등을 완화하여 고용증대를 높이자는 것이다.

그러나 이러한 케인스주의는 스태그플레이션을 동반한 오일쇼크(1973년 · 1979년 발생)로 인해 후퇴하게 된다. 즉, 인플레이션은 경제를 활성화시키고, 경제활성화는 고용을 증대시킨다는 케인스주의의 이론이 오일쇼크로 인해 불황과 인플레이션이 동시에 발생됨에 따라 설득력을 잃고 만 것이다.

5) 케인스주의(20세기)와 고전파 경제학(18세기 후반에서 19세기 전반)과의 차이점을 좀 더 세부적으로 살펴보면, 인간과 사회의 시각에 있어서 케인스주의는 현실적 감각을, 고전파 경제학은 피상적이고 기계적으로 보는 입장이었다. 재정에 있어서는 케인스주의가 불경기 시 적자재정을 추구했으며, 고전파 경제학은 균형재정을 지향했다. 그리고 균형의 입장에서는 케인스주의가 고용수준의 안정적 균형을, 고전파 경제학은 공급과 수요의 균형을 추구하였다. 종합적으로, 케인스주의는 국가의 적극적 개입을, 고전파 경제학은 소극적 개입을 지향하였던 것이다.

2. 신자유주의

신자유주의(neoliberalism)는 시장에 대한 국가의 개입을 비판하고 시장의 기능과 민간의 자유로운 활동을 중시해야 한다는 사상으로 1970년대부터 대두되었으며, 고전파 경제학자들의 자유주의사상을 이어받은 하이예크(F. A. Hayek), 프리드만(M. Friedman) 등이 주장했는데, 이들의 의견을 종합하여 도식화하면 [그림 3-9]와 같다.

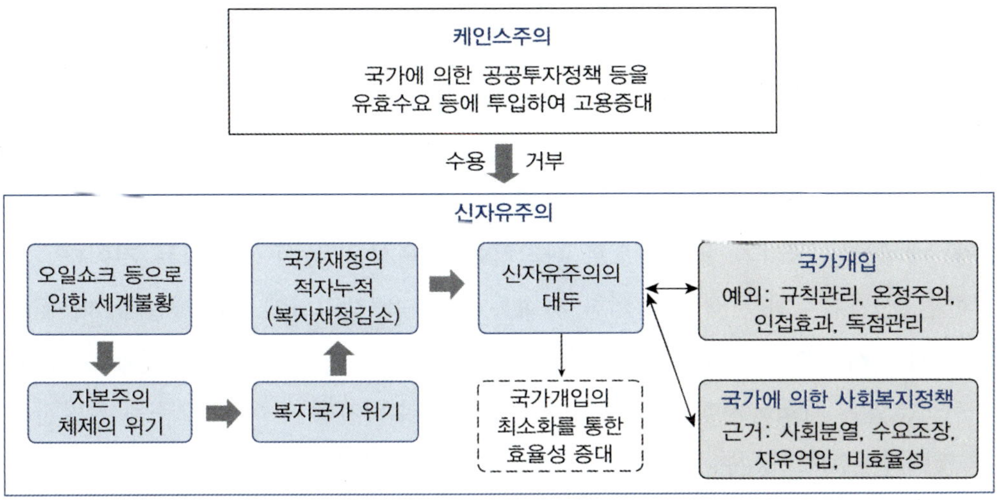

그림 3-9 신자유주의의 개념도

두 차례의 오일쇼크 등으로 인해 세계경제가 다시 혼란에 빠짐에 따라 자본주의체제는 근본적인 위기에 직면하게 되었다. 이러한 상황은 국가의 재정을 사회복지정책에 높은 수준으로 투입하는 복지국가의 정체성에 심각한 위협을 주었으며, 이후 국가가 오일쇼크로 인한 스태그플레이션을 해결하는 데 무력해지고 복지재정을 포함한 국가재정의 적자가 누적됨에 따라 이전에 케인스주의를 거부하는 새로운 사상이 도래하게 되었는데, 이것이 대처리즘과 레이거노믹스 등의 신자유주의라고 할 수 있다. 즉, 신자유주의는 국가에 의한 공공투자정책 등을 유효수요 등에 투입하여 고용을 증대한다는 논리를 거부하고 고전파 경제학의 맥을 이어받아 국가개입의 최소화를 통해 시장경제의 자율성을 지향하는 사상인 것이다.

신자유주의는 국가개입을 반대했지만, 규칙관리, 온정주의, 인접효과, 그리고 독점관리 등에서는 국가의 개입을 허용했다.

규칙관리는 국가가 사회에 대한 규칙입안, 규칙에 따른 조정, 그리고 규칙에 불응하는 자에 대한 순응유도 등 기본적인 역할을 수행해야 한다는 것이고, 온정주의는 자신의 행동에 대해 책임질 수 없는 정신 및 신체장애인 등을 사회에 부담이 되지 않도록 국가가 책임져야 한다는 것이며, 인접효과는 일정행동이 타인에게 해를 끼쳤음에도 불구하고 이에 대한 책임소재를 밝힐 수 없거나 사회로부터 혜택을 받고 있음에도 불구하고 혜택의 효과를 정확하게 밝힐 수 없을 때 국가가 개입[6]해야 한다는 논리이고, 독점관리는 민간에서 수행하기 어려운 수자원관리, 전력관리 등에 대해서는 국가가 독점적으로 관리하여 효율성을 높여야 한다는 것이다.

한편, 신자유주의는 국가에 의한 사회복지정책을 강력하게 반대했는데, 이에 대한 근거는 사회분열, 수요조장, 자유억압, 그리고 비효율성 등으로 대별할 수 있다.

사회분열은 사회복지정책이 재정의 분담층과 수혜자층 사이에 갈등을 유발한다는 것이고, 수요조장은 사회복지정책의 자원이 한정된 반면, 수요는 무한한 상황에서 무상의 사회복지정책의 시행은 수요를 조장하여 혼란을 야기할 수 있다는 것이며, 자유억압은 국가에 의한 사회복지정책 자체가 획일적으로 국민들을 통제하여 개인의 자유를 뺏는다는 것이고, 비효율성은 국가에 의해 시행되는 사회복지정책의 비용 자체가 시장의 이윤 등과 비교해 너무 효율성이 뒤처진다는 것이다.

이렇게 볼 때, 전술한 케인스주의가 자본주의뿐만 아니라 국가에 의한 사회복지정책에도 긍정적이라면, 신자유주의는 자본주의에는 긍정적이지만 국가에 의

6) 인접효과의 사례로 여러 공장의 매연으로 인해 타인들이 손해를 입을 경우 명확하게 책임소재를 밝힐 수 없을 때 국가가 대신 보상해 주어야 하는 것, 공중화장실의 사용자가 누구인지 명확히 밝힐 수 없어서 설립 및 보수 등을 국가가 부담하는 것 등이 그것이다.

한 사회복지정책에는 부정적 입장에 있는 사상이라고 할 수 있다.

3. 조합주의

조합주의(corporatism)는 코포라티즘, 단체통합주의 등과 같은 의미로 정부와 이익집단이 갖는 정책결정상의 역할분담에 대해 설명하는 것으로, 우리나라의 대통령 소속 경제사회노동위원회가 이에 해당된다. 조합주의는 슈미터(P. C. Schmitter), 윌렌스키(H. L. Wilensky), 그리고 포더(A. Forder) 등이 주장했는데, 이 중 슈미터의 이론이 대표적으로서, 그는 정부의 정책결정과정에 이익집단의 자율적 참여여부, 정부의 이익집단에 대한 통제 강도에 따라 국가조합주의(state corporatism)와 사회조합주의(social corporatism)로 대별했다(〈표 3-1〉 참조).

표 3-1 국가조합주의와 사회조합주의

구분	국가조합주의	사회조합주의
정치체제	권위주의국가	민주복지국가
출현단계	종속자본주의의 단계	독점자본주의의 단계
제도화 과정 및 방식	국가가 이익집단에 침투	이익집단이 국가에 자발적으로 침투
조합주의의 발생요인	국가의 자본축적기능 강화	사회의 다원화와 노동계급의 성장
조합주의의 목적	국가가 사회의 안정과 질서의 유지를 위해 계급을 통제지배	계급이익갈등의 조정 및 협력체제의 유지
헤게모니 상황	국가가 헤게모니 장악	부르주아가 헤게모니 장악
존재양식	국가와 사회세력 간의 수직적 위계체제	국가와 사회세력의 수평적 협조체제
계급관계	노동계급과 자본계급이 상호배타적	노동계급과 자본계급이 상호의존적
기능	민중·노동부문에 대한 국가통제체제	사회부문의 이익대표체계
협의내용	국가적인 과제	복지, 실업, 물가문제 등

즉, 국가조합주의는 국가가 통치력을 강화하기 위해 강제적으로 편성한 이익집단과의 조합을 의미하는데, 이는 국가의 정책결정과정에 대한 이익집단의 통제된 참여 또는 배제를 요체로 하며 이익집단의 상향적 투입기능보다는 국가에 의한 하향적인 동원과 통제를 중시한다. 국가조합주의에서 이익집단은 제도권 밖에서 제도권 안으로 수용된 국가의 보조기관에 불과하며, 압력단체로서의 성격보다는 압력을 받는 집단으로서의 성격이 강하다. 국가조합주의는 국가가 노동단체 등 이익집단을 탈정치화시키고 관료적으로 재조직화함으로써 국가가 이익집단을 통제하려는 정책의지를 반영한다.

반면, 사회조합주의는 국가의 통치력 약화에 대한 반작용으로 생성되는데, 이는 국가와 이익집단이 동등한 입장에서 상호 협력하는 조합을 의미한다. 즉, 국가가 통치력 보강과 사회경제적 위기를 해소하기 위해 이익집단에 의존하는 것이 특징이며, 이익집단과 국가와의 협력관계를 중시하면서 이익집단의 자율성을 본질로 한다. 사회조합주의는 국가에 의한 하향적인 통제기능을 배제하고 상향적인 투입기능을 중시하며, 상대적으로 자율적이고 구조적으로 분화된 정치체제에서 생성된다. 결국 국가가 노동계급 등 이익집단의 정책과정에 참여를 장려함으로써 경제적 효율성을 증대하고 사회통합을 도모하는 것으로 이해할 수 있는 것이다.

이 중 사회복지정책의 확대와 관련 있는 것이 사회조합주의라고 할 수 있는데, 사회조합주의체제하에서 성장한 노동단체가 노동자들의 복지, 실업 등에 대한 주장을 정부와 자본가단체에 요구함으로써, 그들의 삶의 질을 개선하고 있는 것이 그것이다. 하지만 여유 있는 대기업과 보수노동단체 간의 결탁에 의해 귀족노동자가 발생하고 있는 단점도 있는 것이 사실이다.

4. 제3의 길

제3의 길(the third way)은 사회민주주의 복지국가와 신자유주의 시장경제의 단점을 배제하고 장점만을 융화시킨 새로운 개념의 차별화전략으로서, 기든스(A.

Giddens)[7]가 이론적으로 체계화했고 이를 영국수상인 블레어(T. Blair)가 정치노선으로 채택함으로써, 세계적으로 널리 알려지게 됐다([그림 3-10] 참조).

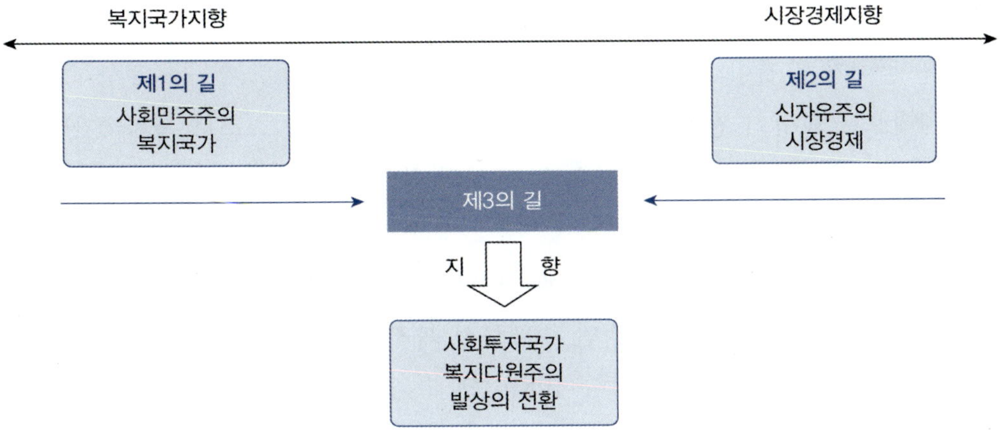

그림 3-10 제3의 길의 개념도

전술한 바와 같이, 제3의 길은 복지국가를 지향하는 사회민주주의를 제1의 길로, 시장경제를 지향하는 신자유주의를 제2의 길로 규정하고 이에 대한 절충된 대안인 제3의 길을 지향하자는 것이다. 신자유주의처럼 복지국가를 청산하자는 것이 아니라 복지국가의 비효율성 등을 개선하자는 것이다. 기본적으로 제3의 길은 사회투자국가, 복지다원주의, 그리고 발상의 전환 등을 지향한다.

사회투자국가(social investment state)는 인적자본 등에 대한 투자를 통해 국민들의 경제활동 참여기회를 확대하고 더 나은 일자리를 제공함으로써 경제성장과 사회통합을 동시에 추구하는 국가를 의미하는 것으로, 노령 및 실업대책 등이 그것이다. 노령자와 실업자에게 무조건 무상의 사회복지정책을 시행할 것이 아니라

7) 영국의 사회학자이자 정치학자인 기든스는 1938년 런던에서 태어나 헐대학교에서 사회학을 전공한 뒤 런던정치경제대학에서 석사학위를 받았고, 케임브리지대학교에서 박사학위를 취득했다. 이후 1970년 케임브리지대학교를 시작으로 미국・프랑스・독일 등지에서 사회학 교수로 활약했다. 대표적 저서는 1998년에 펴낸 『제3의 길: 사회민주주의의 부활』(*The Third Way: The Renewal of Social Democracy*)이다.

그들이 다시 사회에 진입하여 국가에 공헌할 수 있도록 정년퇴직조항의 삭제 및 재교육 시행 등을 체계적으로 추진하여야 한다는 것이다.

복지다원주의(welfare pluralism)는 주로 중앙정부에서 담당해 왔던 복지제공의 업무를 기업, 시민단체, 지역사회, 지방정부 등으로 다원화하여 복지국가의 비효율성을 줄이자는 것이다.

마지막으로 발상의 전환(conversion of notion)은 수혜자가 스스로 복지국가에 대한 의존성향을 줄여야 한다는 것으로, 개인의 책임을 상대적으로 강조하는 입장이다.

결과적으로, 제3의 길은 사회보장과 재분배 등 사회복지정책에 관심을 기울이는 동시에 부를 산출하는 주도적인 주체로서 복지수혜계층의 역할과 책임, 즉 노동담보복지를 근간으로 하는 사상이라고 할 수 있다.

제 3 절 사회복지정책 관련 유형

사회복지정책 관련 유형 역시 다양하지만, 본 절에서는 윌렌스키와 르보(Wilensky & Lebeaux)의 2분 유형론, 조지와 윌딩(George & Wilding)의 이데올로기유형론, 퍼니스와 틸턴(Furniss & Tilton)의 국가유형론, 에스핑-안데르센(Esping-Andersen)의 복지국가유형론, 그리고 미쉬라(Mishra)의 복지국가유형론으로 대별하여 조명하고자 한다(김한양 · 백윤철, 2006: 90-99; 이정서 · 김상철, 2002: 263-272).

1. 윌렌스키와 르보의 2분 유형론

윌렌스키(H. L. Wilensky)와 르보(C. N. Lebeaux)는 사회정책의 목표 등을 기준으로 잔여적 복지국가와 제도적 복지국가로 대별하는 2분 유형론을 제시했다.

먼저, 잔여적 복지국가(residual welfare state)는 초기 산업사회에서 나타난 유형으로서, 가족 또는 시장과 같은 공급구조가 제 기능을 발휘하지 못하는 경우 탈락한 사람에 대한 일시적·한정적·보완적 지원을 추진하는 것으로, 그 대상은 취약계층 등 특정층에 한정한다. 이는 빈곤의 책임을 개인에 한정하며 자발적인 민간활동을 통해 이들 문제의 치유를 유도함에 따라, 복지욕구의 충족기제는 대개 가족 및 시장이 된다. 즉, 본 유형은 빈민과 같은 선별층에 사회적으로 급부를 제공하는 선별주의를 택하고 있는 것이다.

반면, 제도적 복지국가(institutional welfare state)는 현대 산업사회에서 나타나는 유형으로서 소득의 재분배기능을 통해 전체국민들의 삶의 질을 지속적으로 지원하는 것으로 설명할 수 있다. 이는 빈곤의 책임을 사회로 보며 높은 수준의 국가역할을 통해 복지문제를 시정함에 따라, 복지욕구의 충족기제는 국가의 사회복지정책이 된다. 즉, 본 유형은 전체국민 등 보편층에 대해 국가가 개입하여 사회복지를 구현하는 보편주의를 택하고 있는 것이다(〈표 3-2〉 참조).

표 3-2 윌렌스키와 르보의 2분 유형론

구분		복지국가	
		잔여적 복지국가	제도적 복지국가
세부 기준	사회정책의 목표	가족과 시장체계에서 탈락한 사람에 대한 일시적·한정적·보완적 지원	소득의 재분배기능을 통해 전체국민들의 삶의 질을 지속적으로 지원
	대상	선별층(취약계층)	보편층(전체국민)
	실천주체	자발적인 민간활동 장려	높은 수준의 국가역할
	빈곤의 책임	개인책임	사회책임
	복지욕구의 충족기제	가족·시장 우선	국가의 사회복지정책 우선
	이념	선별주의	보편주의
	시기	초기 산업사회	현대 산업사회

2. 조지와 윌딩의 이데올로기유형론

조지(V. George)와 윌딩(P. Wilding)은 복지국가에 대한 관점 등을 기준으로 반집합주의, 소극적 집합주의, 페이비언 사회주의, 그리고 마르크스주의로 대별하는 이데올로기유형론을 제시했다.

반집합주의(Anti-collectivism)는 정부의 개입을 부정하는 유형으로, 복지국가에 대한 관점 역시 반대입장이 분명하며, 빈곤완화에 대한 국가의 책임에 있어서도 필요악이라고 규정함에 따라 가장 낮은 수준의 사회복지정책을 지향하는 유형이라고 할 수 있다.

소극적 집합주의(Reluctant collectivism)는 정부의 개입에 대해 당면문제의 해결 등을 위해 조건부로 참여하는 조건부 인정의 입장이며, 복지국가에 대한 관점은 대체적으로 찬성하지만 이는 실용적인 방향을 취하고 있다. 아울러 빈곤완화에 대한 국가의 책임은 국민최저수준의 보장만 인정함에 따라, 낮은 수준의 사회복지정책을 지향하는 유형이라고 할 수 있다.

페이비언 사회주의(Fabian socialism)는 자본주의체제가 필연적으로 실패할 수 있다는 점에서, 이에 대한 수정·보완을 위해서는 정부의 개입이 불가피하다는 입장이다. 이에 따라 복지국가에 대한 관점도 적극 찬성하는 입장이며, 빈곤 완화에 대한 국가의 책임 역시 지속적인 불평등 완화에 무게를 두고 있다. 이에 따라 본 유형은 높은 수준의 사회복지정책을 지향하고 있는 것이다.

마지막으로, 마르크스주의(Marxism)는 정부의 개입에 대해서는 적극적으로 인정하고 있지만, 복지국가에 대한 관점은 노동계급에 대한 자본계급의 불가피한 최소한의 양보로 본다는 점에서 적극적으로 반대하고 있으며, 빈곤완화에 대한 국가의 책임 역시 자본주의체제가 지속되는 한 국가의 적극적 책임에 의해서도 빈곤은 결코 소멸될 수 없다는 점에서 부정적 입장을 취하고 있다(〈표 3-3〉 참조).

표 3-3 조지와 윌딩의 이데올로기유형론

구분		이데올로기			
		반집합주의	소극적 집합주의	페이비언 사회주의	마르크스주의
세부 기준	정부의 개입	부정적	조건부 인정	적극 인정	적극 인정
	복지국가에 대한 관점	반대	찬성	적극 찬성	적극 반대
	빈곤완화에 대한 국가의 책임	필요악	최저수준만 보장	지속적인 불평등 완화 책임	자본주의체제 하에서 국가에 의한 빈곤소멸은 불가능

3. 퍼니스와 틸턴의 국가유형론

퍼니스(N. Furniss)와 틸턴(T. Tilton)은 사회정책의 방향 등을 기준으로 적극적 국가, 사회보장국가, 그리고 사회복지국가로 대별하는 국가유형론을 제시했다.

적극적 국가(positive state)는 미국 등에서 나타나는 유형으로서, 국가정책의 목적을 자유시장의 불안정성과 재분배의 욕구로부터 자본가를 보호하는 입장을 취하고 있으며, 정책방향은 경제성장을 위한 정부와 기업의 협조 및 완전고용정책의 극소화를 추구하고 있다. 이는 자본가의 입장을 대변하고 있는 유형으로서, 이에 따라 사회정책은 실용주의에 입각하여 경제적 효율성에 기여할 수 있는 복지서비스만 실시하고 복지정책은 사회통제의 수단으로 쓰여 낮은 수준의 사회복지정책을 나타내고 있는 것이다.

사회보장국가(social security state)는 영국 등에서 나타나고 있는 유형으로서, 국가정책의 방향은 국민전체의 생활안정에 있으며, 정책방향은 전체국민에게 직접

표 3-4 퍼니스와 틸턴의 국가유형론

구분		국가		
		적극적 국가	사회보장국가	사회복지국가
세부 기준	국가 정책의 목적	자유시장의 불안정성과 재분배의 요구로부터 자본가 보호	국민전체의 생활안정	국민평등과 화합
	국가 정책의 방향	경제성장을 위한 정부와 기업의 협조, 완전고용정책의 극소화	전체국민에게 직접적 혜택 부여, 완전고용 정책의 극대화	최하계층의 욕구를 우선고려, 완전고용정책 실현
	사회 정책의 방향	경제적 효율성에 기여할 수 있는 복지서비스만 실시, 복지정책은 사회통제의 수단	국민최저수준의 보장	국민최저수준 이상의 보장
해당 국가		미국 등	영국 등	스웨덴 등

적으로 혜택이 부여되고 완전고용정책을 극대화하는 데 있다. 이에 따라 사회정책은 국민최저수준의 보장에 초점이 맞춰져 있어 일정수준의 사회복지정책을 나타내고 있는 것이다.

마지막으로, 사회복지국가(social welfare state)는 스웨덴 등에서 나타나는 유형으로, 국가정책의 목적이 국민평등과 화합에 있으며, 정책방향이 최하계층의 욕구를 우선 고려하고 완전고용정책을 실현하는 입장에 있다. 이에 따라 사회정책의 방향은 국민평등뿐만 아니라 국민최저수준 이상의 보장에 있다는 점에서, 높은 수준의 사회복지정책을 추구하고 있는 것이다(〈표 3-4〉 참조).

4. 에스핑-안데르센의 복지국가유형론

에스핑－안데르센(G. Esping-Andersen)은 탈상품화 정도[8] 등을 기준으로 자유주의적 복지국가, 조합주의적 복지국가, 그리고 사회민주주의적 복지국가로 대별하여 복지국가유형론을 제시했다.

자유주의적 복지국가(welfare state of liberalism)는 미국, 캐나다, 오스트레일리아 등에서 나타나는 유형으로서, 공공부조를 활용하여 저소득층에 초점을 두고 있으며, 이에 대한 집행은 엄격한 선별과정을 통해 낙인을 부여하는 방식으로 이루어지고 있어 탈상품화 정도는 낮은 수준을 보인다. 이에 따라 본 유형은 낮은 수준의 사회복지정책을 나타내고 있는 것이다.

조합주의적 복지국가(welfare state of corporatism)는 오스트리아, 프랑스, 독일 등 유럽대륙국가에서 나타나는 유형으로서, 사회보험을 활용하여 직업별·계층별로 다른 종류의 복지급여가 제공되므로 사회적 지위에 있어서 차이가 그대로 유지되는 행태를 보인다. 따라서 탈상품화 정도는 중간 수준을 보이며, 사회복지정책 역시 중간 수준을 나타내고 있는 것이다.

마지막으로, 사회민주주의적 복지국가(welfare state of social democracy)는 스웨덴, 덴마크, 핀란드 등 스칸디나비아국가에서 나타나는 유형으로서, 보편주의적 원칙에 따라 복지급여는 취약계층뿐만 아니라 중간계층까지 포함하고 있고, 복지의 재분배적 기능을 활용하여 최저생활 이상의 평등을 추구하고 있다는 점에서, 탈상품화 정도는 높은 수준으로 파악된다. 따라서 본 유형은 높은 수준의 사회복지정책을 나타내고 있는 것이다(〈표 3－5〉 참조).

---

8) 노동자가 자신의 노동력을 상품으로 팔지 않고도 살 수 있는 정도를 의미하는 것으로, 자신이 노동시장에서 일을 할 수 없는 상황에 처했을 때, 국가가 어느 정도 수준의 급여를 제공해주는가의 정도를 말하는 것이다. 즉, 탈상품화 정도가 높을수록 선진복지국가를 의미하는 것이다.

표 3-5 에스핑-안데르센의 복지국가유형론

<table>
<tr><th colspan="2" rowspan="2">구분</th><th colspan="3">복지국가</th></tr>
<tr><th>자유주의적
복지국가</th><th>조합주의적
복지국가</th><th>사회민주주의적
복지국가</th></tr>
<tr><td>세부
기준</td><td>탈상품화
정도</td><td>공공부조를 활용하여 저소득층에 초점을 두며, 엄격한 선별과정을 통해 낙인을 부여하는 방식이므로 탈상품화 정도는 낮은 수준</td><td>사회보험을 활용하여 직업별·계층별로 다른 종류의 복지급여가 제공되므로 사회적 지위의 차이가 유지되어 탈상품화 정도는 중간 수준</td><td>보편주의적 원칙에 따라 복지급여는 취약계층 뿐만 아니라 중간계층까지 포섭하고 있고, 복지의 재분배적 기능을 활용하여 최저생활 이상의 평등을 추구하고 있기 때문에 탈상품화 정도는 높은 수준</td></tr>
<tr><td colspan="2">해당 국가</td><td>미국, 캐나다, 오스트레일리아 등</td><td>오스트리아, 프랑스, 독일 등 유럽대륙국가</td><td>스웨덴, 덴마크, 핀란드 등 스칸디나비아국가</td></tr>
</table>

5. 미쉬라의 복지국가유형론

미쉬라(R. Mishra)는 사회복지영역 등을 기준으로 분화된 복지국가와 통합된 복지국가로 대별하여 복지국가유형론을 제시했다.

분화된 복지국가(pluralistic welfare state)는 미국, 영국 등에서 나타나는 유형으로서, 사회복지가 경제와 구분되고 대립되어, 경제에 악영향을 주는 사회복지는 제한되고, 잔여적 역할만 수행한다는 점에서, 경제와 관련하여 뚜렷한 연계를 갖지 않는 사회복지정책이 제공되는 유형이다.

반면, 통합된 복지국가(corporate welfare state)는 스웨덴, 네덜란드 등에서 나타나는 유형으로서, 사회복지가 경제와 구분되지 않고 상호의존적 관계로 인식하여, 보편적 사회복지정책이 시장에서도 가능하다고 본다는 점에서, 사회와 경제간의 상호관련성을 근거로 사회복지정책이 제공되는 유형이라고 할 수 있다.

즉, 미쉬라의 복지국가유형론에서 분화된 복지국가는 경제공간 밖에서 사회복지정책이 추진되고, 통합된 복지국가는 경제공간 안에서 수행되는 것으로 볼 수 있는 것이다(〈표 3-6〉 참조).

표 3-6 미쉬라의 복지국가유형론

<table>
<tr><th colspan="2" rowspan="2">구분</th><th colspan="2">복지국가</th></tr>
<tr><th>분화된 복지국가</th><th>통합된 복지국가</th></tr>
<tr><td rowspan="2">세부 기준</td><td>정치지향</td><td>조직화된 집단 · 정당 · 의회를 통한 분과적 이익의 추구</td><td>완전한 시민적 · 정치적 자유 추구</td></tr>
<tr><td>사회복지 영역</td><td>사회복지가 경제와 구분되고 대립되어, 경제에 악영향을 주는 사회복지는 제한되고, 잔여적 역할만 수행, 즉 경제와 관련하여 뚜렷한 연계를 갖지 않는 사회복지정책 제공</td><td>사회복지가 경제와 구분되지 않고 상호의존적 관계로 인식하여, 포괄적 사회복지정책이 시장에서도 가능하다고 봄, 즉 사회와 경제 간의 상호관련성을 근거로 사회복지정책 제공</td></tr>
<tr><td colspan="2">해당 국가</td><td>미국, 영국 등</td><td>스웨덴, 네덜란드 등</td></tr>
</table>

제4장

사회복지정책의 과정

정책과정은 학자들의 접근입장차이로 다양하게 분류되고 있으나, 본 장에서는 사회복지정책의 과정을 정책의제형성과정, 정책결정과정, 정책집행과정, 그리고 정책평가과정 등 4단계로 대별하여 고찰하고자 한다.

제 1 절 사회복지정책의 의제형성과정

1. 개념정의

정책의제형성과정(policy agenda setting process)은 행정부, 입법부 등이 정책적 해결을 위하여 사회문제를 정책문제로 전환시키는 과정, 즉 비제도적 공공의제[1]를 제도적 정책의제로 채택시키는 과정을 의미한다. 이러한 정책의제형성과정은 정책의 출발점으로 정책의 결정과 집행에 우선하는 중요한 과정이 된다. 아울러 무수한 사회문제들 중에서 일부분만이 정책문제로 전환되고 나머지는 방치된다는 점에서, 어떠한 사회문제가 어떻게 정책문제로 전환되는가 하는 것은 매우 중요한 사항이 된다.

경제유연성 등으로 인한 실업문제로 인해 빈곤문제 등이 사회문제가 됨에 따라 이를 공공의제에서 정책의제로 전환시키는 과정 등이 이에 해당된다고 할 수 있다.

1) 사회문제가 확대되어 많은 사람의 관심이 집중되고, 정부에 의해 공식적으로 채택되지는 않았으나 정부가 문제해결을 위해 노력하는 것이 정당한 것으로 인정되는 의제를 의미한다.

2. 모형정의

1) 아이스톤의 정책의제형성모형

아이스톤(Eyestone, 1978)은 [그림 4-1]에서 보듯이, 정책의제형성모형을 여러 단계로 구분하여 제시했다. 이는 사회문제 태동, 사회문제 인지, 타 집단 관여, 사회쟁점 표출, 공중의제 형성, 쟁점창도자 활동, 공식의제 형성, 정책결정, 그리고 정책집행 순으로 분류된다.

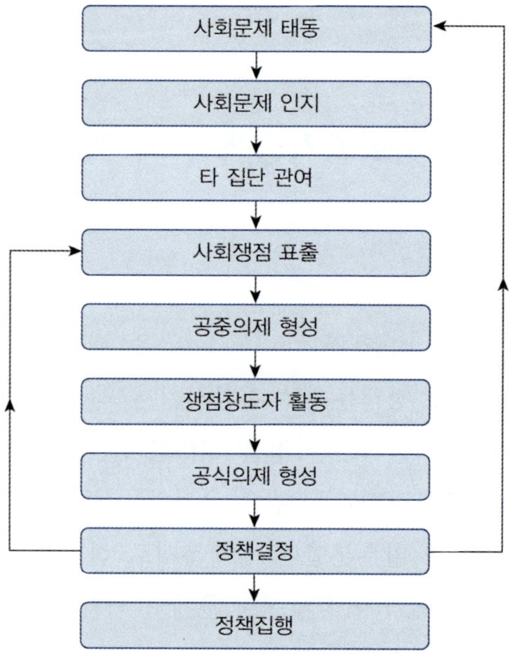

출처: 김형렬(2002: 141)을 근거로 재구성.

그림 4-1 아이스톤의 정책의제형성모형

정책의제형성모형의 1단계는 사회문제의 태동이다. 마치 신체 안에 병균이 잠복해 있다가 나타나듯이 사회에는 갖가지 문제가 항상 잠복해 있기 마련인데, 조그마한 문제가 눈덩이처럼 커지기 시작할 때 사회문제로 등장하게 된다. 즉, 사회문제는 사회표준에서 이탈된 현상이나 사회조직의 주요 부분이 파괴된 상태를 의미하는데, 이는 주로 영향력 있는 집단에 의해서 인지된다. 다시 말해서, 사회문제란 사회구성원들이 공통적으로 느끼는 부족감이나 기대에 어긋난 상태를 의미하는 것이다.

예를 들어, 개인이 사회에서 차별을 받는다고 생각할 때에 이러한 생각을 많은 사람들이 공통적으로 가지게 되면 여기에 하나의 계층 또는 집단이 형성되기 쉽다. 즉, 불평등하다는 생각이 반사회적으로 확산되어 큰 사회적인 문제로 표출되는 경향이 있는데, 구체적으로 여성은 현모양처가 되어야 한다는 고정관념이 우세한 전통적인 사회에서 취업을 시도하는 한 여성에게 차별이 가해질 경우에 그녀의 개인적인 좌절감이 많은 여성들의 동감을 얻을 때, 이는 사회문제로 전환되는 것이다.

일단 어느 한 집단 또는 몇 개의 집단들이 사회문제를 인지하여 공개적으로 이를 문제화하면 그것의 내용과 범위 및 해결방안에 관해서 다른 견해를 가진 집단들이 관여하기 마련이다. 즉, 어떤 사회문제에 관해 다양한 의견을 지닌 여러 집단들이 자발적으로 참여하여 문제의식을 표명하게 되는 것이다. 여기에서 관련 집단들이 사회문제를 논의의 대상으로 여길 때, 사회쟁점은 표면화되는 것이다. 다시 말해서, 사회쟁점은 그 해결방안이 합의되지 않은 사회문제라고 정의할 수 있다. 일관된 의견이 없는 상황에서는 처음에 사회문제를 인지한 집단과는 상이한 관점을 지닌 집단들이 사회쟁점을 인정하고 이에 대해서 활발히 토론을 전개할 때 많은 공중들이 이를 인식하게 되는 것이다.

이러한 과정에서 공중의제가 자연스럽게 형성된다. 여기서 공중은 일반대중과는 달리 사회쟁점을 민감하게 파악하고 이에 대한 여론을 수렴·주도하며, 자신들의 이익을 위해서뿐만 아니라 공익이나 국익을 증진할 목적으로 인지된 쟁점을 널리 확산시키려고 하는 것이다.

일반적으로, 공중의제를 측정하는 데 가장 유용한 방법은 갤럽여론조사와 같은 정기적인 방법이다. 일정한 시점에서 여론조사에 나타나는 쟁점은 공중의제를 적절히 표시해 주는 것이다. 한편, 공중의 근심이나 기회의제는 자동적으로 공식의제로 전환되는 것이 아니라 일명 쟁점창도자의 촉매역할이 필요하다.

쟁점창도자들은 주로 공중을 위해서 쟁점을 만들어 내며, 이것을 정부에 전달하는 중개역할을 수행한다. 그들은 쟁점창도자인 동시에 쟁점중개자이다. 즉, 쟁점창도자들은 시민들의 이익을 증진시키기 위하여 사회쟁점을 창조함과 더불어 시민집단과 공직자들 사이에 교량적 역할을 하면서 사회에 봉사하는 사람들이다. 서구사회에서처럼 고도로 발달된 정치체계에서는 이들의 기능이 필수적인 것으로 생각되고 있다.

정부 안에서는 어느 부처에서든지 대체로 의제형성기구가 존재하기 마련인데, 이 기구는 주로 운영의제를 다룬다. 운영의제는 주어진 시간 안에 어느 의제를 우선적으로 취급하는가, 토론시간을 얼마나 할당하는가, 그리고 유사한 의제들을 일괄적으로 다루는가 등의 내용을 포괄한다. 이처럼 조직적으로 의제가 설정되면 어느 정도의 토론과정을 거친 후에 정책결정과정에 이르게 된다. 결국, 이 과정에 도달하게 되면 쟁점을 해결할 대안이 결정되거나, 무정책결정[2]의 현상이 나타나기도 한다. 일단 정책결정이 이루어지면 이와 관련된 사회쟁점을 해결하기 위해서 시민집단들은 동일한 전략을 추구하거나 새로운 전략을 모색하기도 한다.

종합적으로 정리하면, 아이스톤의 정책의제형성모형은 공공체계에서의 의제설정을 순환과정으로 설명하는 데에 의의가 있는 것으로, 본 모형은 사회문제가 집단에 의해서 인지되기 전에 문제의 태동기간을 인정하고 있으며, 무엇보다도 쟁점창도자들의 역할을 중요시하고 있다는 점에서, 포괄적이라고 할 수 있다(김형렬, 2002: 139-143).

2) 무정책결정(無政策決定)은 정책산출물이 요구되는 문제시되는 현실에서, 정책대안을 산출하지 않는 행태를 의미한다.

2) 메이의 정책의제형성모형

메이(May, 1991)는 정책의제형성모형을 제시했는데, 본 모형은 정책이슈영역에 관련된 정책문제의 성격 차원 등에 따라 개념화를 한 것으로 볼 수 있다. 정책문제의 성격 차원에서는 문제해결에 대한 대중들의 지지가 중요한데, 어떤 문제들은 사회에 미치는 영향이 광범위하기 때문에 그 문제해결에 대한 요구들이 일반 대중들로부터 주도될 수 있고, 어떤 문제들은 특정한 집단에서만 중요한 문제일 수 있다는 점에서, 이러한 경우에는 그 집단이 정부와 얼마나 밀접한 관계를 가지고 있는가에 따라 내부에서 정책의제형성이 주도될 수도 있다.

국가는 문제가 되고 있는 정책해결에 대한 대중들의 지지 정도에 따라 어느 하나를 택할 수 있는데, 만일 대중들의 지지가 높을 경우 그들은 굳히기 작전을 쓸 것이고, 지지가 높지 않을 경우 먼저 정부 내에서 정책의제가 창출되고 국민들의 지지를 획득하기 위하여 공공의제가 동원될 것이다. 이는 〈표 4-1〉에서 보듯이, 대중지지의 성격수준, 논쟁의 주도자를 기준으로 외부주도모형, 내부주도모형, 굳히기모형, 동원모형으로 분류할 수 있는데, 특히 콥, 로스와 로스(Cobb, Ross & Ross, 1976)는 이 중 외부주도모형, 내부주도모형, 동원모형을 가장 빈번하게 발생하는 모형으로 강조하였다.

표 4-1 메이의 정책의제형성모형

구분		대중지지의 성격	
		높은 수준	낮은 수준
논쟁의 주도자	사회적 행위자들	외부주도모형 (outside initiation model)	내부주도모형 (inside initiation model)
	국가	굳히기모형 (consolidation model)	동원모형 (mobilization model)

출처: 노화준(2003: 141)을 근거로 재구성.

외부주도모형에서 정책의제형성은 이슈들이 먼저 비정부집단에서 일어나 확장되어 공공의제가 되고, 다음에는 제도적인 정책의제가 되는 과정을 거친다. 여기서 핵심적인 역할은 사회집단들에 의해서 수행되는데, 우선 한 집단이 불만들을 결집하고 정부로 하여금 그것을 해결하도록 요구한다. 다음에는 그 집단이 그들의 요구에 대한 지지를 확대시키려고 노력하는데, 지지의 확대는 그들의 특정한 불만을 좀 더 일반적인 불만으로 대중 속에 확대시키고, 여러 집단들과 연합체를 형성함으로써 이루어진다.

이들 집단들은 이슈들이 공식적인 정책의제로 확장될 때까지 로비하고 경쟁하며 때로는 다른 집단들에 합류하기도 한다. 만일 그들이 정치적 자원과 기술들을 가지고 있고, 다른 이슈들이나 정부행동들을 창도하는 반대자들을 능가하는 책략을 쓸 수 있다면, 그들의 이슈를 정책의제로 진입시키는 데 성공할 수 있을 것이다.

내부주도모형에서는 특별히 정책결정가에게 접근할 수 있는 영향력 있는 집단들이 정책을 주도한다. 그러나 그들은 정책의 대중확산이나 정책경쟁의 필요성을 느끼지 않는데, 이는 본 모형이 집단이나 정부가 불만을 천명하고 문제에 대한 가능한 해결방안을 구체화할 때, 정책의제의 주도와 구체화가 동시에 일어난다고 보기 때문이다.

동원모형에서는 정책결정가들이 이슈들을 정책의제로부터 공공의제로 확장시키려고 노력한다. 이 모형에서는 이슈들이 일반대중들에게 알려진 불만으로부터 확장되는 예비적 과정을 거치지 않고, 먼저 공식적 정책의제의 위치에 놓는 것이다. 물론 정부 내에서는 이슈에 대하여 상당한 정도의 논쟁이 있을 수도 있다. 그러나 일반대중들은 정책과 그것이 발전되어가는 과정에 대하여 아무것도 모르고 지내다가 정책이 공식적으로 발표될 때, 비로소 알게 되는 것이다.

정책은 어느 정도 구체화된 것일 수도 있고, 원칙만 설정되고 구체적인 내용은 나중에 만들어질 수도 있다. 그러나 정책집행이 성공적이기 위해서는 지지의 확대가 중요하다. 그러므로 정부지도자들은 그들의 결정에 대한 대중들의 지지를 동원하기 위하여 공공캠페인을 벌이기도 한다(노화준, 2003: 140-142).

제 2 절 사회복지정책의 결정과정

1. 개념정의

정책결정과정(policy making process)은 정책목표를 달성하기 위해 정책대안을 탐색하고 그 결과를 예측 · 분석하여 정책산출물을 채택하는 역동적인 과정을 의미한다. 즉, 정책결정과정은 정책이 추구하는 미래의 바람직한 상태인 목표상태를 결정할 뿐만 아니라, 정책목표달성의 수단으로서의 정책산출물을 개발 · 분석 · 채택하는 일련의 과정이라고 할 수 있는 것이다.

정책결정과정의 특징을 간략히 살펴보면 다음과 같다(조선일, 1995: 231-241).

첫째, 정책결정과정에 참여하는 정책주체가 매우 다양하다는 것이다. 사회에는 제각기 이익이 상반되는 여러 개인이나 집단이 있을 수 있으며, 이들은 각기 다양한 방법과 수단을 동원해서 정책결정가에게 접근하여 그들의 이익을 관철시키려고 하는 것이다.

둘째, 정책결정과정은 역동적인 과정이라는 것이다. 정책결정과정의 참여자들은 어느 한 단계에서만 활동을 하고 멈추는 것이 아니고, 단계를 따라 지속적으로 자기 이익을 위해 노력하는데, 이러한 과정에서 높은 수준의 자원을 가진 참여자의 주장이 관철될 것이다.

셋째, 정책결정과정은 문제해결을 위한 공식적 목표와 수단을 개발하는 과정이다. 정책결정은 차후 실현할 일반적인 목표를 설정하는데, 이러한 일반적인 목표를 달성하기 위해서는 그 하위정책인 대안을 마련해야 하는 것이다.

넷째, 정책결정과정은 행동지향적이라고도 할 수 있다. 정책결정과정은 사회문제를 정책문제로 채택하여 이를 해결하기 위하여 여러 가지 대안을 마련하고, 이의 집행을 통해서 사회에 영향을 미치려는 행동의지가 담겨 있는 것이다.

다섯째, 정책결정과정은 미래지향적이라는 것이다. 정책결정과정에서 현실적으로 직접적인 행동을 취하여 사회에 영향을 미치기보다는 사전에 행동노선을 마련하는 것이므로 항상 불확실성을 내포하게 되는 것이다.

어쨌든, 실업으로 인한 생활보장을 위해, 최적의 대안인 고용보험제도를 산출하는 과정 등이 정책결정과정에 해당된다고 할 수 있다.

2. 모형정의

1) 합리모형

합리모형(rational model)은 다른 정책결정모형들이 이를 비판하거나 현실에 맞게 수정하는 과정에서 나왔기 때문에 대다수 정책결정모형의 원형이라고 할 수 있다. 합리모형은 인간이 이성과 합리성에 입각하여 정책을 결정한다는 이론을 의미하는데, 정책결정가가 문제를 완전히 이해하고, 해결을 위한 모든 대안을 파악하고, 대안선택의 기준이 명확히 존재하며, 자원이 충분하며 합리적으로 최선의 대안을 선택하는 것을 기본전제로 하고 있다.

2) 만족모형

마치와 사이먼(March & Simon, 1958)에 의해 제기된 만족모형(satisficing model)[3]은 인간의 제한된 합리성에 기초하여 최적대안보다는 현실적으로 만족할 만한 대안의 선택에 타당성을 두고 있는 이론이다. 인간의 절대적 합리성보다는 제한된 합리성을 기준으로 삼고 있다는 점이 본 모형의 특징이라고 할 수 있다.

3) 점증모형

린드블룸(Lindblom, 1980)과 윌답스키(Wildavsky, 1966)에 의해 제기된 점증모형(incremental model)은 합리모형을 전적으로 거부하고, 정책의 실현가능성을 중요

3) satisficing은 satisfying과 sufficing의 결합으로, '충분히 만족스러운 수준이다, 그 정도면 충분하다'라는 의미의 합성어이다.

시하는 이론이다. 만족모형이 인간의 보편적인 의사결정에 초점을 맞춘 이론이라면, 이 모형은 정책결정가에 주로 적용되는 이론이다. 린드블룸(Lindblom, 1980)은 정책결정에서 선택되는 대안들은 기존의 정책이나 결정을 점진적으로 개선해 나가는 것이며, 정책결정은 부분적·순차적으로 진행되고, 정책결정과정에서 대안분석의 범위는 크게 제약을 받는다고 보았다. 즉, 본 모형에서는 기존 정책을 고려할 첫 대안으로 기존 정책에 약간의 수정만 가하면 되는 것이다.

4) 혼합모형

에치오니(Etzioni, 1968)에 의해 제기된 혼합모형(mixed model)은 적극적인 의사결정접근법으로서, 합리모형과 점증모형을 혼합·절충한 제3의 모형이다. 이는 합리모형의 이상주의적 성격을 지양하고, 점증모형의 보수성, 즉 반혁신성을 탈피하기 위하여 양자를 변증법적으로 합(syntheses)하려는 것이다. 다시 말해서, 합리모형과 점증모형 양 이론에 대해 비판을 하면서 하나의 적극적인 의사결정접근법으로서 혼합모형을 설명하고 있는 것이다. 그는 상상력이 부족한 정책결정가를 위한 하나의 지침으로서 혼합전략을 제시하고 있는데, 이는 행위자가 확고한 전략이 없는 상황에서 과거의 정책을 근본적으로 재검토해야 하는 위기에 직면했다고 가정하는 것이다.

5) 쓰레기통모형

코헨, 마치, 올슨(Cohen, March & Olsen, 1972)이 제기한 쓰레기통모형(garbage can model)은 '조직화된 무정부 상태(organized anarchies)'를 나타내는 것으로, 이는 정책결정이 어떠한 일정한 규칙에 따라 움직이는 것이 아니라 쓰레기통처럼 뒤죽박죽 움직인다는 것을 나타내고 있는 것이다. 이와 관련하여 본 모형은 불확정적 선호, 불명확한 기술, 그리고 유동적 참여자 등을 전제하고 있다.

불확정적 선호(indefinite preference)는 기존 모형들이 조직 내에서 자신이 어떤 목표를 가지고 정책결정에 참여하는지를 알고 있다고 가정하지만, 실제로는 어떤 목표를 가지고 결정에 참여하는가를 모르는 경우가 많아 자신이 무엇을 선호하는지도 제대로 알지 못한다는 것이다.

불명확한 기술(unclear technology)은 목표와 대안 사이에 존재하는 인과관계가 명확하지 않아 정책결정에 참여하는 결정가가 목표를 명확히 알아도 이를 실행할 구체적인 대안을 잘 모르고 있는 경우가 많다는 것이다.

마지막으로, 유동적 참여자(fluid participant)는 동일한 개인이 시간흐름에 따라 문제의 성격에 근거해서 어떤 경우에는 결정에 참여했다가, 어떤 경우에는 참여하지 않는 상황을 의미하는 것이다.

제 3 절 사회복지정책의 집행과정

1. 개념정의

정책집행과정(policy implementation process)은 정책결정과정을 통해 산출된 정책을 수행하는 것으로, 결정과정을 통해 얻어진 정책 속에 포함되어 있는 수많은 정책산출물들은 집행과정을 거쳐 현실로 표출되어야 원하는 목표를 달성할 수 있고 정책문제를 해결할 수 있는 것이다. 즉, 정책내용은 정책목표와 정책산출물로 이루어지는데, 정책산출물을 실현시키는 것이 정책집행과정이라고 할 수 있는 것이다.

한편, 정책산출물이 실현되더라도 정책목표가 반드시 달성되는 것은 아니다. 정책목표가 달성되는 경우가 있고, 그렇지 않는 경우도 있지만, 어느 경우이든지 정책집행은 이루어진 것으로 보는 것이다. 교도소를 통해 교화를 받은 범죄자가 다시는 범죄를 저지르지 않고 새롭게 태어나기도 하지만, 다시 과거의 범죄를 되풀이하는 경우도 있을 수 있다. 그러나 모든 경우 교도소를 통한 교화라는 정책산출물이 실현되었기 때문에 정책집행은 이루어진 것으로 보는 것이다. 단지 후자의 경우에 있어서 정책집행이 이루어졌음에도 불구하고 정책목표가 달성되지 않은 경우는 정책목표와 산출물 사이에 인과관계가 존재하지 않았거나 정책집행과정상의 잘못으로 정책효과가 나타나지 않은 경우에 해당된다(정정길 · 최종원 · 이시원 · 정준금, 2005: 565-566). 결국, 전자의 경우는 정책집행이 성공한 것이고, 후자의 경우는 정책집행이 실패한 것으로 파악해야 하는 것이다.

어쨌든, 고용보험제도에 근거해서 보험료를 징수하고, 실업자에게 급여를 지급하는 시행과정 등이 정책집행과정에 해당된다고 할 수 있다.

2. 모형정의

1) 엘모어의 정책집행모형

엘모어(Elmore, 1978)는 정책집행모형을 제시했는데, 체제관리모형, 관료과정모형, 조직발전모형, 갈등협상모형 등이 그것이다(〈표 4-2〉 참조).

체제관리모형은 조직을 합리적 가치극대자로 보는 모형으로서, 집행이 성공을 거두기 위한 조건으로서 효율적인 관리통제체제를 강조하며, 집행이 실패하는 요인을 미숙한 관리에서 찾으려는 모형이다.

관료과정모형은 조직의 핵심적인 2개의 속성으로서 재량과 루틴(routine)[4]을 제시한 것으로서, 집행이 성공을 거두기 위해서는 조직루틴을 새로운 정책과 통합시키는 문제가 중요하다고 본다. 따라서 본 모형에서는 관료제가 현재의 조직루틴을 바꾸지 않는 한 집행이 실패한다고 보는 것이다.

조직발전모형은 조직에 있어서 개인의 참여와 책임을 극대화할 수 있는 구조를 지녀야 한다는 것으로서, 집행이 성공을 거두기 위해서는 정책결정가와 집행가

4) 조직루틴이란 의사소통과 권위관계에 의해 서로 연결되어 있는 다양한 행위자들의 반복적이고 안정적인 상호작용유형을 의미하는 것으로, 이는 습관과 반복을 조장함으로써, 새로운 것들을 개발하거나 발견하기보다는 현존하는 실천들을 세부적으로 지향하는 학습을 촉구한다고 할 수 있다.

간에 정책에 관해 합의가 이루어져야 한다고 보는 것이다. 따라서 본 모형에서는 정책에 대한 합의 등이 결여될 때 집행이 실패한다고 보는 것이다.

마지막으로, 갈등협상모형은 조직을 갈등의 장이라 보는 것으로서, 본 모형에서 집행의 성공이나 실패는 상대적 개념이라고 본다. 협상과정에 있어서 각자 위치에 따라 평가가 다를 수 있기 때문이다. 집행의 성공여부에 대한 유일한 객관적 기준이 있다면 그것은 협상과정의 존속여부라는 것이 본 모형의 주장인 것이다 (유훈, 2002: 344-346).

표 4-2 엘모어의 정책집행모형

구분		모형			
		체제관리모형	관료과정모형	조직발전모형	갈등협상모형
사항	모형의 성격	규범적 모형	기술적 모형	규범적 모형	기술적 모형
	조직관	조직은 합리적 가치극대자	조직의 핵심 속성은 재량과 루틴	개인의 참여 극대화가 조직의 속성	조직은 갈등의 장
	성공적 집행의 조건	효율적인 관리통제체제	조직의 새로운 정책통합	정책결정가와 집행가 간의 합의	집행의 성공은 상대적 개념
	집행이 실패하는 요인	미숙한 관리의 결과	정책의 수정에도 불구하고 관료제의 기존 행태를 변경하지 않은 경우	집행가의 정책에 대한 합의 결여	정책의 실패는 상대적 개념
	모형의 단점	규범적 모형으로서 비현실성	집행과정을 개선하기 위한 대안 부재	집행가가 주장하기까지 구체적인 정책 부재	성공 · 실패에 대한 객관적 정의 부재

출처: 유훈(2002: 346)을 근거로 재구성.

2) 매틀랜드의 정책집행모형

매틀랜드(Matland, 1995)는 정책집행모형을 제시했는데, 그는 수없이 많은 집행변수를 정책담당자에게 제시해 주는 것은 도움이 되지 않으며, 특정 상황에서 가장 영향력이 큰 변수를 제시하는 것이 실천적으로 더 나은 처방이 된다고 주장한다. 이에 근거해서 집행상황을 구조화시키기 위해 조직이론과 의사결정론에서 논의되는 갈등(이해당사자들 간의 갈등)과 모호성(정책목표와 정책산출물 사이의 인과관계)의 두 가지 개념을 기초로 집행모형을 제시했는데, 갈등수준과 모호성수준이 낮은 수준이면 관리적 집행형, 갈등수준과 모호성수준이 높은 수준이면 상징적 집행형, 갈등수준이 낮고 모호성수준이 높으면 실험적 집행형, 그리고 갈등수준이 높고 모호성수준이 낮으면 정치적 집행형 등이 그것이다(〈표 4-3〉 참조).

표 4-3 매틀랜드의 정책집행모형

구분		갈등수준	
		낮은 수준	높은 수준
모호성 수준	낮은 수준	관리적 집행형 (administrative implementation model)	정치적 집행형 (political implementation model)
	높은 수준	실험적 집행형 (experimental implementation model)	상징적 집행형 (symbolic implementation model)

출처: Matland(1995)를 근거로 재구성.

제 4 절 사회복지정책의 평가과정

1. 개념정의

정책평가과정(policy evaluation process)은 정책의제형성과정, 정책결정과정, 정책집행과정 다음의 정책과정으로서, 먼저 사전적 의미의 평가에 대해서 살펴보면,

어떤 사물의 수학적 · 금전적 가치를 나타내는 것 또는 어떤 대상의 가치, 질, 양, 중요성, 정도, 상태 등을 판단하는 것이라고 할 수 있다. 이러한 정의에 근거하여 다양한 대상을 선정하여 평가할 수 있는데, 인물평가의 경우 한 인물의 상태와 중요성, 그리고 질적 · 양적 면에서의 업적을 총체적으로 판단하는 것을 의미하며, 다른 관점에서 한 기업체의 자산평가를 논의한다면, 이것은 해당 기업체가 소유하고 있는 재산과 부채를 양적 · 금전적으로 검토 · 감정하는 것을 나타낸다. 이처럼 평가대상은 개인이나 조직의 목적에 따라 다양하게 선정될 수 있는데, 정책도 평가의 대상이 되는 것이다(김형렬, 2002: 573-576).

정책이란 실현하고자 하는 사회를 만들기 위하여 정부가 수행하는 활동들이기 때문에 과연 그 정책이 의미 있는 것인가 하는 정책의 당위성, 정책집행으로 인해 어떠한 결과가 초래되었는가 하는 목표의 성취 정도, 그러한 결과를 가져오는데 더 나은 방법이 있겠는가 하는 정책산출물 등은 정책성격에서 유래되는 기본적인 정책평가의 이슈들이 된다.

이러한 정책평가의 중요성에 근거하여, 정책평가는 몇 가지 전제조건을 충족해야 하는데, 첫째, 정책평가는 정확성이 있어야 한다는 것이다.

정책평가는 그것이 주요 내용으로 하고 있는 정책의 합리성, 정책이 목표하는 의도의 달성도, 국민의 만족도 등을 정확히 평가할 수 있어야 한다. 이를 위해서는 평가의 기준과 방법을 명백히 설정해야 한다.

둘째, 정책평가는 객관성이 있어야 한다는 것이다.

정책에 대한 평가는 과학적이고 체계적인 방법에 근거하지 않을 시에 평가하는 사람의 의도에 따라 서로 다른 결과를 낳게 된다. 특히, 정책평가의 객관성을 저해하는 가장 중요한 요인 중의 하나는 정책평가에 대한 정치적 영향력이라고 할 수 있다. 평가가 정치적 판단과 결부될 때, 정책과 그 결과에 대한 평가는 전혀 다르게 되는 것이다.

셋째, 정책평가는 연속성이 있어야 한다는 것이다.

정책평가는 정책의 수립과 집행에 있어서도 계속적으로 이어지는 과정이다. 뿐만 아니라 정책평가의 보다 중요한 의의는 단순히 당해 정책의 사후적 평가에 있는 것이 아니라 보다 발전된 정책평가를 통하여 얻은 정보를 근거로 보다 나은 정책결정과 집행을 기하는 데 도움이 되게 하는 것이다. 따라서 정책평가는 한 번에 끝나서는 안 되며, 다음 정책과 관련하여 연속적인 것이 되어야 한다(조선일, 1995: 426-427).

어쨌든, 집행된 고용보험제도를 긍정적 또는 부정적으로 평가하는 것이 정책평가과정에 해당된다고 할 수 있다. 한편, 이를 근거로 정책의제형성과정으로 환류시키는 과정이 진행된다.

2. 모형정의

1) 평가시기모형

평가시기모형은 사전평가, 과정평가, 그리고 사후평가로 대별된다.

사전평가는 정책을 실행하기 전에 수행하는 평가로서 정책의 개념적합성, 실현가능성, 재정적 지원 등을 평가하기 위한 것이다.

과정평가는 정책을 집행하는 과정에서 이루어지는 평가로서, 기존의 정책목표가 제대로 달성될 수 있도록 실행이 되고 있는지, 단계별·과정별 전략과 하위목표가 적절하게 진행되고 있는지 등을 판단하는 과정이다.

마지막으로, 사후평가는 정책집행 후에 당초 목표로 하였던 결과 및 영향을 평가하는 것으로, 이에 따라 정책을 유지, 수정, 그리고 종결하는 데 영향을 미치기도 한다(현외성, 2005: 358-359).

2) 평가주체모형

평가주체모형은 자체평가, 내부평가, 그리고 외부평가로 대별된다.

자체평가는 정책담당자가 직접 자신들의 활동 전반에 대해 실시하는 평가로서,

정책에 대해 많은 정보를 가지고 있으나 정책실패에 대해 책임을 회피할 가능성이 있다.

내부평가는 기관 내부의 책임자나 동료에 의해 실시되는 평가로서 이 또한 객관성에 한계가 나타날 수 있다.

마지막으로, 외부평가는 외부의 평가자에 의해서 이루어지는 평가로서 언급한 평가들에 비해서 공정성과 일관성의 유지가 가능하지만 정책에 관한 정보 획득에는 한계가 있을 수 있다(김학만 · 김경우 · 이용환 · 전석범, 2005: 140-141).

제2부 사회복지정책의 각론

제5장

공공부조정책 – 국민기초생활보장제도

공공부조정책(public assistance policy)은 생활유지능력이 없는 복지기본선 이하의 저소득층 등 선별층에게 보험료 납부를 전제하지 않고, 현금급여 또는 현물급여 등을 제공하여 최저생활을 보장하고 자립을 지원하는 정책을 의미한다. 원래는 '공적부조'로 명명했으나, 1995년 제정된 「사회보장기본법」에 따라 '공공부조'로 변경되었다.

한편, 우리나라에서 공공부조정책의 대표적인 제도는 국민기초생활보장제도라고 할 수 있다. 국민기초생활보장제도의 추진체계는 중앙정부인 보건복지부가 지방자치단체에 지원 및 지시하는 체계이다.

제 1 절 개념

국민기초생활보장제도(national basic livelihood security system)는 국민의 최저 생활을 보장해 주는 공공부조정책이다.

기본적으로 본 제도의 대두배경은 1997년 말 IMF 외환위기라고 할 수 있다. 1997년 말에 닥쳐온 외환위기로 인해 대량실업이 증가하였고, 경제적 빈곤을 비관하여 자살이 늘었으며, 이혼이 증가하는 등 가족해체와 같은 사회적 문제가 대두되었다. 일 하기를 원하지만 일자리가 없는 경제적·사회적 시스템 속에서 중산계층의 붕괴와 빈곤계층의 증가로 인한 사회적 안전망의 상실은 노인이나 장애인 등과 같은 근로능력이 없는 자에게만 최저생계를 보장하는 기존의 생활보호제도로는 증가하고 있는 사회적 문제를 포용하기에는 한계가 있었다. 이에 따라 근로능력과 관계없이 최저생계비 이하의 저소득층의 기초생활을 국가가 보장할 필요성이 대두된 것이다.

이에 근거해서, 만들어진 것이 「국민기초생활보장법」이다. 이는 1999년 9월 7일 제정되었고 2000년 10월 1일부터 시행되었는데, 이에 근거한 공공부조정책이 국민기초생활보장제도인 것이다.

본 제도는 크게 다음과 같은 특징을 갖는다.

첫째, 보험료 납부 등의 기여를 전제하지 않고, 정부가 일반조세를 통해 그 재원으로 비용을 부담하는 것이다.

둘째, 자산조사를 통해 지원대상을 엄격하게 선정하는 제도로서, 조사를 통해 그 대상이 변경될 수 있다는 것이다.

셋째, 빈곤층의 모든 자구적 노력을 전제로 빈곤층이 호소할 수 있는 최후의 사회안전망이라는 것이다.

제 2 절 비교

국민기초생활보장제도는 생활보호제도(livelihood protection system, 「생활보호법」· 1961년 12월 30일 제정 · 공포)에서 정책승계되었다는 점에서, 이들을 비교하는 것은 의미가 있다.

먼저, 복지이념에 있어서 생활보호제도는 정부에 의한 보호적 성격을 갖는 시혜적 복지인 반면, 국민기초생활보장제도는 정부에 의한 보장적 성격을 지닌 저소득층의 권리적 복지라고 할 수 있다.

수급자 구분에 있어서, 전자가 인구학적 기준에 의한 대상자 구분, 즉 근로능력 유무에 따른 자활보호대상자와 거택보호대상자로 구분하여 거택보호대상자에게 초점을 맞췄던 반면, 후자는 원칙적으로 수급자 구분을 폐지하여 근로능력과 상관없이 최저생계비에 미달하는 저소득층에게 금전적 급여를 제공하고 있다.

수급자선정요건에 있어서, 전자는 보건복지부장관이 정하는 소득과 재산기준 이하인 자에게 급여를 지급한 반면, 후자는 소득과 재산의 소득환산액을 합한 금액이 최저생계비 이하인 자로 하였다는 점에서, 상대적으로 지원대상을 확대하였다.

급여유형에 있어서, 전자가 생계보호, 교육보호, 해산보호, 장제보호, 자활보호, 의료보호 등인 반면, 후자는 주거급여를 신설하여 확대되었다.

자활지원계획에 있어서, 전자는 부재한 반면, 후자는 지원계획을 신설하여 상대적으로 체계적인 자활을 지원하고 있다.

한편, 중앙정부와 지방자치단체 재정분담에 있어서, 전자는 재정분담비율을 일률적으로 적용했던 반면, 후자는 지방자치단체의 재정자립도 및 수급자 분포 등을 고려하여 차등적으로 적용하게 된다.

그리고 중앙생활보장위원회 기능변화에 있어서, 전자는 심의기능만을 시행한 반면, 후자는 심의기능뿐만 아니라 의결기능까지 갖춘 기구로 강화하여, 상대적으로 보장적 기능을 강화하였다.

결론적으로, 생활보호제도는 근로능력이 없는 저소득층에게 초점을 맞춘 보호적 시혜복지인 반면, 상대적으로 국민기초생활보장제도는 근로능력 유무와 상관없이 지원하는 보장적 권리복지라고 할 수 있는 것이다(〈표 5–1〉 참조).

표 5-1 생활보호제도와 국민기초생활보장제도의 비교

생활보호제도	비교기준	국민기초생활보장제도
시혜적 복지	복지이념	권리적 복지
근로능력 유무에 따른 자활보호대상자와 거택보호대상자로 구분	수급자 구분	원칙적으로 근로능력 유무에 따른 수급자 구분 폐지
보건복지부장관이 정하는 소득과 재산기준 이하인 자	수급자 선정요건	소득과 재산의 소득환산액을 합한 금액이 최저생계비 이하인 자
생계보호, 교육보호, 해산보호, 장제보호, 자활보호, 의료보호 등	급여유형	생계급여, 교육급여, 해산급여, 장제급여, 자활급여, 의료급여, 주거급여 등
자활지원계획 부재	자활지원계획	자활지원계획 신설
일률적 적용	중앙정부와 지방자치단체 재정분담	차등적 적용
심의기능	중앙생활보장위원회 기능	심의기능 및 의결기능

출처: 기존의 여러 자료를 근거로 재구성.

제 3 절 절차

일반적으로, 국민기초생활보장제도의 절차는 급여신청, 조사, 급여결정, 급여실시, 확인조사, 보장중지 등 6단계로 구성된다.

1단계	➡	2단계	➡	3단계	➡	4단계	➡	5단계	➡	6단계
급여신청		조사		급여결정		급여실시		확인조사		보장중지

그림 5-1 국민기초생활보장제도의 절차도

1. 1단계: 급여신청

급여신청은 저소득층이 최저생계비 보전을 위해 행정관서에 급여를 신청하는 것이다. 이는 거주지 읍면동 사무소에 수급권자 본인, 친족 및 기타 관계인이 신청하거나 사회복지전담공무원이 직권으로 신청할 수 있다. 민간사회복지사 등도 저소득층에 대한 보장의뢰가 가능하다. 구비서류는 급여신청서, 금융정보 등 제공동의서, 임대차계약서 등이다.

2. 2단계: 조사

조사는 자산조사를 통해 보장가구 및 부양의무자 범위를 확정하는 것이다. 소득 재산신고자료 및 사회복지통합관리망 등을 통해 공적자료 확인, 금융재산 조회 등을 실시한다. 그리고 근로능력판정절차에 따라 가구특성, 장애유무, 진단서 등을 통해 대상자의 근로능력도 판정하게 된다.

3. 3단계: 급여결정

급여결정은 조사결과에 근거하여 급여실시 여부와 급여내용 결정을 하는 것이다. 결정된 사항은 전자우편, SMS, 서면 등을 통해 통지하게 되고, 결정내용에 이의가 있는 경우 통지를 받은 날로부터 90일 이내에 이의신청을 할 수 있다.

4. 4단계: 급여실시

급여실시는 수급자로 선정된 가구 또는 개인에 대하여 결정된 급여를 제공하는 것이다. 전술한 바와 같이, 급여의 종류는 생계급여, 교육급여, 해산급여, 장제급여, 자활급여, 의료급여, 주거급여 등이다.

5. 5단계: 확인조사

확인조사는 공적자료 변동사항을 사회복지통합관리망 등을 통해 주기적으로 조사하는 것이다. 확인조사 결과에 따라 변동사항이 있는 경우, 급여변경, 급여중지 등의 결정을 하게 된다.

6. 6단계: 보장중지

보장중지는 확인조사 결과 부양의무자 및 소득 재산상의 변동으로 인해 선정기준을 초과하는 경우 급여를 중지하는 것이다. 일부 부정수급자 등에 대해서는 보장비용징수기준에 의거하여 보장비용을 징수할 수 있다.

제 4 절 급여

1. 원칙

국민기초생활보장제도의 급여원칙을 다양하게 제시할 수 있지만 여기에서는 일정부분 의견이 일치된 사항을 중심으로 기술하고자 한다(보건복지부, 2014).

1) 최저생활보장의 원칙

최저생활보장의 원칙은 생활이 어려운 클라이언트에게 생계, 교육, 해산, 장제, 자활, 의료, 주거 등 필요한 급여를 제공하여 이들의 최저생활을 보장하는 원칙이다.

2) 보충급여의 원칙

보충급여의 원칙은 급여수준을 수급자의 생계·교육 등 급여액과 소득·재산 등 소득인정액을 포함한 총금액이 최저생계비 이상이 되도록 지원하여야 한다는 원칙이다.

3) 자립지원의 원칙

자립지원의 원칙은 근로능력이 있는 수급자에게 자활사업에 참여할 것을 조건으로 급여를 지급하는 원칙이다. 즉, 수급자별로 자활지원계획을 수립하고 자활사업에 참여하도록 조건을 부여하는 것이다. 한편, 조건불이행자에게는 생계급여 일부 또는 전부를 지급하지 않게 된다.

4) 개별성의 원칙

개별성의 원칙은 급여수준을 정함에 있어서 수급자의 개별적 특수상황을 반영해야 한다는 원칙이다. 이를 위해 수급자 및 부양의무자의 소득·재산, 수급자의 근로능력·취업상태·자활요구 등 자활지원계획수립에 필요한 사항 등을 조사하여야 한다.

5) 가족부양 우선의 원칙

가족부양 우선의 원칙은 급여신청자가 부양의무자로부터 부양될 수 있으면 기초생활보장급여에 우선하여 부양의무자의 보호가 먼저 행해져야 한다는 원칙이다. 즉, 수급자에게 부양능력을 가진 부양의무자가 있음이 확인된 경우에는 부양의무자로부터 보장비용을 징수할 수 있다는 것이다. 이는 제도적 복지의 성격보다는 잔여적 복지의 성격을 강조하는 원칙이기도 하다.

6) 타 급여 우선의 원칙

타 급여 우선의 원칙은 급여신청자가 다른 법령에 따라 보호를 받을 수 있는 경우에는 기초생활보장급여에 우선하여 다른 법령에 따른 보호가 먼저 이루어져야 한다는 원칙이다. 이는 중복수혜 방지를 강조하는 원칙이기도 하다.

7) 보편성의 원칙

보편성의 원칙은 「국민기초생활보장법」에 규정된 요건을 충족시키는 국민에 대해서는 성별, 직업, 연령, 교육수준, 소득원 등의 이유로 수급권을 박탈하지 않는다는 원칙이다.

2. 유형

급여를 「국민기초생활보장법」에 규정된 유형으로 조명하면 다음과 같다.

1) 생계급여

생계급여는 수급자에게 일상생활에 기본적으로 필요한 현금을 지급하여 그 생계를 유지하게 하는 것으로서, 일반생계급여, 긴급생계급여, 시설수급자생계급여, 그리고 조건부생계급여 등이 있다.

(1) 일반생계급여

일반생계급여는 일반수급자에게 의복 · 음식물 및 연료비, 기타 일상생활에 기본적으로 필요한 금품을 지급하는 것으로서, 급여는 현금지급을 원칙으로 한다. 급여는 수급자가 시 · 군 · 구청장에게 신청하고, 신청한 계좌에 시 · 군 · 구청장이 사회복지통합관리망을 통하여 직접 입금 조치한다.

(2) 긴급생계급여

긴급생계급여는 수급자로 결정되기 이전에 긴급히 생계급여를 제공해야 할 필요가 있는 경우 시 · 군 · 구청장의 직권에 의해 실시하는 것이다.

긴급급여 대상으로는 주 소득원의 사망 · 질병 · 부상 · 사고 · 부도 · 파산 등으로 갑자기 생계유지가 어려운 경우, 부모의 가출 · 행방불명 등으로 인해 갑자기 생계유지가 어려운 경우, 천재지변이나 화재 등으로 인해 재산 · 소득상의 손실이 발생하여 갑자기 생계유지가 어려운 경우, 노숙 등 거주지 외의 지역에서 거주하고 있으나 소득이 없어 생계유지가 어려운 경우 등이다.

급여는 거주지에서 신청한 경우 관할 시 · 군 · 구청장이 실시하고, 거주지 외의 지역에서 신청한 경우 실제 거주지역을 관할하는 시 · 군 · 구청장이 제공하게 된다.

(3) 시설수급자생계급여

시설수급자생계급여는 보호시설에 거주하는 수급자에게 주식비, 부식비, 연료비, 피복비 등을 그 보호시설에 현금으로 지급하는 급여를 의미한다.

(4) 조건부생계급여

조건부생계급여는 18세 이상 65세 미만의 수급자로서 근로능력이 있는데 생계가 어려워 일단 조건부 수급자로 결정하여, 이들에게 자활지원계획에 따라 자활사업에 참가할 것을 조건으로 지급하는 급여를 말한다. 자활사업에 참여하지 않으면 통보하게 되며 일정기간이 경과해서도 참여를 하지 않으면 조건충족이 안되므로 급여가 중지된다. 자활사업에 참여할 여건이 되지 않을 경우 주민센터 등에 증빙서류를 제출하면 일정기간 유예하는 것도 가능하다.

2) 교육급여

교육급여는 수급자에 대해 적절한 교육기회를 제공하여 자립능력을 배양함과 동시에 빈곤의 세대전승을 차단하기 위해서, 이들에게 학비, 교과서대, 부교재비, 학용품비 등을 제공하는 것이다.

교육급여 대상으로는 「초 · 중등교육법」에 따른 초등학교 · 공민학교, 중학교 · 고등공민학교, 고등학교 · 고등기술학교, 특수학교, 각종학교 등에 입학 또는 재학하는 저소득층 등이다.

한편, 학비의 신청은 학교장이 시 · 군 · 구청장에게 직접 신청하고, 신입생의 경우는 시 · 군 · 구청장이 수급자의 입학학교를 신속히 파악하여 학교장에게 통보하여야 한다.

3) 해산급여

해산급여는 수급자에게 조산 또는 분만 전후에 있어서 필요한 조치와 보호를 하는 것으로서, 현금지급을 원칙으로 한다. 급여의 신청은 수급자가 해산급여 지원 신청서를 시 · 군 · 구청장에게 제출하고, 사산의 경우, 의사 · 한의사 또는 조산사의 사실확인서나 사산의 사실을 증명할 수 있는 이웃주민의 확인서를 첨부하여 신청할 수 있다.

4) 장제급여

장제급여는 수급자가 사망한 경우 사체의 검안 · 운반 · 화장 또는 매장 등을 행하는 데 필요한 현금을 지급하는 것이다. 급여의 신청은 장제급여지급신청서를 거주지 관할 시 · 군 · 구청장에게 제출하여야 하고, 장제급여는 실제로 장제를 실시하는 사람에게 지급하는 것을 원칙으로 한다.

5) 자활급여

자활급여는 수급자의 자활을 돕기 위하여 현금 및 현물을 제공하는 것으로서, 자활에 필요한 현금의 지급 또는 대여, 자활에 필요한 근로능력의 향상 및 기능습득 지원, 취업알선 등 정보의 제공, 자활을 위한 근로기회의 제공, 자활에 필요한 시설 및 장비의 대여, 창업교육·기능훈련 및 기술·경영지도 등 창업지원, 그리고 자활에 필요한 자산형성 지원 등이 있다.

6) 의료급여

의료급여는 수급권자의 질병·부상·출산 등에 대한 진찰·검사, 약제·치료재료의 지급, 처치·수술 등을 제공함으로써 의료목적을 달성하기 위한 것이다. 기본적으로, 의료급여는 생활유지 능력이 없거나 생활이 어려운 저소득층의 의료문제를 국가가 보장하는 공공부조정책인 반면, 건강보험은 일상생활에서 사고, 사망 등으로 인해 일시에 높은 수준으로 발생하는 가계지출을 보험을 통해 분산시킴으로써 생활안정을 도모하는 사회보험정책이라고 할 수 있다.

의료급여는 1종과 2종으로 대별되는데, 대상범위에 있어서 1종은 근로무능력자인 국민기초생활보장제도 수급자, 국가유공자, 북한이탈주민, 이재민, 의사상사, 입양아동, 무형문화재 보유자 등인 반면, 2종은 근로능력자인 국민기초생활보장제도 수급자 등이다.

혜택수준에 있어서, 전자는 입원 시 급여항목 진료비 전액과 외래진료 시 본인일부 부담금을 제외한 급여항목 진료비 전액 등의 혜택을 제공받고 있는 반면, 2종은 입원 시 급여항목 진료비 90% 지원, 외래진료 시 본인부담금을 제외한 급여항목 진료비 85% 지원 등의 혜택을 지원받고 있다(〈표 5-2〉 참조).

표 5-2 의료급여의 유형 비교

1종	비교기준	2종
국민기초생활보장제도 수급권자(근로 무능력자), 국가유공자, 북한이탈주민, 이재민, 의사상자, 입양아동(18세 미만), 무형문화재 보유자 등	대상범위	국민기초생활보장제도 수급권자 (근로능력자) 등
입원 시 급여항목 진료비 전액, 외래진료 시 본인일부 부담금을 제외한 급여항목 진료비 전액 등	혜택수준	입원 시 급여항목 진료비 90% 지원, 외래진료 시 본인부담금을 제외한 급여항목 진료비 85% 지원 등

출처: 법제처〈http://www.moleg.go.kr〉를 근거로 재구성.

한편, 1·2종에 있어서 선정기준은 모두 최저생계비 이하이어야 하며, 부양의무자 기준을 충족하여야 한다.

7) 주거급여

주거급여는 수급자에게 주거안정에 필요한 주거비, 집수리서비스 등을 제공하는 것으로서, 최저생계비 중 최저주거비를 분리하여 주거급여로 지급하고 있다. 기본적으로, 주거급여는 현금급여와 현물급여로 대별되는데, 전자의 경우 집수리서비스 등 현물급여에 해당하는 금액을 차감한 나머지를 현금급여로 지급하고 있고, 후자의 경우 자가가구 등 집수리서비스의 혜택을 받는 것이 원칙이다.

한편, 급여신청과 지급방법은 생계급여와 동일하다.

지금까지 고찰한 7가지 급여유형을 간략히 비교해 보면 〈표 5-3〉과 같다.

표 5-3 국민기초생활보장제도 급여유형의 행태와 주요 내용

구분	원칙적 행태	주요 내용
생계급여	현금	생계비
교육급여	현금	학비(입학금 · 수업료), 교과서대, 부교재비, 학용품비
해산급여	현금	출산보조비
장제급여	현금	장례보조비
자활급여	현금	자활근로비
	현물	취업지원서비스(직업훈련, 취업알선)
의료급여	현물	의료서비스
주거급여	현금	주거비
	현물	집수리서비스

출처: 김경우 · 양승일 · 강복화(2008: 142-143)를 근거로 재구성.

제6장 사회보험정책

사회보험정책(social insurance policy)은 일반국민 등 보편층에게 보험료 납부를 전제하는 조건으로, 노령, 질병, 실업, 사망 등에 직면했을 때, 현금급여 또는 현물급여를 제공하여 보호하기 위한 정책이다. 전술한 공공부조정책인 국민기초생활보장제도가 보험료를 수납하지 않고 급여를 제공한다는 점에서, 본 사회보험정책과는 차이를 보인다.

한편, 우리나라에서 대표적인 사회보험정책은 산재보험제도, 국민건강보험제도, 국민연금제도, 고용보험제도, 그리고 노인장기요양보험제도 등이다.

제 1 절 산재보험제도

1. 정의

1) 개념

산재보험제도(industrial accident compensation insurance system)는 산업재해 근로자를 보호하기 위해 1964년부터 시행된 우리나라 최초의 사회보험정책이다.

산업재해로부터 근로자를 보호하기 위해서는 산업재해 자체를 예방하는 것이 가장 바람직하지만, 이미 발생한 산업재해로 부상 또는 사망한 경우는 피해를 입은 근로자나 가족을 보호 또는 보상해 주는 본 제도가 높은 수준으로 중요한 의미를 갖는다고 할 수 있다. 본 제도는 피해근로자와 그 가족의 생활을 보장하기 위해 국가가 책임지는 의무보험으로서, 국가가 사용자에게서 소정의 보험료를 징수하고, 그 재원으로 사용자를 대신하여 피해근로자에게 급여를 제공하는 사회보장적 제도인 것이다.

본 제도의 중요한 원칙은 다음과 같다. 첫째, 보험사업에 소요되는 재원인 보험료는 원칙적으로 사용자가 전액부담하는 전액부담의 원칙, 둘째, 산재를 예방하고 보상해주기 위해 보험료 납부가 의무화되는 강제성의 원칙, 셋째, 산재보험제도의 급여는 재해발생에 따른 손해 전체를 보상하는 것이 아니라 평균임금을 기초로 하는 정률보상의 원칙, 넷째, 실제 근로하는 근로자에 비례하여 숨기지 않고 자진하여 보험료를 납부하는 자진납부의 원칙, 다섯째, 재해보상과 관련된 이의신청을 신속히 진행하기 위해 심사 및 재심사청구제도를 운영하는 청구제도의 원칙 등이 그것이다(네이버지식백과〈http://terms.naver.com〉).

2) 추진경과

산재보험제도의 추진경과를 살펴보면, 1963년 11월에 「산업재해보상보험법」이 제정되어, 법적 근거가 마련되었다. 이후 광업과 제조업에만 적용되는 상시근로자 500인 이상 규모의 사업장에 최초로 산재보험제도가 시행되었고, 모든 보험급여에 임금변동순응률제를 적용하였으며, 장애등급 4~7급 해당자에 한해서 연금선택권을 부여하게 된다.

그리고 재해근로자의 자녀에 대한 장학사업제도를 도입하였고, 산재업무를 근로복지공단에 위탁하였으며, 심사청구제도를 신설하기에 이른다. 또한 현장실습생 및 해외파견자에 대한 「산재보험법」을 적용하는 등의 과정을 거쳐 2000년 7월부터 제도적용대상이 상시근로자 1인 이상 전체 사업장으로 확대되었다.

산재보험사각지대가 존재하기는 하지만, 형식적으로나마 모든 근로자가 제도의 혜택을 받는 상황에 놓이게 된 것이다(〈표 6-1〉 참조).

표 6-1 산재보험제도의 추진경과

일자	주요 내용
1963.11	「산업재해보상보험법」 제정
1964.07	상시근로자 500인 이상 규모의 사업장에 최초 시행(광업과 제조업에만 적용)
1977.12	모든 급여에 임금변동순응률제 적용
1982.01	장애등급 4~7급 해당자에 한해 연금 선택권 부여
1986.07	재해근로자의 자녀에 대한 장학사업제도 도입
1995.07	산재업무를 근로복지공단에 위탁, 심사청구제도 신설
1998.01	현장실습생·해외파견자에 대한 「산재보험법」 적용
2000.07	상시근로자 1인 이상 전체 사업장으로 확대 시행

출처: 기존의 여러 자료를 근거로 구성.

3) 정책방식

산재보험제도는 일정한 정책방식을 지향하고 있는데, 공영방식, 민영방식, 혼합방식이 그것이다.

(1) 공영방식

공영방식은 정부, 준정부기관 등 공공부문에서 운영하는 방식으로서, 독일, 일본, 프랑스 등이 여기에 해당된다.

(2) 민영방식

민영방식은 사적규정에 의해 민간보험회사에서 경영하는 방식으로서, 콜롬비아, 페루, 아르헨티나 등이 해당된다.

(3) 혼합방식

혼합방식은 정부지정방식에 기초해서 민간보험회사가 관리하는 방식으로서, 스위스, 벨기에, 포르투갈 등이 해당된다.

이들을 간략히 비교하면 〈표 6－2〉와 같은데, 우리나라는 공영방식에 근접한다고 할 수 있다.

표 6-2 국가별 산재보험제도의 정책방식(2018년 12월 현재)

방식	국가
공영방식	한국, 미국(오하이오주 등), 독일, 일본, 프랑스, 영국, 중국, 멕시코, 캐나다, 러시아, 폴란드, 체코 등
민영방식	미국(애리조나주 등), 콜롬비아, 페루, 아르헨티나, 노르웨이, 덴마크, 핀란드, 싱가포르, 오스트리아, 에스토니아, 모로코 등
혼합방식	미국(앨라배마주 등), 스위스, 벨기에, 포르투갈, 네덜란드, 호주 등

출처: 보험개발원(2009: 8)을 근거로 재구성.

2. 추진체계

산재보험제도의 추진체계를 살펴보면, 그 정점은 고용노동부가 된다. 즉, 전반적인 정책결정은 고용노동부가 담당하게 되는 것이다.

이를 축으로, 추진체계는 정책집행자, 보험가입자, 수급권자로 대별되는데, 정책집행자는 정책결정자의 지침을 받는 근로복지공단 등이 되고, 보험가입자는 사업주인 사용자 등이 되며, 수급권자는 재해근로자, 유족 등이 된다.

이들은 일정한 상호작용을 하게 되는데, 정책집행자와 보험가입자 간에는 보험료 납부와 산재예방교육 등의 관계를 형성하게 되고, 정책집행자와 수급권자 간에는 급여청구와 급여지급 등을 하게 되며, 보험가입자와 수급권자 간에는 산재안전 보장과 노동력 제공 등을 시행하게 된다([그림 6－1] 참조).

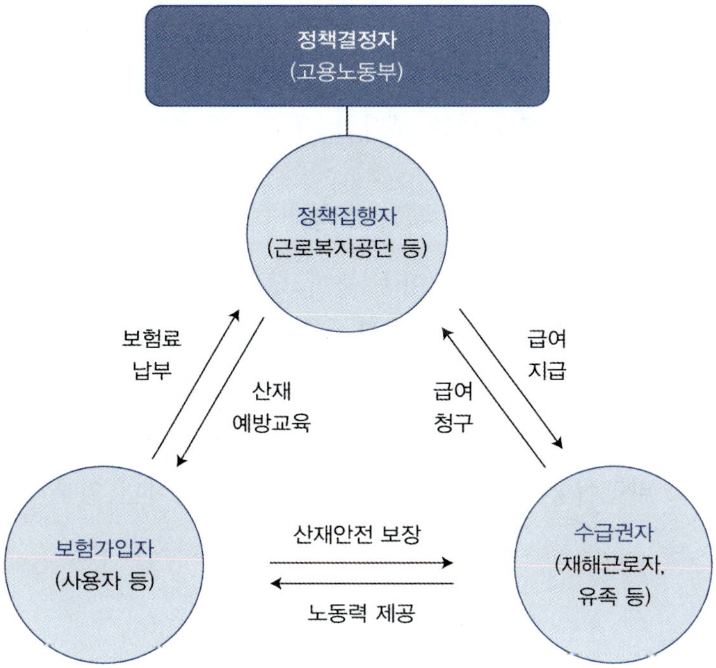

출처: 김경우 · 양승일 · 강복화(2008: 160)를 근거로 재구성.

그림 6-1 산재보험제도의 추진체계도

3. 급여유형

산재보험제도의 급여유형에는 요양급여, 휴업급여, 장해급여, 간병급여, 유족급여, 상병(傷病)보상연금, 장례비, 그리고 직업재활급여 등이 있다(법제처〈http://www.moleg.go.kr〉).

1) 요양급여

요양급여는 근로자가 업무상의 이유로 부상을 당하거나 질병에 걸린 경우에 그 근로자에게 지급하는 치료비성격의 급여이다.

본 급여는 근로복지공단이 설치 또는 지정한 의료기관에서 요양을 하고 비용을 의료기관에 직접 지급하는 것을 원칙으로 하고 있지만, 부득이한 사유로 인해 근로자가 요양을 먼저 하고 진료비를 부담한 경우 이들에게 직접 비용을 지급하는 것이다.

한편, 요양급여의 범위는 진찰 · 검사, 약제 · 진료재료 · 보조기의 지급, 처치 · 수술, 재활치료, 입원, 간호 · 간병, 이송 등이고, 부상 또는 질병이 3일 이내의 요양으로 치유될 수 있으면 급여를 지급하지 않는다.

아울러 산재로 승인이 난 경우, 산재근로자들은 본인 부담비가 일부 존재하는 것이 일반적이다. 즉, 건강보험에서 비급여항목 등 환자부담분이 있는 것처럼 산재보험제도에도 비급여항목이 있어 요양급여는 전액이 아닌 일부가 지급되는 것이 특징이다.

2) 휴업급여

휴업급여는 업무상의 재해로 요양하는 기간 동안 요양으로 말미암아 취업하지 못한 기간에 대해서 지급하는 급여이다.

본 급여는 원칙적으로 업무상 사유로 부상을 당하거나 질병에 걸린 근로자에게 요양으로 취업하지 못한 기간에 대하여 지급하되, 1일당 지급액은 평균임금[1]의 100분의 70에 상당하는 금액으로 한다. 다만, 취업하지 못한 기간이 3일 이내이면 급여를 지급하지 않는다.

3) 장해급여

장해급여는 근로자가 업무상 부상 또는 질병에 걸려서 치유되었으나 신체에 장해가 남게 되는 경우 그 장해의 정도에 따라서 지급하는 급여이다.

---

1) 여기서 평균임금이란, 산정사유가 발생한 날(사고의 경우 재해발생일, 질병의 경우 최초 진단일을 의미) 이전 3개월 동안에 그 근로자에게 지급된 임금의 총액을 그 기간의 일수로 나눈 금액을 말한다.

본 급여는 수급자의 선택에 따라 장해보상연금 또는 장해보상일시금으로 지급할 수 있는데, 노동력을 완전히 상실한 장해등급의 근로자에게는 장해보상연금을 지급하고, 장해급여 청구사유 발생 당시 대한민국 국민이 아닌 자로서 외국에서 거주하고 있는 근로자에게는 장해보상일시금을 지급하는 것이 원칙이다.

한편, 장해보상연금은 수급권자가 신청하면 그 연금의 최초 1년분 또는 2년분의 2분의 1에 상당하는 금액을 미리 지급할 수 있다.

4) 간병급여

간병급여는 산재치료 종결 이후 의학적으로 상시 또는 수시로 간병이 필요하여 실제로 간병을 받는 자에게 지급하는 급여이다.

본 급여의 지급기준은 고용노동부장관이 작성하는 고용행태별근로실태조사의 직종별 월급여총액 등을 근거로 하여 장관이 고시하는 금액으로 한다. 이 경우 수시간병급여의 대상자에게 지급할 급여의 액수는 상시간병급여의 지급대상자에게 지급할 금액의 3분의 2에 해당하는 금액으로 하는 것이 원칙이다.

한편, 간병급여의 대상자가 무료요양소 등에 들어가 간병비용을 지출하지 않았거나, 지급기준보다 낮은 금액을 지출한 경우에는 실제 지출한 금액으로 지급하게 된다.

5) 유족급여

유족급여는 근로자가 업무상 사유로 사망 시 또는 사망으로 추정되는 경우 그 근로자와 생계를 같이 하고 있던 유족들의 생활보장을 위해 지급되는 급여이다.

본 급여는 유족보상연금이나 유족보상일시금으로 지급할 수 있는데, 유족보상연금을 받을 수 있는 자격이 있는 유족이 원하면 유족보상일시금의 100분의 50에 상당하는 금액을 일시금으로 지급하고 유족보상연금은 100분의 50을 감액하여 지급하게 된다.

한편, 유족보상연금을 받을 수 있는 자격은 근로자가 사망할 당시 그 근로자와 생계를 같이 하고 있던 유족 중 배우자, 부모 또는 조부모로서 각각 60세 이상인 자, 자녀 또는 손자녀로서 각각 25세 미만인 자, 형제자매로서 19세 미만이거나 60세 이상인 자 등이다.

6) 상병(傷病)보상연금

상병보상급여는 요양 개시 후 2년이 경과하여도 치유되지 아니하고 요양이 장기화됨에 따라 해당 피해근로자와 그 가족의 생활안정을 도모하기 위하여 휴업급여 대신에 보상수준을 향상시켜 지급하는 급여이다.

기본적으로, 그 부상이나 질병이 치유되지 않은 경우, 그 부상이나 질병에 따른 폐질의 정도가 폐질등급기준에 해당하는 경우, 요양으로 인하여 취업하지 못하는 경우 등 3가지 경우에 모두 해당되어야 상병보상연금의 대상이 된다.

7) 장례비

장례비는 산재로 인해 근로자가 사망한 경우에 지급하는 장제(葬祭) 관련 급여이다.

장례비는 근로자가 업무상의 이유로 사망한 경우에 지급하되, 평균임금의 120일분에 상당하는 금액을 그 장제를 지낸 유족에게 지급한다. 다만, 장제를 지낼 유족이 없거나 그 밖에 부득이한 사유로 유족이 아닌 자가 장제를 지낸 경우에는 평균임금의 120일분에 상당하는 금액의 범위에서 실제 소요된 비용을 실질적으로 장제를 지낸 사람에게 지급한다.

한편, 장례비가 고용노동부장관이 고시하는 최고금액을 초과하거나 최저금액에 미달하면 그 최고금액 또는 최저금액을 각각 장례비로 지급하게 된다.

8) 직업재활급여

직업재활급여는 업무상 재해가 발생한 후 사업장에 복귀한 산재근로자에 대해서 사용자가 고용을 유지하거나 재활운동 등을 실시하는 경우, 근로복지공단이 지급하는 급여이다.

본 급여에는 장해급여를 받은 근로자나 장해급여를 받을 것이 명백한 자가 취업을 위해 직업훈련에 소요되는 비용 및 직업훈련수당이 있다. 그리고 업무상 재해가 발생할 당시의 사업장에 복귀한 산재근로자에 대해 사용자가 고용을 유지하거나, 직장적응 관련 훈련을 하며, 재활운동을 실시하는 경우에 각각 지급하는 직장복귀지원금, 직장적응훈련비, 재활운동비가 있다.

4. 외국사례

우리나라의 산재보험제도를 좀 더 명확히 이해하기 위해 우리나라와 같은 공영방식인 독일, 일본, 프랑스의 제도현황 등을 간략히 살펴보면 다음과 같다(근로복지공단〈http://www.kcomwel.or.kr〉).

1) 독일의 산재보험제도

독일은 1884년에 세계 최초로 산재보험제도를 도입한 나라로서, 현재의 제도에 근거한 법은 1996년에 만들어졌다. 기본적으로, 독일의 산재보험제도는 협동정신을 기반으로 하여 업종별 · 지역별 · 직종별 조합체제로 운영되고 있고, 사업장에서의 산재와 직업병에 대해 근로자, 훈련생 등을 사전적 또는 사후적으로 보호하는 데 목적이 있다.

(1) 추진기구

추진기구는 업종별, 지역별, 직종별로 별도의 산재보험조합이 조직되어 있고,

각 산재보험조합은 자율권을 가지고 있는 독립적인 공공법인이며, 국가는 주요 업무사항에 대한 감독권만을 가지고 있다.

(2) 적용대상

적용대상은 1인 이상 사업장의 근로자뿐만 아니라 학생, 교육훈련생 등도 포함된다. 그리고 자영업자는 의무가입대상이 아닌 임의가입대상이 된다.

(3) 징수

징수는 근로자 부담분은 없으며, 사용자는 위험등급에 따라 차등화된 보험료를 납부하는데, 2002년 기준 평균보험료율은 임금지급총액의 1.33%이다.

(4) 보상

보상은 출퇴근 시 발생하는 사고인 통근재해를 인정하고 있으며, 일일평균임금 산정 시 휴업급여는 재해발생 직전 3개월간의 임금총액을 고려하지만, 연금으로 지급되는 상병 · 장해 · 유족급여는 발생한 날이 속하는 연도부터 1년간을 고려한다.

(5) 급여유형

급여유형은 휴업급여, 상병급여, 장해급여, 유족급여, 요양급여, 직업재활급여 등이 존재한다.

2) 일본의 산재보험제도

(1) 추진기구

추진기구는 후생성과 노동성이 통합된 후생노동성이 노동보험행정의 전체 업무를 총괄하고 있고, 노동국이 광역지방자치단체(도도부현)마다 설치되어 있으며, 노동기준감독서가 기초지방자치단체(시정촌)마다 설치되어 노동보험행정의 최일선 기관으로서 활동을 하고 있다.

(2) 적용대상

적용대상은 1인 이상 사업장의 근로자가 적용대상이지만, 5인 미만의 농림수산업은 임의가입대상이다. 적용대상 관련 사업은 산재·고용보험을 하나의 보험관계로 취급하는 사업인 일원적용사업과 산재·고용보험을 각각 별개로 취급하는 사업인 이원적용사업이 있다.

(3) 징수

징수는 사용자가 전액부담하며, 보험료의 유형은 다음과 같다. 즉, 일반보험료는 사용자가 근로자에게 지불하는 임금을 기초로 산정하는 보험료이고, 제1종 특별가입보험료는 중소사용자 등 특별가입자에 대한 보험료이며, 제2종 특별보험료는 자영업자와 같은 노무자 등 특별가입자에 대한 보험료이다. 그리고 제3종 특별보험료는 해외파견근로자와 같은 특별가입자에 대한 보험료이다.

(4) 보상

보상은 통근재해를 인정하고 있으며, 일일평균임금산정 시 휴업급여는 재해발생 직전 3개월간의 임금총액을 고려하지만, 연금으로 지급되는 급여(상병、장해、유족)는 상병이 발생한 날이 속하는 연도로부터 1년간을 고려한다.

(5) 급여유형

급여유형은 휴업급여, 상병급여, 장해급여, 유족급여, 요양급여, 장의비 등이 존재한다.

3) 프랑스의 산재보험제도

(1) 추진기구

추진기구는 산재보험, 건강보험, 가족수당, 연금 등을 통합하여 징수하는 기관인 사회보장·가족수당보험료징수연합이 있다. 본 기구의 전국 지사는 피보험자 관리 및 보험료 징수를 담당한다. 그리고 산재보험, 건강보험, 재정보험, 지방질병보험금고 등을 감독하는 전국근로자질병보험금고가 있으며, 산재예방캠페인과 개별실적요율제가 적용되는 사업장의 산재보험료를 매년 결정하는 지방질병보험금고 등이 추진기구로 존재한다.

(2) 적용대상

적용대상은 1인 이상 사업장의 근로자가 적용대상이다. 특별제도는 농업·광업 근로자, 선원, 국가·지방공무원, 직업군인, 자영농민을 대상으로 한다. 또한, 프랑스국철, 프랑스은행, 파리시교통공단 등 공기업마다 설치된 특별제도가 있어 기업이 각각 관리·운영하고 있다.

(3) 징수

징수는 사용자가 전액부담하며, 사업장 규모에 따라 다음 세 종류의 비율을 적용한다. 즉, 집단율은 상시근로자 수 10인 미만 사업장으로서 전체평균요율을 적용한다. 혼합율은 상시근로자 수 10인 이상~199인 이하인 사업장으로서 전체평균요율과 개별실적요율제를 혼합한 체계이다. 그리고 실적률은 상시근로자 수 200인 이상인 사업장으로서 개별실적요율제를 적용한다.

(4) 보상

보상은 업무상 재해와 직업병으로 구분하며, 통근재해는 업무상 재해에 포함된다. 직업병은 직업병 목록에 있는 것만 보상하며 목록에 없는 질병을 추가하기 위해서는 노사합의가 있어야 한다.

한편, 프랑스에서는 산재발생 시 사용자를 상대로 민사상 손해배상을 제기할 수 없지만, 제3자 행위로 일어난 재해, 사업주의 명백한 고의와 관리・운영상 허용할 수 없는 과실이 있을 경우에는 가능하도록 되어 있다.

(5) 급여유형

급여유형은 휴업급여, 장해급여, 유족급여 등이 있다.

제 2 절 국민건강보험제도

1. 정의

1) 개념

국민건강보험제도(national health insurance system)는 보험료 수납 등의 방법으로 평소에 기금을 마련해 두었다가 국민에게 예기치 못한 사고가 발생했을 때 급여를 제공받을 수 있도록 하기 위해 강제성을 가지고 있는 제도로서, 1977년부터 시행된 사회보험정책이다. 즉, 국민의 질병, 부상 등에 대한 예방, 진단, 치료 등에 대하여 보험급여를 실시함으로써 국민건강을 향상시키고 사회보장을 증진하는 것을 목적으로 하는 사회보장적 제도인 것이다(네이버지식백과〈http://terms.naver.com〉).

본 제도의 중요한 원칙으로는 첫째, 직장가입자의 경우 근로자와 사용자가 각각 반씩 보험료를 부담하고 지역가입자의 경우는 본인이 부담하여 재원을 마련하는 혼재부담의 원칙, 둘째, 보험가입을 기피할 수 있도록 제도화될 경우 질병위험이 높은 사람만 보험에 가입하여 국민 상호간 위험분담 및 의료비 공동해결이라는 건강보험제도의 목적을 실현할 수 없기 때문에 일정한 법적요건이 충족되면 본인의 의사와 관계없이 건강보험가입이 강제되며 보험료 납부가 의무화되는 강제성의 원칙, 셋째, 민간보험은 보장의 범위, 질병위험의 정도, 계약의 내용 등에 따라 보험료를 부담하는 데 반해, 사회보험으로 운영되는 국민건강보험제도는 사회적 연대를 기초로 의료비문제를 해결하는 것을 목적으로 하므로 소득수준 등 보험료 부담능력에 따라서 보험료를 부과하는 부담능력의 원칙, 넷째, 민간보험은 보험료 수준과 계약내용에 따라 개인별로 다르게 보장되지만, 사회보험인 국민건강보험은 보험료 부담수준과 관계없이 관계법규에 따라 균등하게 보험급여가 이루어지는 균등보장의 원칙 등이 그것이다(국민건강보험〈http://www.nhis.or.kr〉).

2) 추진경과

국민건강보험제도의 추진경과를 살펴보면, 1963년 12월 「의료보험법」이 제정되어, 법적 근거가 마련된다. 이후 500인 이상 사업장 근로자에 대해 의료보험이 첫 시행되기에 이르고, 공무원 및 사립학교교직원에 대해 의료보험이 실시되었으며, 100인 이상 사업장 근로자에 대해서도 의료보험이 확대 시행되기에 이른다.

그리고 농어촌에 지역의료보험이 확대 실시되었으며, 5인 이상 사업장 근로자에 대해서도 의료보험이 확대 시행되었고, 도시지역까지 의료보험이 확대 실시되어 전 지역에 의료보험이 적용되기에 이른다. 아울러 「국민의료보험법」이 제정되어 지역의료보험조합과 공 · 교의료보험관리공단이 통합하여 국민의료보험관리공단이 출범하였으며, 「국민건강보험법」이 제정되어 국민의료보험관리공단과 직장의료보험조합이 통합됨에 따라 국민건강보험공단이 출범하여 조직통합이 이루어지게 된다.

2001년 7월에는 5인 미만 사업장 근로자도 직장가입자로 편입됨에 따라, 건강보험사각지대가 분명 존재하기는 하지만, 형식적으로나마 모든 근로자가 제도의 혜택을 받는 상황에 놓이게 된다(〈표 6-3〉 참조).

표 6-3 국민건강보험제도의 추진경과

일자	주요 내용
1963.12	「의료보험법」 제정
1977.07	500인 이상 사업장 근로자 의료보험 시행
1979.01	공무원 및 사립학교교직원 의료보험 확대 시행
1981.01	100인 이상 사업장 근로자 의료보험 확대 시행
1988.01	농어촌 지역의료보험 확대 시행
1988.07	5인 이상 사업장 근로자 의료보험 확대 시행
1989.07	도시 지역의료보험 확대 시행
1997.12	「국민의료보험법」 제정
1998.10	지역의료보험조합과 공 · 교(공무원 · 교직원)의료보험관리공단을 통합하여 국민의료보험관리공단 출범
1999.02	「국민건강보험법」 제정
2000.07	국민의료보험관리공단과 직장의료보험조합을 통합하여 국민건강보험공단 출범
2001.07	5인 미만 사업장 근로자 직장가입자 편입

출처: 기존의 여러 자료를 근거로 구성.

3) 정책방식

국민건강보험제도 관련 정책방식은 국민건강보험, 사회건강보험, 국가보건서비스로 분류할 수 있다(국민건강보험〈http://www.nhis.or.kr〉).

(1) 국민건강보험

국민건강보험(NHI: National Health Insurance)은 사회연대를 기반으로 보험원리를 도입한 사회보험방식의 의료보장체계이다. 하지만 다수 보험조직을 통해 운영하는 전통적인 사회보험방식과는 달리 단일 보험조직이 국가전체의 건강보험을 관리・운영한다. 즉, 본 유형은 사회보험방식을 취하면서 전 국민을 대상으로 단일한 보험조직이 운영하는 것이다. 이러한 유형에 해당하는 국가는 한국, 대만 등이다.

(2) 사회건강보험

사회건강보험(SHI: Social Health Insurance)은 기본적으로 국가가 의료보장에 대한 책임을 지지만, 의료비에 대한 국민의 자기책임을 일정부분 인정하는 일종의 사회보험방식이다. 보험조직이 보험료를 통해 재원을 마련하여 의료를 보장하는 방식으로서, 정부에 대해 상대적으로 자율성을 지닌 조직을 통한 자치적 운영을 기반으로 하고 있다. 즉, 본 유형은 사회보험방식을 취하면서 전 국민을 대상으로 주로 조합이 운영하는 것이다. 본 유형에 해당하는 국가는 독일, 프랑스 등이다.

(3) 국가보건서비스

국가보건서비스(NHS: National Health Service)는 국민의 의료문제는 국가가 모두 책임져야 한다는 관점에서 정부가 일반조세로 재원을 마련하고 모든 국민에게 무상으로 의료를 제공하여 국가가 직접적으로 의료를 관장하는 유형이다. 이러한 유형에 해당하는 국가는 영국, 스웨덴 등이다.

2. 추진체계

국민건강보험제도의 추진체계는 보건복지부, 보험가입자, 국민건강보험공단,

건강보험심사평가원, 의료기관 등이다.

먼저, 보건복지부와 국민건강보험공단 간에는 건강보험 관련 정보교환을 하며, 보건복지부가 정책결정자로서 공단에 지시를 하는 입장에 있다.

보험가입자와 국민건강보험공단 간에는 보험료를 납부하고 보험급여를 제공하는 관계이고, 보험가입자와 의료기관 간에는 본인부담을 하면서 의료서비스를 지급하는 관계가 된다.

의료기관과 건강보험심사평가원 간에는 급여를 청구하고, 이를 기반으로 심사, 평가 등을 통해서 결과를 통보하는 관계가 된다. 이를 근거로 공단에서는 급여를 의료기관에 지급하게 된다([그림 6-2] 참조).

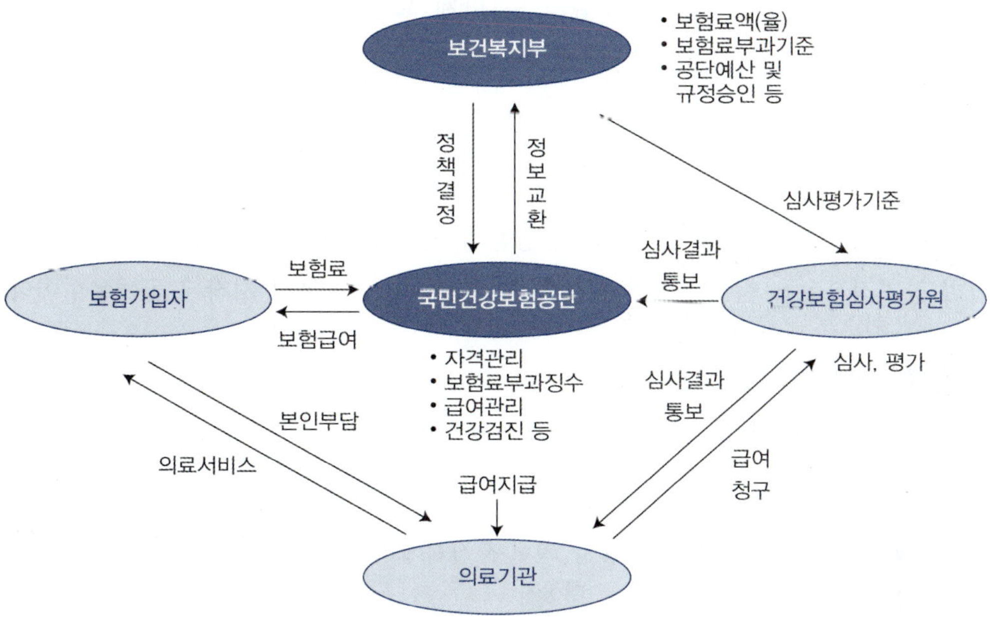

출처: 김경우 · 양승일 · 강복화(2008: 197)를 근거로 재구성.

그림 6-2 국민건강보험제도의 추진체계도

3. 급여유형

국민건강보험제도의 급여유형은 크게 현물급여와 현금급여로 분류할 수 있다(법제처 〈http://www.moleg.go.kr〉).

1) 현물급여

(1) 요양급여

요양급여는 가입자 또는 피부양자의 질병, 부상, 출산 등에 대하여 진찰 · 검사, 약제 · 치료재료의 지급, 처치 · 수술, 예방 · 재활, 입원, 간호, 이송 등을 제공하는 급여유형을 의미한다. 기본적인 절차는 1단계 요양급여(상급종합병원을 제외한 곳)를 받은 후 2단계 요양급여(상급종합병원)를 받아야 한다.

(2) 건강검진

건강검진은 건강보험가입자들의 건강을 유지 · 증진하고, 경제적 손실을 최소화하며 장기적으로 보험급여비의 지출을 줄이고자 1980년부터 시작된 급여유형이다.

표 6-4 일반건강검진의 대상과 실시주기

구분	대상	실시주기
지역가입자	세대주 및 20세 이상 세대원	2년에 1회
직장가입자	비사무직 근로자 전체, 사무직 근로자 중 격년제 실시에 따른 대상자	비사무직 근로자 1년에 1회, 사무직 근로자 2년에 1회
직장피부양자	20세 이상 피부양자	2년에 1회
의료급여수급권자	20~64세 의료급여수급자, 65세 이상은 노인복지법에 따른 지방자치단체의 일반건강진단 실시로 제외	2년에 1회

출처: 국민건강보험〈http://www.nhis.or.kr〉을 근거로 재구성.

이후 1988년에 직장피부양자 건강검진을 시행하였고, 1990년에 공무원 및 사립학교교직원 피보험자에 대해 건강검진을 실시하였으며, 1995년에는 지역조합 피보험자에 대해 건강검진을 시행하였다. 그리고 2007년 생애전환기 건강진단 및 영유아건강검진 실시 등의 생애주기별 건강검진체계를 마련하였다.

한편, 일반건강검진의 대상과 실시주기를 제시하면 〈표 6-4〉와 같다.

2) 현금급여

(1) 요양비

요양비는 가입자 및 피부양자가 긴급상황 등의 사유로 질병, 부상, 출산 등에 대하여 요양을 받거나 요양기관이 아닌 장소에서 출산한 경우에는 그 요양급여에 상당하는 금액을 가입자 또는 피부양자에게 지급하는 급여유형이다.

한편, 요양을 실시한 기관은 영수증을 요양을 받은 수급자에세 주이야 하며, 요양을 받은 사람은 그 명세서나 영수증을 공단에 제출하여야 한다.

(2) 장애인보조기기 급여비

장애인보조기기 급여비는 「장애인복지법」에 근거하여 등록한 장애인 가입자 또는 피부양자에게 보조기기비용을 제공하는 급여유형이다. 보조기기 중 의지(義肢) · 보조기는 「장애인복지법」에 따라 의지 · 보조기 기사가 제조 · 수리한 것이어야 하고, 의료기기는 「의료기기법」에 따라 신고하거나 허가받은 것이어야 하며, 자세보조기기는 공단이 정하는 품질 및 안전에 관한 기준을 충족한 것이어야 한다.

(3) 임신 · 출산진료비

임신 · 출산진료비는 임신한 가입자 또는 피부양자가 요양기관에서 받는 임신과 출산에 관련된 진료에 드는 비용을 제공하는 급여유형이다.

본 급여유형은 임신한 가입자 또는 피부양자가 지정된 요양기관에서 받는 임신과 출산에 관련하여 소요되는 비용으로 하고, 그 지급액은 일정 금액의 범위에서 수급자가 실제 부담한 금액을 근거로 지원하는 것이다. 임신한 가입자 또는 피부양자가 본 급여를 받으려면 공단에 신청하여야 하고, 임신한 가입자 또는 피부양자가 임신·출산 진료비를 신청할 당시에 보험급여가 제한되거나 정지된 경우에는 본 급여를 제공하지 않는 것이 원칙이다.

지금까지 조명한 국민건강보험제도의 급여유형과 수급권자를 정리하면 <표 6-5>와 같다.

표 6-5 국민건강보험제도의 급여유형과 수급권자

구분	유형	수급권자
현물급여	요양급여	가입자 또는 피부양자
	건강검진	가입자 또는 피부양자
현금급여	요양비	가입자 또는 피부양자
	장애인보조기기 급여비	「장애인복지법」에 의해 등록한 장애인인 가입자 또는 피부양자
	임신·출산진료비	가입자 또는 피부양자 중 임산부

출처: 국민건강보험 <http://www.nhis.or.kr>을 근거로 재구성.

4. 외국사례

국민건강보험제도 관련 외국사례를 전술한 국민건강보험(NHI), 사회건강보험(SHI), 국가보건서비스(NHS)에 해당하는 대만, 독일, 영국 순으로 살펴보면 다음과 같다(국민건강보험 <http://www.nhis.or.kr>).

1) 대만의 국민건강보험제도

대만의 국민건강보험제도는 사회보험방식을 유지하면서 전 국민을 대상으로 단일 보험조직이 운영하는 국민건강보험의 유형을 취하고 있다.

(1) 추진기구

추진기구는 위생복리부가 전반적으로 관리 · 감독을 하고, 산하에 있는 중앙건강보험서(National Health Insurance Administration)가 실질적으로 전 국민을 대상으로 제도 운영을 한다.

(2) 적용대상

적용대상은 크게 6개 군으로 구분하고 있는데, 공무원 · 군인 · 관공서근무자 · 사립학교교직원 · 공사기업 및 기관 근로자 · 고용주 및 자영업자, 직업공회(노조) 회원 · 원양어업선원, 농어민 · 이민협회 구성원, 군인 · 대체군복무자 · 교정시설 수용자, 저소득계층, 퇴역군인 등이 그것이다.

(3) 급여유형

먼저, 현금급여로서 상병수당은 보수의 50%를 제공하고, 대기기간은 3일이며, 6개월까지 지급된다. 다만, 1년 이상 보험료를 납부한 자는 12개월까지 가능하다. 그리고 분만수당은 피보험여성에게 1개월분의 소득을 지급할 수 있다.

현물급여는 중앙건강보험서와 계약을 체결한 민간 또는 공공의료시설에서 의료서비스를 제공하고, 입원 · 외래 · 응급 · 치과 · 한방 · 재활 · 요양 · 만성정신질환 · 의약품 등 질병 · 사고 · 출산과 관련된 모든 필수의료서비스를 지급하고 있다. 아울러 현물급여의 제한기간은 없다.

(4) 수급요건

수급요건은 상병수당의 경우 업무와 관련 없는 사고 및 질병으로 인하여 근로불능인 상황에서 수급이 가능하고, 분만수당의 경우 분만 전 280일 이상 보험료를 납부하여야 하며 조산인 경우는 180일간 보험료를 납부하여야 급여를 수급받을 수 있다. 현물급여의 경우 업무와 관련 없는 사고 및 질병이 발생하였을 때, 급여제공을 할 수 있다.

(5) 재원

재원은 보험료와 기타 재원으로 구성되는데, 기타 재원은 보험료 연체수수료, 보험금투자수입, 복권수입, 담배부담금 등이다.

2) 독일의 국민건강보험제도

독일의 국민건강보험제도는 사회보험방식을 지향하는 사회건강보험의 유형을 취하고 있다.

(1) 추진기구

추진기구는 연방보건부가 관리·감독을 하고, 주마다 주보건부가 구체적인 법령제정, 병원기획, 질병등록 관리, 예방, 전염병 관리 등을 수행하게 된다. 세부적 집행은 국민건강조합들이 담당하고 있다.

(2) 적용대상

적용대상에 있어서, 공적건강보험 의무가입한도 이하 소득자는 공적건강보험에 강제 가입하여야 하고, 의무가입한도 초과 소득자는 공적건강보험 가입의무가 없고 대부분 민간건강보험에 가입하고 있다. 다만, 초과 소득자도 공적건강보험에 자발적으로 가입하는 것은 가능하다.

(3) 급여유형

먼저, 현금급여로서 상병수당은 근로소득의 70%를 제공하고 있다. 이 외에 출산근로자를 위한 모성수당, 교통비 지원 등이 있다. 현물급여는 공적건강보험에서 제공하는 의료행위, 즉 입원진료, 외래진료, 비의료인력의 서비스, 처방의약품, 건강검진 등이 있다.

(4) 수급요건

수급요건은 상병수당에 있어서 질병 및 입원으로 근로능력이 상실되거나 병원, 재활시설에 입원해서 건강보험조합의 비용으로 진료를 받을 때에 지급된다.

(5) 재원

재원은 보험료, 추가보험료, 연방보조금 등인데, 이 중 보험료는 고용주 7.3%, 근로자 8.2%, 총 15.5%로 구성된다. 그리고 추가보험료는 건강보험조합별로 재정상태에 따라 자율적으로 부과하고 조합으로 직접 납부하는 것이며, 연방보조금은 부족한 건강보험 재정을 충당하기 위해 조세를 재원으로 하는 것이다.

3) 영국의 국민건강보험제도

영국의 국민건강보험제도는 국가보건서비스의 유형을 취하고 있다.

(1) 추진기구

추진기구는 보건부가 있는데, 이는 국가보건서비스 관련 의료급여에 대한 전반적인 관리·감독을 하고 있다.

⑵ 적용대상

적용대상에 있어서, 상병급여와 분반급여는 근로계약을 맺은 피고용인이 되고, 근로 및 지원수당은 모든 피고용인, 자영업자, 실업자로서 상병급여와 분만급여의 대상이 아닌 자가 된다. 그리고 현물급여는 모든 거주자가 대상이 된다.

⑶ 급여유형

먼저, 현금급여로서 상병급여는 최대 28주의 근로불능 기간 동안 지급하고, 분만급여는 첫 6주 동안은 평균 주당 소득의 90%, 이후 33주까지는 주당 138.18파운드(￡)[2] 또는 평균임금의 90% 중 낮은 금액을 제공하게 된다. 그리고 근로 및 지원수당은 처음 13주 동안 25세 미만인 경우 주당 57.35파운드까지, 25세 이상인 경우는 주당 72.40파운드까지 지급하게 된다.

현물급여는 국가보건서비스와 직접 계약관계에 있는 공공병원, 의사, 치과의사 등이 의료급여를 제공하고, 급여에는 일차의료, 전문의료서비스, 입원, 출산의료, 치과의료, 의학, 기기, 재가·간호 등이 포함된다.

⑷ 수급요건

수급요건은 상병급여의 경우, 피고용인으로서 최소 연속 4일간 병적 상태에 있어야 하고, 분만급여의 경우 최소 15주 전까지 사용자에게 출산시기와 출산휴가시기를 고지하면서 임신사실을 증명해야 하며, 근로 및 지원수당은 국가연금 수혜연령 미만으로 상병급여 및 분만급여를 지급받지 않는 경우 신청 가능하다.

한편, 현물급여는 국적이나 세금납부 여부와 무관하게 영국 내 거주 여부만으로 평가하여 제공 가능하다.

2) 주당 파운드(￡) 관련 액수는 2014년 6월 말 기준이며, 이후 부분도 동일하다.

(5) 재원

재원은 정부조세, 본인부담금, 국민보험료 등으로 구성되는데, 정부조세는 국가보건서비스재정의 80% 이상을 부담하고, 본인부담금은 처방약·안과·치과서비스 등에 대해 본인이 부담하는 비용이며, 국민보험료는 약 15%를 상병급여와 분만급여 등의 재원으로 사용하게 된다.

제 3 절 국민연금제도

1. 정의

1) 개념

국민연금제도(national pension system)는 가입자가 퇴직 등으로 소득원을 잃을 경우 일정한 소득을 보장하는 제도로서, 1988년부터 시행된 사회보험정책이다. 즉, 국민들이 노령에 도달하여 소득이 상실되었을 때를 대비한 장기소득보장정책의 수단인 것이다.

기본적으로, 본 제도는 18세 이상 60세 미만 국민이 일정기간 가입을 하게 되고, 수급연령은 2013년부터 5년 단위로 1세씩 연장하여 2033년에는 65세부터 혜택을 받게 되며, 10년 이상 가입할 경우 연금을 수급받게 된다(네이버지식백과〈http://terms.naver.com〉).

본 제도의 중요한 원칙으로는 첫째, 직장가입자의 경우 근로자와 사용자가 각각 반씩 보험료를 부담하고 지역가입자의 경우는 모두 본인이 부담하여 재원을 마련하는 혼재부담의 원칙, 둘째, 가입을 기피하는 사람이 많을수록 노후빈곤층이 확대되고 이것이 사회문제가 될 경우 국가는 조세를 통해 해결해야 되는데 이는 궁극적으로 성실하게 노후를 준비한 사람이 그렇지 못한 사람까지 책임을 지게 되는 이중부담이 발생한다는 점에서 소득활동을 하는 사람은 모두 의무적으로 가입해야 하는 강제성의 원칙, 셋째, 고소득계층에서 저소득계층으로 소득이 분배되는 세대 내 소득재분배기능과 미래세대가 현재의 노인세대를 지원하는 세대 간 소득재분배기능이 있는 소득재분배의 원칙, 넷째, 물가가 오르더라도 실질가치가 보장되는 물가연동의 원칙 등이 그것이다(국민연금공단〈http://www.nps.or.kr〉).

2) 추진경과

국민연금제도의 추진경과를 살펴보면, 1973년 12월 「국민복지연금법」이 제정된 시점부터 촉발기제가 된다. 하지만, 본 법은 오일쇼크로 인해 시행되지 못하다가 1986년 12월 「국민연금법」이 제정됨으로 인해 본 제도가 본격화된다.

표 6-6 국민연금제도의 추진경과

일자	주요 내용
1973.12	「국민복지연금법」 제정(오일쇼크로 인해 시행 연기)
1986.12	「국민연금법」 제정
1987.09	국민연금관리공단 설립
1988.01	근로자 10인 이상 사업장을 근거로 최초 시행
1992.01	근로자 5인 이상 사업장 확대 시행
1995.07	농어촌지역 연금 확대 시행
1999.04	도시지역 연금 확대 시행
2003.07	근로자 1인 이상 법인·전문직종사업장 확대 시행
2006.01	근로자 1인 이상 사업장 전체 확대 시행

출처: 기존의 여러 자료를 근거로 구성.

이후 국민연금관리공단이 설립되고, 근로자 10인 이상 사업장을 근거로 최초로 시행되며, 더 나아가 근로자 5인 이상 사업장으로 확대 실시되기에 이른다. 그리고 농어촌지역으로 연금이 확대 시행되고, 도시지역까지 실시됨으로써 전 지역으로 확대되기에 이른 것이다. 결국, 본 제도는 2006년 1월 근로자 1인 이상 사업장 전체로 확대 시행됨에 따라 전 국민 연금시대가 열린 것이다. 즉, 국민연금사각지대가 존재하기는 하지만, 형식적으로나마 모든 국민이 제도의 혜택을 받는 상황에 놓이게 된 것이다(〈표 6-6〉 참조).

3) 정책방식

국민연금제도 관련 방식은 적립방식과 부과방식으로 구분할 수 있다.

(1) 적립방식

적립방식(accumulative method)은 국민들이 납부한 보험료를 적립해 기금을 만들고 이 기금에서 나오는 수익으로 연금을 지급하는 방식이다. 즉, 국민이 낸 보험료와 적립된 기금의 투자수익을 합한 총액이 미래에 발생할 급여총액을 지불하는데 충분한 수준의 기금을 만들고 이 기금에서 나오는 수익으로 연금을 지급하는 방식인 것이다. 한국, 일본 등이 본 유형에 해당된다.

(2) 부과방식

부과방식(pay-as-you-go system)은 현재의 근로세대가 납부하는 보험료로 현재의 은퇴세대에게 급여를 주는 방식이다. 즉, 현재 일하고 있는 사람들에게서 거둔 돈으로 은퇴한 사람들에게 혜택을 지급하는 방식인 것이다. 영국, 미국 등이 본 유형에 해당된다.

2. 추진체계

국민연금제도의 추진체계를 살펴보면, 그 정점은 보건복지부가 된다. 보건복지부가 전반적인 정책결정을 담당하게 되는 것이다.

이를 근거로, 추진체계는 정책집행자, 보험가입자, 수급권자로 구분되는데, 정책집행자는 정책결정자인 보건복지부의 지침을 받는 국민연금공단 등이 되고, 보험가입자는 사업장가입자(사용자 · 근로자), 지역가입자 등이 되며, 수급권자는 퇴직자 등이 된다. 특히, 사업장가입자는 소득의 9%를 보험료로 납부하게 되는데, 사용자와 근로자가 각각 4.5%씩 부담하게 되고, 지역가입자는 소득의 9%를 본인이 전액 부담하는 구조이다.[3)]

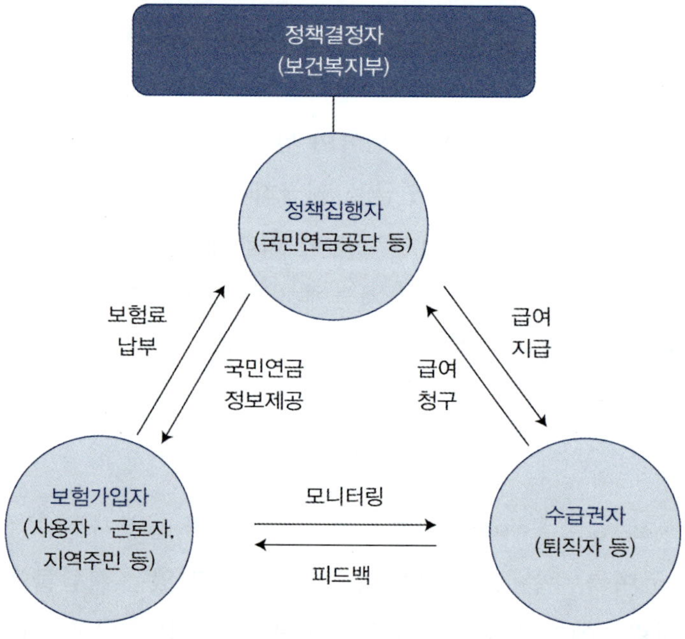

출처: 김경우 · 양승일 · 강복화(2008: 160)를 근거로 재구성.

그림 6-3 국민연금제도의 추진체계도

3) 국민연금 개혁 방향에 따라 보험료율이 변동될 수 있다.

이들은 일정한 상호작용을 하게 되는데, 정책집행자와 보험가입자 간에는 보험료 납부와 납입현황 제공 등의 관계를 형성하게 되고, 정책집행자와 수급권자 간에는 급여청구와 급여지급 등을 추진하게 된다. 그리고 보험가입자와 수급권자 간에는 제도효과성에 대한 모니터링과 실제 효과에 대한 의견피드백 제공 등을 비공식적으로 형성하게 된다([그림 6-3] 참조).

3. 급여유형

국민연금제도의 급여유형은 크게 매월 수급받는 연금급여와 일시금으로 제공받는 일시급여 등으로 나눌 수 있다(법제처〈http://www.moleg.go.kr〉).

1) 연금급여

(1) 노령연금

노령연금은 국민연금제도의 기초가 되는 급여로서, 가입자가 나이가 들어 소득활동에 종사하지 못할 경우 생활안정 등을 위하여 지급하는 급여를 의미한다. 세부적으로는 노령연금, 조기노령연금, 분할연금으로 나눌 수 있다.

① 노령연금

노령연금은 가입기간이 10년 이상이고, 65세(1969년 이후 출생자부터)에 도달할 때에 기본연금액과 부양가족연금액을 합산하여 평생 동안 지급하는 급여를 의미한다.

② 조기노령연금

조기노령연금은 가입기간이 10년 이상이고, 소득 있는 업무에 종사하지 않는 60세 이상인 자가 65세에 도달하기 전에 연금을 청구하여 수급받는 급여를 의미한다. 본 급여를 상대적으로 빨리 신청하게 되면 지급률이 낮아지게 된다.

③ 분할연금

분할연금은 국민연금제도 가입기간 중 혼인기간이 5년 이상인 노령연금수급권자의 배우자가 65세 이상이 되었을 때, 신청하여 수급받는 급여를 의미한다. 기본적으로 본 급여는 이혼, 배우자이었던 자의 노령연금수급권 취득, 수급받는 본인의 연령이 65세가 되었을 경우를 모두 충족하여야 한다.

전술한 노령연금을 정리하여 제시하면 〈표 6-7〉과 같다.

표 6-7 노령연금의 유형[수급개시연령 65세 기준]

구분	수급요건	급여수준
노령연금	가입기간이 10년 이상이고, 65세에 도달한 경우	• 가입기간이 10년인 경우: 기본연금액의 50%+부양가족연금액 • 가입기간이 20년 이상인 경우: 기본연금액의 100%+부양가족연금액
조기노령연금	가입기간이 10년 이상이고, 소득 있는 업무에 종사하지 않는 60세 이상인 자가 65세에 도달하기 전에 연금을 청구한 경우	수급연령이 1년 증가 시마다 연령별 지급률 6%씩 증가 • 60세: 70% • 61세: 76% • 62세: 82% • 63세: 88% • 64세: 94%
분할연금	가입기간 중 혼인기간이 5년 이상인 노령연금수급권자의 배우자가 65세 이상이 된 경우	배우자이었던 자의 노령연금액 • 부양가족연금액을 제외하고 혼인기간에 해당하는 연금액의 1/2

출처: 국민연금공단〈http://www.nps.or.kr〉을 근거로 재구성.

한편, 환경변화 등으로 인해 노령연금, 조기노령연금, 분할연금은 다음과 같이 수급개시연령이 상향조정됐다(〈표 6-8〉 참조).

표 6-8 상향된 노령연금의 수급개시연령

출생연도	수급개시연령		
	노령연금	조기노령연금	분할연금
1952년생 이전	60세	55세	60세
1953~56년생	61세	56세	61세
1957~60년생	62세	57세	62세
1961~64년생	63세	58세	63세
1965~68년생	64세	59세	64세
1969년생 이후	65세	60세	65세

출처: 국민연금공단〈http://www.nps.or.kr〉을 근거로 재구성.

(2) 장애연금

장애연금은 가입자가 가입 중에 발생한 질병 또는 부상으로 인해 신체적 · 정신적 장애가 남아 있을 때, 이에 따른 소득 감소부분을 보전함으로써, 자신과 가족의 안정된 생활을 보장하기 위해 제공되는 급여를 의미한다.

본 급여는 1~4등급 장애 정도에 따라 일정한 급여를 지급하게 되는데, 초진일로부터 1년 6개월이 경과한 후에도 완치되지 않은 경우는 그 1년 6개월이 경과한 날을 기준으로 장애등급을 결정하게 된다(〈표 6-9〉 참조).

표 6-9 장애연금의 장애등급과 급여수준

구분	장애등급	급여수준
장애연금	1급	기본연금액 100%+부양가족연금액
	2급	기본연금액 80%+부양가족연금액
	3급	기본연금액 60%+부양가족연금액
	4급	기본연금액 225%(일시보상금)

출처: 국민연금공단〈http://www.nps.or.kr〉을 근거로 재구성.

한편, 장애연금을 받고 있는 사람이라도 국민연금 적용사업장에서 근로하는 18세 이상 60세 미만 근로자는 사업장 가입자로, 자영업자 등은 지역가입자로 가입하여야 한다.

(3) 유족연금

유족연금은 국민연금제도에 가입하고 있는 자 또는 연금을 받고 있는 사람이 사망하게 되면, 유족에게 가입기간에 따라 기본연금액에 부양가족연금액을 합한 금액을 지급하는 급여를 의미한다(〈표 6-10〉 참조).

표 6-10 유족연금의 가입기간과 급여수준

구분	가입기간	급여수준
유족연금	10년 미만	기본연금액 40%+부양가족연금액
	10년 이상 20년 미만	기본연금액 50%+부양가족연금액
	20년 이상	기본연금액 60%+부양가족연금액

출처: 국민연금공단〈http://www.nps.or.kr〉을 근거로 재구성.

한편, 유족은 사망자에 의하여 생계를 유지하고 있던 배우자, 자녀(25세 미만이거나 장애등급 2급 이상인 자), 배우자 부모를 포함한 부모(60세 이상이거나 장애등급 2급 이상인 자), 손자녀(19세 미만이거나 장애등급 2급 이상인 자), 배우자 조부모를 포함한 조부모(60세 이상이거나 장애등급 2급 이상인 자) 순위 중 최우선 순위자에게 지급하게 된다.

2) 일시급여

(1) 반환일시금

반환일시금은 연금수급요건을 충족하지 못한 경우 그동안 납부한 보험료에 이자를 합쳐 일시금으로 지급하는 급여를 의미한다.

여기서 충족하지 못한 상황은 첫째, 가입기간이 10년 미만인 자가 60세가 된 경우, 둘째, 가입자 또는 가입자이었던 자가 사망하였으나 유족연금에 해당되지 않는 경우, 셋째, 국적을 상실하거나 국외로 이주한 경우 등이 이에 해당된다.

(2) 사망일시금

사망일시금은 가입자 또는 가입자이었던 사람이 사망하였으나 유족연금 또는 반환일시금을 지급받을 수 있는 유족이 없는 경우 좀 더 넓은 범위의 유족에게 지급하는 급여를 의미한다.

여기서 좀 더 넓은 범위의 유족이란 유족연금에 따른 유족이 없는 경우를 의미하는 것으로서, 형제자매, 4촌 이내 방계혈족 등을 말하는 것이다.

지금까지 조명한 국민연금제도의 급여유형과 주요 개념을 제시하면 〈표 6-11〉과 같다.

표 6-11 국민연금제도의 급여유형과 주요 개념

구분	유형	주요 개념
연금급여	노령연금	노후소득보장을 위한 국민연금제도의 근간이 되는 급여
	장애연금	장애로 인한 소득감소에 대비한 급여
	유족연금	가입자의 사망으로 인한 유족의 생계보호를 위한 급여
일시급여	반환일시금	연금으로 받지 못하거나 더 이상 가입할 수 없는 경우 청산적 개념으로 지급하는 급여
	사망일시금	유족연금 또는 반환일시금을 받지 못할 경우 보상적 개념으로 지급하는 급여

출처: 국민연금공단〈http://www.nps.or.kr〉을 근거로 재구성.

3) 외국인급여

외국인도 우리 국민과 동일하게 노령연금, 장애연금, 유족연금을 수급할 수 있는 요건을 충족하면 국민연금법상의 연금급여를 지급받을 수 있다. 한편, 사회보장협정이나 상호주의가 적용되지 않은 국가의 외국인가입자에게는 본국귀환시 반환일시금을 지급하지 않았으나, E-8(연수취업), E-9(비전문취업), H-2(방문취업)에 해당하는 체류자격으로 국민연금에 가입한 외국인에 대해서는 2007년 5월 11일 이후 반환일시금을 지급하고 있다.

4. 외국사례

국민연금제도 관련 외국사례를 전술한 적립방식과 부과방식인 일본과 미국 순으로 살펴보면 다음과 같다(국민연금공단〈http://www.nps.or.kr〉).

1) 일본의 국민연금제도

(1) 추진기구

추진기구는 후생노동성이 국민연금제도에 관한 전반적 감독을 하고, 일본연금공단이 후생노동성의 재정, 운영 감독하에 전국적으로 보험료 징수, 상담 제공, 지사를 통한 급여 지급 등 국민연금제도를 운영한다.

(2) 적용대상

적용대상은 당연적용으로서 20~59세의 거주자, 임의적용으로서 60~64세의 거주자 및 20~64세의 해외거주 국민으로 구성된다.

(3) 급여유형

급여유형은 기본적으로 노령연금, 장애연금, 유족연금 등으로 구성된다.

(4) 수급요건

수급요건은 노령연금의 경우, 기본적으로 65세에 도달하고 보험료 납부기간이 25년 이상인 자가 수급받을 수 있다.

장애연금의 경우, 1급인 상시간호가 요구되는 완전장애, 2급인 독립적인 일상생활능력을 심각하게 제약하는 장애가 있어야 장애연금을 수급받을 수 있다. 다만, 초진일 현재 연금에 가입 중이어야 하며, 20세부터 초진일이 속한 달 2개월 전까지의 기간 중 2/3 이상 보험료를 납부한 자이어야 한다.

유족연금의 경우, 사망자는 노령연금 수급권자, 20세부터 사망한 달 2개월 전까지의 기간 중 2/3 이상 보험료를 납부한 60~64세의 가입자, 65세 미만인 자는 사망 전 2개월 전까지 계속하여 1년 동안 보험료를 납부한 경우 중 한 가지 조건을 충족해야 한다.

(5) 재원

재원은 우리나라와 유사하게 근로자 · 사용자, 자영업자 등의 보험료가 주요 재원이 된다.

2) 미국의 국민연금제도

(1) 추진기구

추진기구는 사회보장청과 재무부 등이 있다. 먼저, 사회보장청은 정부 행정부처 안의 독립적인 기구로서, 지역 프로그램센터, 지구 사무소 및 지사를 통해 국민연금제도를 운영하고 있다. 그리고 재무부는 국세청을 통해 사회보장세 징수를 관리하고 급여지급 및 기금운용을 감독한다.

(2) 적용대상

적용대상은 당연적용으로서 연간 순소득이 최소 400달러($)[4] 이상인 근로자·자영업자와 연간 총소득이 최소 1,800달러 이상인 가사근로자 등이 해당되고, 임의적용으로서 1991년 7월 1일 이전 고용된 주정부 및 지방정부의 근로자·성직자 등이 여기에 포함된다.

(3) 급여유형

급여유형은 노령연금, 노령보충소득급여, 장애연금, 장애보충소득급여, 유족연금 등으로 구성된다.

(4) 수급요건

수급요건은 노령연금의 경우, 66세에 도달하여야 하며 2027년에는 67세로 상향조정된다. 그리고 40분기 이상 가입하여야만 수급받을 수 있다.

노령보충소득급여의 경우, 자산조사를 통해 65세 이상인 저소득 및 한정된 재원이 있는 사람에게 지급하게 된다. 한편, 자산조사는 사회보장 급여를 포함하여 근로소득과 불로소득에 기초한다.

장애연금의 경우, 1년 이상 지속되거나 사망을 유발할 가능성이 있는 육제적·정신적 장애로 실질적인 소득활동에 종사할 수 없게 된 경우에 지급된다.

장애보충소득급여의 경우, 자산조사를 통해 65세 미만의 저소득 및 한정된 재원이 있는 장애인 또는 시각장애인에게 지급된다. 역시, 자산조사는 사회보장급

4) 최소 달러($) 관련 액수는 2014년 6월 말 기준이며, 이후 부분도 동일하다.

여를 포함하여 근로소득과 불로소득에 기초한다.

유족연금의 경우, 사망자가 사망 당시 노령·장애연금 수급권자이거나, 40분기를 상한으로 21세부터 사망 전년도까지 매년 1분기 이상 가입기간이 있는 경우 등에 있어서 본 급여를 수급받을 수 있다.

(5) 재원

재원은 가입자가 적용소득의 6.2%, 자영업자가 12.4%, 사용자가 적용임금의 6.2%를 보험료로 납부하는 것으로 구성된다. 한편, 정부의 경우 사회보장급여에 대한 목적세 수입의 일정부분을 신탁기금에 기탁하고, 자산조사에 의해 지급되는 보충소득급여의 총비용을 부담한다.

제 4 절 고용보험제도

1. 정의

1) 개념

고용보험제도(employment insurance system)는 감원 등으로 직장을 잃은 실직자에게 실업급여를 제공주고, 직업훈련 등을 위한 장려금을 사용자 등에게 지원하는 제도로서, 1995년부터 시행되었다.

구체적인 사업은 실업급여사업, 고용안정사업, 직업능력개발사업 등으로 구성되는데, 실업급여사업은 생계지원 및 재취업촉진 등을 위해 실업급여를 실직자에게 지급하는 사업이고, 고용안정사업은 국내외 경기변동, 산업구조의 변화 등으로 고용기회가 감소되거나 노동력이 과잉되어 고용상태가 불안하게 되는 데 대비하여 고용기회의 확대, 실업의 예방 등을 위해 사용자에게 급여를 제공하는 사업이다. 그리고 직업능력개발사업은 근로자의 직무능력 향상을 위하여 직업훈련을 실시하는 사용주와 자기능력개발을 위해 노력하는 근로자에게 훈련비용을 지원하는 사업이다.

실업급여사업이 사후적·소극적 정책이라면, 나머지 사업은 사전적·적극적 정책이라고 할 수 있는 것이다.

한편, 실업급여의 경우 원칙적으로 실직자는 복리후생성격의 수당을 제외한 임금 총액의 60%까지 실업급여를 수급받을 수 있다. 실업급여를 수급받기 위해서는 6개월 이상 가입하여야 하고, 실직 다음 날부터 1년 이내에 신고를 하여야 하며, 나이와 보험 가입기간에 따른 수령기간은 최소 120일에서 최대 270일까지이다(네이버지식백과〈http://terms.naver.com〉).

본 제도의 중요한 원칙으로는 첫째, 실업급여사업의 경우 근로자와 사용자가 각각 반씩 보험료를 부담하고 고용안정사업·직업능력개발사업의 경우는 사용자가 모두 부담하여 재원을 마련하는 혼재부담의 원칙, 둘째, 사전적 실업예방과 사후적 생계지원 등을 통해 국가 전체적으로 고용연착륙을 지향하기 위해 보험료 납부가 의무화되는 강제성의 원칙, 셋째, 사회적 연대를 기초로 보험료 부담능력에 따라 보험료를 부과하는 부담능력의 원칙 등이 그것이다.

2) 추진경과

고용보험제도의 추진경과를 살펴보면, 1991년 8월에 제7차 경제사회발전계획 후반기 중 고용보험제도를 도입하기로 결정하면서 본 제도가 본격화된다.

이후 한국노동연구원에 고용보험연구기획단을 설치하고, 신경제 5개년 계획의 대국민 발표를 통해 1995년에 제도 시행을 고지하게 된다. 그리고 법적 근거가 되는 「고용보험법」이 제정되면서, 고용안정사업·직업능력개발사업의 경우 근로자 70인 이상, 실업급여사업의 경우 근로자 30인 이상 사업장에 최초로 제도가 시행되기에 이른다.

결국, 본 제도는 1998년 10월 1인 이상 전 사업장으로 확대 시행됨에 따라 전 국민 고용보험시대가 열린 것이다. 즉, 고용보험사각지대가 존재하기는 하지만, 형식적으로나마 모든 국민이 제도의 혜택을 받는 상황에 놓인 것이다(〈표 6-12〉 참조).

표 6-12 고용보험제도의 추진경과

일자	주요 내용
1991.08	제7차 경제사회발전계획(1992~1996) 후반기 중 고용보험제도를 도입하기로 결정
1992.05	한국노동연구원에 고용보험연구기획단 설치
1993.07	신경제 5개년 계획의 대국민 발표를 통해 1995년 시행 고지
1993.12	「고용보험법」 제정
1995.07	고용안정사업 · 직업능력개발사업 근로자 70인 이상, 실업급여사업 근로자 30인 이상 사업장에 최초 시행
1998.10	1인 이상 전 사업장으로 확대 시행

출처: 기존의 여러 자료를 근거로 구성.

2. 추진체계

고용보험제도의 추진체계를 살펴보면, 그 정점은 고용노동부가 된다. 고용노동부가 큰 틀 차원의 정책결정을 담당하게 되는 것이다.

이를 근거로, 추진체계는 정책집행자, 보험가입자, 수급권자로 구분되는데, 정책집행자는 정책결정자인 고용노동부의 지침을 받는 근로복지공단 등이 되고, 보험가입자는 사용자 · 근로자 등이 되며, 수급권자는 실직자 등이 된다. 특히, 사용자와 근로자는 실업급여사업의 고용보험료를 반반씩 부담하게 되고, 고용안정사업과 직업능력개발사업의 경우는 사용자가 전액 납부하게 된다.

이들은 일정한 상호작용을 진행하게 되는데, 정책집행자와 보험가입자 간에는 보험료 납부와 훈련비용 제공 등의 관계를 형성하게 되고, 정책집행자와 수급권자 간에는 급여청구와 급여지급 등을 이어가게 된다.

그리고 보험가입자와 수급권자 간에는 제도가 실제로 실효성이 있는지에 대해서 살피게 되고, 실제 실효성에 대한 의견피드백 제공 등을 공식보다는 비공식적으로 펼치게 된다([그림 6-4] 참조).

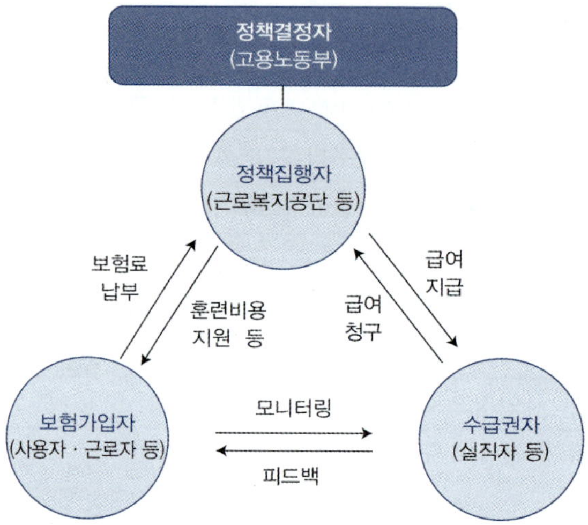

출처: 김경우 · 양승일 · 강복화(2008: 160)를 근거로 재구성.

그림 6-4 고용보험제도의 추진체계도

3. 급여유형

고용보험제도의 급여유형은 전술한 사업을 근거로 크게 실업급여, 고용안정급여, 직업능력개발급여 등으로 나눌 수 있다(법제처⟨http://www.moleg.go.kr⟩).

1) 실업급여

실업급여는 생계지원 및 재취업촉진 등을 위해 실직자에게 지급하는 급여로서,

세부적으로 구직급여, 취업촉진수당, 연장급여, 상병급여 등이 있다.

(1) 구직급여

구직급여는 고용보험에 가입한 근로자가 실직한 경우에 그들이 생활안정과 구직활동에 전념하도록 하기 위해 지급하는 급여로서, 실업급여 중 가장 핵심이 된다. 수급요건은 이직일 이전 18개월간 임금지급의 기초가 된 기간이 6개월 이상이어야 하고, 비자발적으로 이직하며 적극적인 재취업활동을 했음에도 불구하고 취직을 하지 못한 자에게 가입기간과 퇴직 당시 연령에 따라 최소 120일에서 최대 270일 범위 내에서 지급된다.

(2) 취업촉진수당

취업촉진수당은 실직한 근로자의 생계지원을 목적으로 하는 것이 아니라 구직급여를 지급받는 실직자의 재취식을 촉진하기 위하여 부가성격으로 지급하는 급여로서, 세부적으로는 조기재취업수당, 직업능력개발수당, 광역구직활동비, 이주비 등이 있다.

먼저, 조기재취업수당은 수급자격자가 안정된 직업에 재취업하거나 스스로 영리를 목적으로 하는 사업을 하는 경우 조기재취업수당의 지급기준에 해당하면 받을 수 있는 급여이고, 직업능력개발수당은 직업안정기관장[5]이 지시한 직업능력개발훈련 등을 받는 기간에 대해 지급되는 교통비 및 식대 등의 급여이며, 광역구직활동비는 수급자격자의 거주지로부터 구직활동을 위해 방문하는 사업장까지 가기 위해 들어간 교통비와 숙박비 등의 급여로서, 직업안정기관의 소개에 따라 거주지로부터 25km 이상 떨어진 곳에서 구직활동을 한 수급자격자 중 지급이 필요하다고 인정할 경우에 광역구직활동비를 받을 수 있다. 그리고 이주비는 수급

5) 직업안정기관장이란 직업소개, 직업지도 등 직업안정업무를 수행하는 지방고용노동행정기관(지방고용노동청 등)의 장을 의미한다.

자격자가 취업하거나 직업안정기관장이 지시한 직업능력개발훈련 등을 받기 위해 주거지를 이전하는 경우에 받을 수 있는 급여이다.

(3) 연장급여

연장급여는 여러 가지 사정상 실직자의 구직급여를 연장할 필요성이 있는 경우, 연장하여 제공하는 급여로서, 구체적으로는 훈련연장급여, 개별연장급여, 특별연장급여 등이 있다.

먼저, 훈련연장급여는 직업안정기관장이 수급자격자의 연령, 경력 등을 고려하여 재취업을 위해 직업능력개발훈련이 필요하다고 인정하여 훈련기간 동안 구직급여를 연장해 주는 급여이고, 개별연장급여는 취업이 특히 곤란하고 생활이 어려운 실직자에게 구직급여를 연장하여 지급하는 급여이며, 특별연장급여는 실업급증 등으로 재취업이 어렵다고 인정되는 경우 고용노동부장관이 급여가 종료된 자에 대해서 구직급여를 연장하여 제공하는 급여이다.

(4) 상병급여

상병급여는 실직신고를 한 후 질병, 부상, 출산 등으로 인해 취업이 불가능하여 실업인정을 받지 못하는 경우 지급하는 급여이다.

7일 이상의 질병, 부상으로 취업할 수 없는 경우 증명서를 첨부하여 청구하여야 되고, 출산의 경우는 출산일로부터 45일간 지급된다.

2) 고용안정급여

고용안정급여는 경기변동 등으로 불안한 고용상태 등을 예방하기 위해 사용자에게 제공하는 급여인데, 세부적으로 고용창출지원급여, 고용조정지원급여, 지역고용촉진급여, 고령자 등 고용촉진지원급여, 건설근로자 등 고용안정지원급여 등이 있다.

(1) 고용창출지원급여

고용창출지원급여는 기업의 경쟁력을 제고시키기 위해 근무행태의 변경, 고용환경 개선, 전문인력 채용 등을 통해 일자리를 창출하여 실직자를 새로 채용한 사용자에게 인건비 또는 시설비의 일부를 지원하는 급여이다.

(2) 고용조정지원급여

고용조정지원급여는 산업구조의 조정과정에서 불가피하게 발생하는 잉여인력을 감원하지 않고 근로시간 단축, 휴업, 훈련 등을 실시하여 계속 고용하는 경우 사용자에게 지원하는 급여이다.

(3) 지역고용촉신급여

지역고용촉진급여는 고용기회가 뚜렷이 부족하거나 산업구조의 변화 등으로 고용사정이 급속하게 악화되고 있는 지역으로 사업을 이전하거나 그러한 지역에서 사업을 신설 또는 증설하여 그 지역의 실업예방과 재취업 촉진에 기여한 사용자에게 지급하는 급여이다.

(4) 고령자 등 고용촉진지원급여

고령자 등 고용촉진지원급여는 고령자 등 노동시장의 통상적인 조건에서는 취업이 곤란한 자의 고용을 촉진하기 위하여 고령자 등을 새로 고용하거나 이들의 고용안정에 필요한 조치를 시행하는 사용자에게 제공하는 급여이다.

⑸ 건설근로자 등 고용안정지원급여

건설근로자 등 고용안정지원급여는 건설근로자 등 고용상태가 불안정한 근로자를 위하여 고용상태의 개선을 위한 사업, 계속적인 고용안정을 위한 사업 등을 실시하는 사용자에게 지급하는 급여이다.

3) 직업능력개발급여

직업능력개발급여는 직업훈련을 실시하는 사용자와 자기능력개발을 하는 근로자에게 제공하는 급여이다.

⑴ 사용자 직업능력개발 지원급여

사용자 직업능력개발 지원급여는 근로자 등의 직업능력을 개발·향상시키기 위해 근로자를 대상으로 실시하는 직업능력개발훈련, 특정 사업에 고용하려는 자를 대상으로 시행하는 직업능력개발훈련, 그리고 직업안정기관에 구직등록한 자를 대상으로 실시하는 직업능력개발훈련 등을 적극적으로 추진하는 사용자에게 그 훈련에 필요한 비용을 지원하는 급여이다.

⑵ 근로자 직업능력개발 지원급여

근로자 직업능력개발 지원급여는 근로자가 직업능력개발 훈련을 받거나 그 밖에 직업능력 개발·향상을 위하여 노력하는 경우에 근로자에게 필요한 비용을 지원하는 급여이다.

지금까지 조명한 고용보험제도의 급여유형과 수급권자를 제시하면 〈표 6-13〉과 같다.

표 6-13 고용보험제도의 급여유형과 수급권자

구분	세부유형	수급권자
실업급여	구직급여	실직자
	취업촉진수당	
	연장급여	
	상병급여	
고용안정급여	고용창출지원급여	사용자
	고용조정지원급여	
	지역고용촉진급여	
	고령자 등 고용촉진지원급여	
	건설근로자 등 고용안정지원급여	
직업능력개발급여	사용자 직업능력개발 지원급여	사용자, 근로자
	근로자 직업능력개발 지원급여	

출처: 근로복지공단〈http://www.kcomwel.or.kr〉을 근거로 재구성.

4. 외국사례

우리나라의 고용보험제도를 좀 더 명확히 이해하기 위해 외국의 고용보험제도 연혁을 중심으로 독일, 스웨덴, 이스라엘 순으로 간략히 살펴보면 다음과 같다(유길상 · 홍성호, 1999).

1) 독일의 고용보험제도

독일의 고용보험제도는 고용촉진법이 지원하고 있는 여러 가지 사업, 즉 적극적 노동시장정책의 미래지향적 사업, 고용안정을 위한 사업, 노동시장 진입을 위한 사업, 임금대체급여사업의 일환으로서 시행되고 있다.

독일 최초의 고용보험제도는 1896년부터 지방자치단체가 노동조합의 실업공제기금에 보조금을 지급하는 것으로 시작했지만 근대적인 실업보험으로서 고용보험제도의 모습을 갖춘 것은 제1차 세계대전 종전 후 연방정부, 주정부, 지방자치단체가 공동으로 실업기금을 조성한 1918년과 사용자·근로자가 임금에 비례한 갹출료를 납부하기 시작한 1923년부터이다.

이후 1924년에 노사의 갹출료 합이 임금의 3%에 이르렀으며 1925년에는 무기한으로 지급되던 실업급여의 지급기간을 39주로 제한하고 근로단축수당제도를 도입하였다.

한편, 1920년 노사정 대표가 자치적으로 운영하는 취업알선을 위한 중앙조직을 설립한 다음 1922년 주사무소와 지방자치단체 단위의 취업알선사무소를 설치하여 취업알선업무를 진행해 왔었는데, 1927년 10월 1일 직업소개 및 실업보험에 관한 법률을 제정하여 지금까지의 취업알선기능과 실업기금을 통합하게 되었다. 고용촉진법은 이러한 직업소개 및 실업보험에 관한 법률을 대체하여 1969년 7월 1일 제정되었다.

고용촉진법 제정을 계기로 독일의 고용보험제도는 종전까지 실업 발생 이후에 실업급여를 지급하는 순수한 실업보험제도에서 실업을 사전에 예방하고 올바른 직업선택, 직장 및 교육훈련을 알선하고 고용구조를 개선하며 교육훈련을 촉진하는 적극적 노동정책으로 전환되었다.

현재, 고용촉진법이 시행되면서 직업소개 및 실업보험을 위해 존재하고 있었던 고용청은 연방고용청으로 확대·개편되어 고용촉진법에서 행하고 있는 각종 사업을 관장하고 있다. 아울러 독일의 실업보험은 바로 고용촉진법의 각종 사업 일환으로 시행되고 있다.

2) 스웨덴의 고용보험제도

스웨덴의 고용보험제도는 국회에서 1934년 국가지원의 임의 고용보험제도를 도입하기로 결정한 이후, 1935년 1월 1일부터 시행되어 현재에 이르고 있다. 제도 시행 초기에는 임의 고용보험을 운영하기 위한 많은 기금(법인체)들이 발족되었으나 가입자는 그렇게 많지 않았다. 하지만 시간이 경과하면서 가입자가 늘기 시작했고, 1940년 말에는 14개 기금에 총 21만 명이 가입하게 되었다.

특히, 시행 2년 후인 1937년에 고용보험제도의 혜택이 대폭적으로 늘어나면서 기금과 가입자의 수가 크게 증가하였고, 이에 힘입어 1940년대 말에는 100만 명으로 가입자 수가 높은 수준으로 증가하였다. 1950년대에 들어서는 잠시 가입자 수에 있어 완만한 증가추세를 보이기는 했으나 1960년대부터 실업의 가능성이 상대적으로 낮은 직종의 근로자들이 대규모로 기금에 가입하면서 가입자 수가 다시 급격하게 증가하여 1970년에는 그 수가 약 2백만 명에 이르렀다.

1974년 1월 1일 개정된 고용보험법에서는 기금가입자를 위해 실업급여기간을 연장하였고, 실업급여 자체가 납세대상이 되도록 소득의 원천으로 규정하였다. 또한, 국가의 보조금과 관련된 규정들이 기금의 경제적 여건을 향상시킬 목적을 가지고 개정되었다.

한편, 1974년에 실업부조 지급을 규정하고 있는 노동시장실업부조법이 시행됨으로써, 고용보험의 적용을 받지 않는 실업자들에게는 실업부조가 지원되기 시작했다.

전술한 법적 조치에 힘입어 기금가입자 수는 1970년에 약 200만 명에서 1979년에는 약 3백만 명으로 크게 증가하였고, 1980년부터 오늘에 이르기까지는 매년 평균 5만 명씩 증가하고 있는 것이다.

3) 이스라엘의 고용보험제도

이스라엘의 고용보험제도는 1970년 4월 1일 보험료를 징수하면서 시작되었다. 이는 직업훈련사업이나 고용안정사업과의 연관성이 거의 없는 순수 실업보험의 성격을 갖고 있었다.

실업급여는 보험료 징수가 개시된 후 약 3년이 지난 1973년 1월 1일부터 지급되었으며, 당시에는 60세 이상 65세 미만의 여성에게는 실업급여 지급이 제한되었으나 1993년 1월 1일 이후 이 규정은 폐지되었다.

유대인은 역사적으로 자신의 국가를 잃고 세계 곳곳을 방랑하면서 그곳에서 정착하여 살았던 경험을 가지고 있어 현재의 위치에 국가를 재건한 이후부터 국방에 매우 높은 관심을 기울여 왔다. 때문에 남성은 물론 여성에게도 국방의 의무를 지우고 있는데, 이러한 사회적 특성으로 인하여 전역자가 구직하지 못하였거나 설령 구직하였더라도 미흡한 임금조건에 놓여 있는 경우 이를 보조하는 장려금제도를 잘 정비해 놓았다.

이러한 전역자에 대한 지원제도는 장려금 지급행태로 시행되고 있는데, 이들에 대한 최초의 장려금 지급은 1982년 11월 1일부터 시행되었다. 그러나 이때에는 자신이 원하는 일을 하게 되는 전역자에게 장려금이 지급되는 초보적인 수준에 머물러 있었다. 이후 1991년 7월 1일 이스라엘정부는 직업안정기관이 알선하는 직장에 취업하는 전역자에게 장려금을 지급하도록 그 지원범위를 확대하였고, 1994년 8월 1일부터는 전역자에 대한 지원의 질적인 향상을 도모하고자 저임금의 직장에 취업하는 전역자에게도 장려금을 지급하도록 규정을 변경하여 현재에 이르고 있다.

제 5 절 노인장기요양보험제도

1. 정의

1) 개념

노인장기요양보험제도(aged person longtermcare insurance system)는 치매, 중풍 등으로 거동이 불편한 65세 이상 노인 또는 65세 미만이나 노인성질환을 가진 사람들을 요양시설에 모시거나 집으로 찾아가 돌보는 사회보험정책으로서, 2008년부터 시행되었다. 즉, 고령화사회로 급속하게 진행함에 따라 요양보호가 필요한 노인의 생활자립을 지원함으로써 가족의 부담을 줄여주고, 늘어나는 노인요양비와 의료비문제에 적절하게 대처하고자 도입된 사회보장제도인 것이다.

한편, 본 제도에 필요한 재원은 가입자의 보험료(원칙적으로 직장가입자의 경우 근로자와 사용자가 50%씩, 지역가입자는 본인이 100%), 정부와 지방자치단체 부담(장기요양보험료 예상수입액의 20%), 본인 부담금(재가급여의 경우 장기요양급여비용의 15%, 시설급여의 경우 장기요양급여비용의 20%) 등이다(네이버지식백과〈http://terms.naver.com〉).

본 제도의 중요한 원칙으로는 첫째, 직장가입자의 경우 근로자와 사용자가 각각 반씩 보험료를 부담하고 지역가입자의 경우는 본인이 부담하는 혼재부담의 원칙, 둘째, 일정한 법적 요건이 충족되면 본인의 의사와 관계없이 보험가입이 강제되는 강제성의 원칙, 셋째, 노인 등에 대한 요양필요성의 부각이 비교적 용이하여 새로운 제도 도입에 용이하고, 건강보험 재정에 구속되지 않아 장기요양급여 운영, 장기요양제도의 특성을 살릴 수 있도록 장기요양보험제도를 건강보험제도와 분리 · 운영하는 운영이원화의 원칙, 넷째, 효율성 차원에서 장기요양보험제도를 관리 · 운영할 기관을 별도로 설치하지 않는 조직일원화의 원칙, 다섯째, 장기요양보험제도는 65세 이상의 노인 또는 65세 미만의 자로서 치매 · 뇌혈관성 질환 등 노인성질병을 가진 자 중 6개월 이상 혼자서 일상생활을 수행하기 어렵다고 인정되는 자를 수급권자로 하고 있는데, 여기에서 65세 미만자의 경우 노인성질병이 없는 일반적인 장애인은 제외되는 노인급여중심의 원칙 등이 그것이다(국민건강보험 노인장기요양보험〈http://www.longtermcare.or.kr〉).

2) 비교

노인장기요양보험제도를 기존 노인복지서비스체계와 비교해보면, 대상의 경우, 기존 노인복지서비스체계는 저소득층 위주의 선별적 대상인 반면, 노인장기요양보험제도는 소득과 상관없이 장기요양이 필요한 65세 이상 노인과 65세 미만의 보편적 대상이 된다. 선택의 경우, 전자는 지방자치단체장의 판단에 따라 급여를 선택하는 공급자중심의 선택인 반면, 상대적으로 후자는 수급권자 및 부양가족의 선택에 의한 수요자중심의 선택이 된다. 그리고 재원의 경우, 전자는 국가 및 지방자치단체가 부담하는 체계인 반면, 후자는 요양보험료, 국가 및 지방자치단체, 이용자 본인부담으로 다양하게 구성된다(〈표 6-14〉 참조).

표 6-14 기존 노인복지서비스체계와 노인장기요양보험제도의 비교

기존 노인복지서비스체계	비교기준	노인장기요양보험제도
국민기초생활보장수급자를 포함한 저소득층 위주의 선별적 대상	대상	장기요양이 필요한 65세 이상 노인 및 치매 등 노인성질환을 가진 65세 미만의 보편적 대상
지방자치단체장의 판단에 따른 공급자중심의 선택	선택	수급자 및 부양가족의 판단에 따른 수요자중심의 선택
국가 및 지방자치단체 부담	재원	요양보험료+국가 및 지방자치단체 부담+이용자 본인부담으로 구성

출처: 기존의 여러 자료를 근거로 재구성.

3) 추진경과

노인장기요양보험제도의 추진경과를 살펴보면, 2001년 8월에 김대중 대통령이 8.15경축사에서 노인요양보장제도의 도입을 제시하면서, 본 제도가 본격화된다.

이후 노무현 대통령 후보가 이를 공약사항에 포함시키고, 당선이 되자 공적노인요양보장제도실행위원회를 구성·운영하게 된다. 더 나아가 정부입법이 국회에 제출되고, 국회에서도 관련 법안을 발의하는 등 총 7개의 법안이 난립하게 된다. 이를 근거로 「노인장기요양보험법」이 제정되고, 2008년 7월 제도가 최초로 시행되기에 이른다. 결국 본 제도 역시 장기요양사각지대가 존재하기는 하지만, 형식적으로나마 보편적 제도에 근거해서 모든 국민이 일정부분 제도의 혜택을 받게 된 것이다(〈표 6-15〉 참조).

표 6-15 노인장기요양보험제도의 추진경과

일자	주요 내용
2001.08	8.15경축사에서 노인요양보장제도 도입 제시(김대중 대통령)
2002.12	공약사항 포함(노무현 대통령 후보)
2004.03~2005.02	공적노인요양보장제도실행위원회 구성 · 운영
2006.02	정부입법 국회제출, 한나라당 2건, 열린우리당 2건, 민주노동당 1건, 입법청원 1건 등 총 7개 법안 제출
2007.04	「노인장기요양보험법」 제정
2008.07	노인장기요양보험제도 최초 시행(장기요양보험료 부과, 징수, 요양급여 실시)

출처: 기존의 여러 자료를 근거로 구성.

4) 정책방식

노인장기요양보험제도의 재정방식과 관련한 정책방식으로는 보험방식, 조세방식, 혼합방식이 있다.

(1) 보험방식

보험방식은 노인장기요양보험제도의 재원조달을 보험료로 조달하는 방식으로서, 독일, 헝가리 등이 여기에 해당된다.

(2) 조세방식

조세방식은 제도의 재원조달을 국민의 세금 등 조세로 조달하는 방식으로서, 호주, 오스트리아 등이 해당된다.

(3) 혼합방식

혼합방식은 제도의 재원조달을 보험료와 조세로 조달하는 방식으로서, 일본, 스위스 등이 해당된다.

이들을 간략히 비교하면 〈표 6-16〉과 같은데, 우리나라는 혼합방식에 근접한다고 할 수 있다.

표 6-16 국가별 노인장기요양보험제도의 정책방식

방식	국가
보험방식	독일, 헝가리, 미국(Medicare), 네덜란드, 룩셈부르크 등
조세방식	호주, 오스트리아, 캐나다, 아일랜드, 뉴질랜드, 노르웨이, 폴란드, 스페인, 스웨덴, 영국, 미국(Medicaid) 등
혼합방식	한국, 일본, 스위스 등

출처: 국민건강보험 노인장기요양보험〈http://www.longtermcare.or.kr〉을 근거로 재구성.

2. 추진체계

노인장기요양보험제도의 추진체계를 살펴보면, 수급권자는 국민건강보험공단에 보험료를 납부하고, 치매·중풍 등이 발생했을 때 등급판정을 신청하게 되며, 이에 대해 공단은 수급자에게 장기요양등급 통지 등을 수행하게 된다(〈표 6-17〉 참조).

그리고 수급권자는 장기요양서비스 사업자에게 서비스 신청 및 계약을 하고, 사업자는 재가 및 시설급여 등의 서비스를 제공하게 된다. 이후 사업자는 공단에 서비스비용을 청구하게 되고, 공단은 심사를 통해 비용을 사업자에게 지급하게 되는 체계를 갖는 것이다([그림 6-5] 참조).

표 6-17 노인장기요양보험제도의 등급과 상태

등급	상태
1등급	심신의 기능상태 장애로 일상생활에서 전적으로 다른 사람의 도움이 필요한 상태(장기요양인정 점수가 95점 이상인 자)
2등급	심신의 기능상태 장애로 일상생활에서 상당부분 다른 사람의 도움이 필요한 상태(장기요양인정 점수가 75점 이상 95점 미만인 자)
3등급	심신의 기능상태 장애로 일상생활에서 부분적으로 다른 사람의 도움이 필요한 상태(장기요양인정 점수가 60점 이상 75점 미만인 자)
4등급	심신의 기능상태 장애로 일상생활에서 일정부분 다른 사람의 도움이 필요한 상태(장기요양인정 점수가 51점 이상 60점 미만인 자)
5등급	치매환자(장기요양인정 점수가 45점 이상 51점 미만인 자)
인지지원등급	치매환자(장기요양인정 점수가 45점 미만인 자)

출처: 국민건강보험 노인장기요양보험〈http://www.longtermcare.or.kr〉을 근거로 재구성.

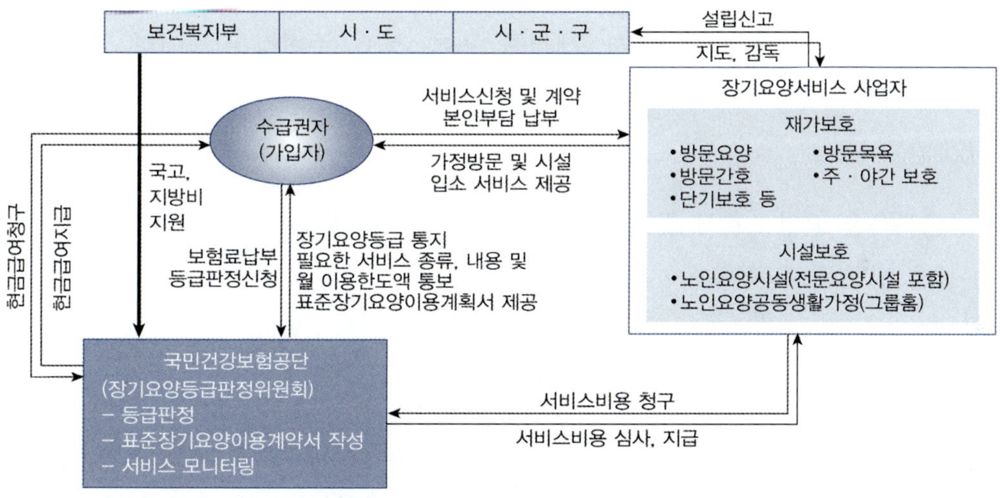

출처: 국민건강보험 노인장기요양보험〈http://www.longtermcare.or.kr〉

그림 6-5 노인장기요양보험제도의 추진체계도

3. 급여유형

노인장기요양보험제도의 급여유형은 크게 재가급여, 시설급여, 특별현금급여 등이 있다(법제처〈http://www.moleg.go.kr〉).

1) 재가급여

재가급여는 주거지인 가정과 주거지에 근접하는 요양기관을 거점으로 해서 제공하는 장기요양급여로서, 방문요양, 방문목욕, 방문간호, 주·야간보호, 단기보호, 기타 복지급여(복지용구) 등이 있다.

(1) 방문요양

방문요양은 요양보호사 등이 수급권자의 가정 등을 방문하여 신체활동 및 가사활동 등을 지원하는 급여이다. 여기서 신체활동은 목욕, 배변, 머리감기, 옷갈아입히기 등이고, 가사활동은 취사, 생필품 구매, 청소, 주변정돈 등이다.

(2) 방문목욕

방문목욕은 요양보호사 등이 목욕설비를 갖춘 차량을 이용하여 수급권자의 가정 등을 방문한 후 목욕을 제공하는 급여이다.

(3) 방문간호

방문간호는 간호사 등이 의사, 한의사 또는 치과의사의 지시서에 따라 수급권자의 가정 등을 방문하여 간호, 진료보조, 요양에 관한 상담, 구강위생 등을 제공하는 급여이다.

(4) 주 · 야간보호

주 · 야간보호는 수급권자를 하루 중 일정 시간 동안 장기요양기관에 보호하여 목욕, 식사, 기본간호, 치매관리, 응급서비스 등 심신기능의 유지 · 향상을 위한 교육 · 훈련 등을 제공하는 급여이다.

(5) 단기보호

단기보호는 수급권자를 월 9일 이내 기간 동안 장기요양기관에 보호하여 신체활동 지원 및 심신기능의 유지 · 향상을 위한 교육 · 훈련 등을 제공하는 급여이다.

(6) 기타 재가급여

기타 재가급여로서 복지용구급여 등이 있다. 복지용구급여는 수급권자의 일상생활 또는 신체활동 지원에 필요한 휠체어, 전동 · 수동침대, 욕창방지매트리스 · 방석, 욕조용리프트, 이동욕조, 보행기 등의 복지용구를 제공하거나 대여하여 대상자의 편의를 도모하는 급여이다.

2) 시설급여

시설급여는 장기요양서비스 사업자가 운영하는 시설에 장기간 동안 입소하여 신체활동 지원 및 심신기능의 유지 · 향상을 위한 교육 · 훈련 등을 제공하는 장기요양급여로서, 노인요양시설, 노인요양공동생활가정 등이 있다.

(1) 노인요양시설

노인요양시설은 치매, 중풍 등 노인성질환 등으로 심신에 상당한 장애가 발생하여 도움을 필요로 하는 수급권자를 입소시켜 급식 · 요양과 그 밖에 일상생활에 필요한 편의를 제공하는 시설이다.

(2) 노인요양공동생활가정

노인요양공동생활가정은 치매, 중풍 등 노인성질환 등으로 심신에 상당한 장애가 발생하여 도움을 필요로 하는 수급권자에게 가정과 같은 주거여건과 급식·요양 및 그 밖에 일상생활에 필요한 편의를 제공하는 시설이다.

3) 특별현금급여

특별현금급여는 현금급여의 행태라는 점에서, 현물급여의 행태인 전술한 재가급여와 시설급여와는 차이가 있다. 가족요양비, 특례요양비, 요양병원간병비 등이 이에 해당된다.

(1) 가족요양비

가족요양비는 수급권자가 도서, 벽지 등 장기요양기관이 현저히 부족한 지역에 거주하거나, 천재지변 등의 사유로 인하여 요양기관이 제공하는 급여를 이용하기가 어려운 경우 등에 있어서, 가족 등으로부터 방문요양에 상당하는 장기적인 요양급여를 받았을 때, 공단이 수급권자에게 급여를 지급함으로써 노후의 건강증진 또는 생활안정을 도모하고, 가족의 부담을 경감시키는 급여이다.

(2) 특례요양비

특례요양비는 수급권자가 장기요양기관이 아닌 노인요양시설 등에서 시설급여 등에 상당하는 장기요양급여를 받은 경우 급여비용의 일부를 수급권자에게 특례요양비로 지급하는 급여이다.

(3) 요양병원간병비

요양병원간병비는 수급권자가 요양병원에 입원했을 때, 장기요양에 사용되는 비용의 일부를 간병비로 지급하는 급여이다.

4. 외국사례

노인장기요양보험제도 관련 외국사례를 전술한 보험방식, 조세방식, 혼합방식에 해당하는 독일, 오스트리아, 일본 순으로 살펴보면 다음과 같다(이호용 · 임진섭 · 조정완, 2012).

1) 독일의 노인장기요양보험제도

독일은 수발로 인한 당사자와 그 가족들의 과중한 부담 완화, 수발행위로 인한 정상적인 생계활동을 하지 못하는 사람들에 대한 사회적 보장 등을 위해 1995년 1월 1일 「장기요양보험법」을 제정했다.

(1) 추진기구

추진기구의 경우, 독일 장기요양보험제도는 사회보험방식에 의한 제도로 운영되고 있는데, 법적으로 별도의 장기요양금고(법인체)가 관리 · 운영하는 행태이다. 즉, 실질적으로 금고에서 요양보험을 운영하고 있는 것이다.

(2) 적용대상

적용대상의 경우, 대상자는 육체적 · 정신적 질병이나 장애로 인하여 일상생활의 통상적 · 반복적 일을 시행하는데 적어도 6개월 이상 지속적으로 타인의 도움을 높은 수준으로 필요로 하는 사람이 적용대상이다.

한편, 법정 장기요양보험을 적용받지 못하는 사람은 자산조사에 근거하여 사회부조에 의한 장기요양을 받고 국적에 상관없이 외국인도 고용계약관계에 있으면 가입자로 적용된다.

(3) 급여유형

급여유형의 경우, 급여는 법률이 규정하고 있는 기초장기요양서비스, 가사지원서비스 등 현물급여와 현금급여가 있다.

(4) 재원

재원의 경우, 전액 보험료에 의존하고 있다. 장기요양보험제도의 재정구조에서 경상적 운영비와 급여지출은 정해진 보험료율 안에서 장기요양금고가 책임을 지고 있으며, 시설유지 및 투자는 주정부의 책임으로 하는 이원적 구조를 지니고 있다.

2) 오스트리아의 노인장기요양보험제도

오스트리아는 1993년 이전까지만 하더라도 장기요양 욕구를 지닌 국민에게 체계적인 서비스를 구축하지 못했다. 그러나 1993년 연방정부와 9개의 지방정부가 국가협약의 틀에서 수발대책에 합의하고, 이를 근거로 광범위한 대책이 마련된 것이다.

(1) 추진기구

추진기구의 경우, 재정과 관리운영에 대한 구조적인 행태는 하나의 연방정부와 9개로 구성된 지방정부가 함께 책임을 지는 행태로 이루어져 있다.

(2) 적용대상

적용대상의 경우, 첫째, 수급자의 통상적인 거주가 오스트리아일 것, 둘째, 신체적 · 정신적 장애로 인해 지속적인 수발과 도움을 필요로 할 것, 셋째, 그 수요가 최소 6개월 이상 지속될 것에 모두 해당되는 경우, 연방장기요양수당법에 의거 수당의 적용대상이 된다.

(3) 급여유형

급여유형의 경우, 1993년 이래 현금급여와 현물급여를 병합하여 지원하고 있는데, 조세를 바탕으로 일반재정에서 지원되는 현금급여인 장기요양수당이 핵심이 된다. 이는 연방장기요양수당법과 지방장기요양수당법에 근거하고 있다.

(4) 재원

재원의 경우, 전액 조세에 의존하고 있는데, 조세는 연방정부, 지방정부, 시정부를 통해 이루어지며, 특히 지방 및 시정부의 경우 시설의 설립·운영이나 재가서비스에 대한 재원을 지원하고 있다.

3) 일본의 노인장기요양보험제도

일본은 연령이 높아짐에 따라 발생하는 질병 등에 의해 목욕, 배설, 식사, 의료 등을 필요로 하는 수급권자 등을 대상으로 개호[6]서비스를 제공하기 위해 2000년 4월 1일부터 개호보험제도를 시행하고 있다.

(1) 추진기구

추진기구의 경우, 개호보험제도의 원활한 운영을 위한 국가, 도도부현, 시정촌, 가입자 등이 각각의 역할분담을 추진하고 있다.

(2) 적용대상

적용대상의 경우, 보험자인 시정촌의 구역 내에서 주소를 둔 65세 이상인 제1호피보험자와 시정촌의 구역 내에서 주소를 둔 40세 이상 64세 미만의 의료보험가입자가 제2피보험자가 된다.

6) 개호(介護)는 곁에서 돌보아 준다는 의미이다.

(3) 급여유형

급여유형의 경우, 요개호자에 대한 개호급여, 가입자에 대한 예방급여, 시정촌이 독자적으로 조례로서 정하는 시정촌특별급여가 있다. 기본적으로, 현물급여를 원칙으로 하고 있다.

(4) 재원

재원의 경우, 크게 정부(조세), 보험료, 본인부담금 등으로 이루어져 있는데, 총비용에서 본인부담금 10%를 제외한 개호보험 급여비의 재원구성은 조세 50%와 보험료 50%로 구성된다. 조세는 중앙정부가 25%, 도도부현과 시정촌이 각각 12.5%를 부담한다.

제7장

사회복지서비스정책

사회복지서비스정책(social welfare service policy)은 일반국민 등 보편층에게 보험료 납부를 전제하지 않고, 상담, 재활, 양육, 교육, 보호 등의 서비스에 초점을 맞춘 현물급여를 이들에게 제공하여 정상적인 삶이 되도록 지원하는 정책이다. 전술한 공공부조정책 및 사회보험정책과 비교하면 〈표 7−1〉과 같다.

표 7-1 사회복지정책의 비교

구분	기본적 주체	기본적 대상	보험가입 조건	기본적 급여유형
공공부조정책	공공부문 (중앙정부+지방자치단체)	선별층	미가입	현금급여 또는 현물급여
사회보험정책	공공부문 (중앙정부)	보편층	가입	현금급여 또는 현물급여
사회복지서비스 정책	**공공부문(중앙정부+지방자치단체)+민간부문 (사회복지관 등)**	**보편층**	**미가입**	**현물급여**

특히, 사회복지서비스정책은 저소득층에 있는 장애인, 노인, 여성 등 선별층뿐만 아니라 중상층임에도 불구하고 알코올중독에 있는 장애인, 노인, 여성 등에게도 서비스가 제공된다는 점에서, 본 정책의 대상은 보편층이라고 할 수 있다.

한편, 우리나라에서 대표적인 사회복지서비스정책은 아동복지서비스정책, 청소년복지서비스정책, 노인복지서비스정책, 장애인복지서비스정책, 그리고 여성복지서비스정책 등이다.

제 1 절 아동복지서비스정책

1. 정의

1) 개념

아동복지서비스정책(child welfare service policy)은 아동 자신에게 결함이 있거나, 가정적인 문제 등으로 인해 건전하게 양육·보호받지 못하는 아동들을 대상으로 공공부분과 민간부분이 연계해서 이들을 보호하는 정책을 의미한다. 아동의 연령대는 다양하게 제시되고 있으나, 본 저서에서는 7세에서 12세까지의 초등학교에 초점을 맞추고자 한다.

한편, 아동 자신에 대한 결함이나 가정적인 문제 등은 생활장애라고 할 수 있는데, 기본적으로 이를 생활관계의 장애, 생활기능의 장애, 생활환경의 장애 등으로 구분할 수 있다.

즉, 생활관계의 장애는 적절한 교육 및 보육의 결여, 아동의 학대 및 유기, 부모의 별거 및 이혼 등의 불화로 인한 발달장애 등이고, 생활기능의 장애는 아동의 정신 또는 신체에 장애가 있는 경우에 생기는 문제이며, 생활환경의 장애는 아동생활에 직접적으로 관계되는 공해, 유흥장 등 비교육적 시설 등이 포함된다(네이버지식백과〈http://terms.naver.com〉).

2) 원칙

아동복지서비스정책의 원칙은 다양하게 제시되고 있으나, 여기에서는 아동책임의 원칙, 부모책임의 원칙, 국가 및 사회책임의 원칙 등으로 제시하고자 한다(김경우·양승일·강복화, 2008; 법제처〈http://www.moleg.go.kr〉).

(1) 아동책임의 원칙

아동책임의 원칙은 아동에게도 일정부분 책임이 있다는 원칙이다.

즉, 아동은 영유아와는 다르게 단순히 성인의 보호를 필요로 하는 의존적 · 수동적인 존재가 아니라 독립된 개체로서 자신의 생을 능동적으로 받아들이고 행동하여야 한다는 점을 의미하는 것이다.

(2) 부모책임의 원칙

부모책임의 원칙은 아동양육에 대한 1차적 책임은 부모에게 있다는 원칙이다. 즉, 부모의 양육책임 범위는 매우 광범위한데, 궁극적으로는 이상적인 아동발달을 목표로 하는 일련의 내용이 포함되지만, 적어도 기본적인 사회생활을 유지할 수 있는 범위 내에서 양육책임이 포함된다는 것이다.

(3) 국가 및 사회책임의 원칙

국가 및 사회책임의 원칙은 중앙정부 등을 포함한 사회가 아동을 어떻게 보호하고, 교육하느냐에 따라 사회의 미래가 결정된다는 점에서, 국가 및 사회의 책임도 매우 중요하다는 원칙이다.

실제로, 「아동복지법」에서는 중앙정부와 지방자치단체는 아동의 안전 · 건강 및 복지증진을 위하여 아동과 그 보호자 및 가정을 지원하기 위한 정책을 수립 · 시행하여야 하고, 보호대상아동 및 지원대상아동의 권익을 증진하기 위한 정책을 수립 · 시행하여야 하며, 장애아동의 권익을 보호하기 위하여 필요한 시책을 강구하여야 하고, 아동이 자신 또는 부모의 성별, 연령, 종교, 사회적 신분, 재산, 장애유무, 출생지역 또는 인종 등에 따른 어떠한 종류의 차별도 받지 아니하도록 필요한 시책을 강구하여야 하며, 아동의 보호자가 아동을 행복하고 안전하게 양육하기 위하여 필요한 교육을 지원하도록 하는 책무가 규정되어 있다.

(4) 개발성의 원칙

개발성의 원칙은 아동이 가진 능력을 최대한 발휘할 수 있도록 하자는 원칙이다.

즉, 장애아동의 경우 직업재활, 빈곤가정아동의 경우 직업훈련 등이 매우 중요하게 강조되고 있는 것이다.

(5) 포괄성의 원칙

포괄성의 원칙은 아동문제에 접근할 때, 입체적 서비스를 제공하여 그 효과를 극대화해야 한다는 원칙이다.

즉, 지체장애아동의 경우 의료재활, 심리재활, 직업재활 등이 종합적이고 유기적으로 지원되어야 한다는 것이다.

(6) 전문성의 원칙

전문성의 원칙은 아동복지서비스정책이 전문가와 전문시설에서 이루어져야 한다는 원칙이다.

즉, 아동의 문제는 복잡하고 다양하므로 전문적인 지식과 기술이 필요하다는 것이다.

3) 발전단계

한국 아동복지서비스정책의 발전단계는 크게 시발기, 과도기, 발전기로 구분할 수 있다(네이버지식백과〈http://terms.naver.com〉).

(1) 시발기(1948년 건국~1950년대)

시발기는 아동복지서비스정책의 원초적인 시작시기로서, 서비스는 낮은 수준으로 이루어졌다.

즉, 본 시기의 아동복지서비스정책은 한국전쟁으로 인한 전쟁고아, 기아 등과 같은 상황에서 응급구호적 차원으로 이루어졌다. 수많은 전쟁고아를 수용하기 위해 민간복지가와 외국원조기관들에 의해 수용시설중심의 아동복지서비스정책이 1950년대에 급속하게 증가한 것이다.

따라서 1950년대까지의 아동복지서비스정책은 국가 및 사회책임의 원칙이나 전문성의 원칙보다는 민간자원과 해외원조에 의존하여 빈곤계층과 보호대상아동을 중심으로 하는 최소한의 사회구조적인 행태로 운영되었다.

(2) 과도기(1960년대~1970년대)

과도기는 법제작업이 이루어지는 등 하드웨어적 측면에서 이전시기보다는 상대적으로 진전되었으며, 이에 따라 시발기와 발전기의 매개역할을 해주었다. 즉, 1960년대 초에 생활보호법과 아동복리법이 제정되어 보호대상 아동문제에 대한 국가 및 사회책임의 원칙이 처음으로 도입되었는데, 이러한 법들은 부모책임의 원칙하에서, 부양능력이 없는 부모나 그 아동에 대해서만 국가가 지원을 하는 선별주의 원칙을 적용하였다. 또한, 1970년대를 고비로 해외원조단체가 철수하면서 아동복지시설의 운영이 국가중심의 운영체제로 전환됨에 따라 국가재정보조가 증기하기 시작하었다. 하지만, 1970년대 말까지 한국의 아동복지서비스정책은 일반아동을 대상으로 한 보편주의 단계로 발전하지 못하고, 대체로 보호대상아동을 중심으로 하는 선별주의 원칙에 기초한 행태로 운영되었다.

(3) 발전기(1980년대 이후)

발전기는 법제 등 하드웨어적 측면뿐만 아니라 서비스 등 소프트웨어적 측면이 이전시기보다 상대적으로 발전된 시기라고 할 수 있다.

즉, 1981년에 「아동복리법」을 개정하여 입법된 「아동복지법」은 전체 아동을 대상으로 보편주의에 입각한 아동복지서비스정책의 전문화와 다양화를 지향하였다.

그리고 부족하기는 하지만 최근에는 저출산에 따라 여성의 일과 양육병행을 국가적 차원에서 지원하고 있다.

2. 시설의 유형

아동복지서비스정책을 위한 시설은 아동양육시설, 아동일시보호시설, 아동보호치료시설 등이 있다(법제처〈http://www.moleg.go.kr〉).

1) 아동양육시설

아동양육시설은 보호대상아동을 입소시켜 보호, 양육 및 취업훈련, 자립지원서비스 등을 제공하는 것을 목적으로 하는 서비스시설이다.

2) 아동일시보호시설

아동일시보호시설은 보호대상아동을 일시보호하고 아동에 대한 향후의 양육대책수립 및 보호조치를 행하는 것을 목적으로 하는 서비스시설이다.

3) 아동보호치료시설

아동보호치료시설은 아동에게 보호 및 치료서비스를 제공하는 시설로서, 정서적·행동적 장애로 인하여 어려움을 겪고 있는 아동, 학대로 인하여 부모로부터 일시 격리되어 치료받을 필요가 있는 아동 등을 보호·치료하는 서비스시설이다.

4) 공동생활가정

공동생활가정은 보호대상아동에게 가정과 같은 주거여건과 보호, 양육, 자립지원 서비스를 제공하는 것을 목적으로 하는 서비스시설이다.

5) 자립지원시설

자립지원시설은 아동복지시설에서 퇴소한 사람에게 취업준비기간 또는 취업 후 일정기간 동안 보호함으로써, 자립을 지원하는 것을 목적으로 하는 서비스시설이다.

6) 아동상담소

아동상담소는 아동과 그 가족의 문제에 관한 상담, 치료, 예방 및 연구 등을 목적으로 하는 서비스시설이다.

7) 아동전용시설

아동전용시설은 어린이공원, 어린이놀이터, 아동회관, 체육·연극·영화·과학실험전시시설, 아동휴게숙박시설, 야영장 등 아동에게 건전한 놀이·오락 등을 제공하여 심신의 건강유지와 복지증진에 필요한 서비스를 제공하는 것을 목적으로 하는 서비스시설이다.

8) 지역아동센터

지역아동센터는 지역사회 아동의 보호·교육, 건전한 놀이와 오락의 제공, 보호자와 지역사회의 연계 등 아동의 건전육성을 위하여 종합적인 아동복지서비스를 제공하는 서비스시설이다.

9) 아동보호전문기관

아동보호전문기관은 학대로부터 아동을 보호하여 아동의 권익을 증진시키고, 건강한 가정과 사회 속에서 아동이 행복하게 자랄 수 있도록 아동복지사업을 수행하는 시설이다.

한편, 전술한 아동복지서비스정책 관련 시설은 상황에 따라 통합하여 설치할 수 있다.

3. 서비스의 유형

아동복지서비스정책의 유형은 지지서비스, 보완서비스, 대리서비스로 구분할 수 있다(김경우 · 양승일 · 강복화, 2008).

1) 지지서비스

지지서비스(supportive service)는 부모와 자녀가 자신들의 책임성을 효율적으로 수행할 수 있도록 능력을 지원 · 강화시켜 주는 서비스를 의미한다. 기본적인 부모와 자녀의 관계는 그대로 유지하면서 가정 밖에서 지원해 주는 서비스로서, 아동상담서비스, 가정지원서비스, 부모교육 프로그램서비스 등이 있다. 특히, 부모교육 프로그램서비스는 학대 방임아동 부모교육, 장애아 부모교육, 미혼 부모교육 등 개인을 대상으로 개입하면서 다양한 가족치료방법을 활용한다.

2) 보완서비스

보완서비스(supplementary service)는 부모의 역할이 부적절하거나 제한되었을 때 부모의 역할 일부를 보조하거나 대행하는 서비스로서, 보충적 서비스이며 가정 내에서 이루어지는 행태이다. 예를 들면, 보육서비스, 방과 후 아동지도서비스, 학대아동보호서비스, 가정조성서비스, 소득유지서비스, 탁아보호서비스, 프로텍티브(protective)서비스, 가정부서비스, 빈곤가정 생계지원서비스 등이 있다.

3) 대리서비스

대리서비스(substitutive service)는 아동이 가정을 이탈하여 다른 체계에 의하여 보호받는 서비스를 의미한다. 즉, 부모의 역할이 사망, 유기, 이혼, 별거 등으로 상실되었거나 수형, 입대, 질병, 실업 등으로 결손되었을 때, 다른 부모나 시설 등에 의해 보호받는 서비스이다.

제 2 절 청소년복지서비스정책

1. 정의

1) 개념

청소년복지서비스정책(youth welfare service policy)은 내부적 요인과 외부적 요인 등으로 인해 청소년이 정상적인 삶을 누릴 수 없을 때, 다양한 서비스를 제공하여 기본적인 여건을 조성하고 조화롭게 성장 · 발달할 수 있도록 도와주는 정책을 의미한다. 청소년의 연령대는 다양하게 제시되고 있으나, 본 저서에서는 13세에서 18세까지의 중 · 고등학교에 초점을 두고자 한다.

한편, 내부적 요인과 외부적 요인에서 전자는 청소년의 내부 심리적인 측면을 의미하고, 후자는 청소년의 외부 환경적인 측면을 말하는데, 전자는 정서적 불안감, 주변인의 성격, 욕구불만의 팽창, 범죄의식의 박약, 스트레스의 축척 등이고, 후자는 부모이혼 · 빈곤가정 등 가정환경의 문제, 범죄유혹 등 사회환경의 문제, 입시위주교육 등 교육환경의 문제 등이 그것이다(김경우 · 양승일 · 강복화, 2008; 법제처〈http://www.moleg.go.kr〉).

2) 원칙

청소년복지서비스정책의 원칙은 다양하게 제시되고 있으나, 여기에서는 주체와 대상의 원칙, 독립적 인격체의 원칙, 신속성의 원칙 등으로 제시하고자 한다(김경우 · 양승일 · 강복화, 2008).

(1) 주체와 대상의 원칙

주체와 대상의 원칙은 청소년이 복지서비스정책의 대상이면서 동시에 주체라는 원칙이다.

즉, 청소년은 우수한 역량을 가진 개체로서 청소년복지서비스정책을 주도하며 이끌어 갈 주체임을 인식하여, 이들에게 권리와 참여를 보장하고 증진할 수 있도록 하여야 한다는 것이다.

(2) 독립적 인격체의 원칙

독립적 인격체의 원칙은 청소년이 독립적인 인격체로서 존중받아야 한다는 원칙이다.

즉, 청소년의 개별적이고 다양한 요구를 인정해야 하며 입체적 존재로 인식하여 성인과 동등한 자주적이고 독립적인 인격체로서 존중되어야 할 사회적 존재라는 것이다.

(3) 신속성의 원칙

신속성의 원칙은 청소년에 대한 긍정적이고 신속한 접근이 이루어져야 한다는 원칙이다.

즉, 청소년은 성장과정에서 적지 않은 혼란과 시행착오를 겪는 시기로서 청소년기의 다양한 시도와 불완전함에 긍정적인 관심과 지지를 바탕으로 한 보호와 지원이 이루어져야 하며, 청소년기의 성장과정 중 발생하는 장애와 문제는 신속히 접근하여 해결해 주어야 한다는 것이다.

(4) 포괄성의 원칙

포괄성의 원칙은 청소년복지서비스정책이 관련 정책과 밀접한 관계 속에서 포괄적으로 다루어져야 한다는 원칙이다.

즉, 청소년은 가족, 학교, 지역사회 등 다양한 체계와 끊임없는 영향을 주고받는다는 점에서, 교육정책, 노동정책 등의 관련 정책과 연계하여 포괄적으로 추진되어야 하며, 정치적인 변동에 좌우되지 않고 장기적이고 거시적인 안목에서 서비스정책이 수립되고 집행되어야 한다는 것이다.

3) 발전단계

한국 청소년복지서비스정책의 발전단계 역시 크게 시발기, 과도기, 발전기로 구분할 수 있다(네이버지식백과〈http://terms.naver.com〉).

(1) 시발기(1948년 건국~1950년대)

시발기는 청소년복지서비스정책의 원초적인 시작시기로서, 역시 서비스는 낮은 수준으로 이루어졌다.

즉, 본 시기의 청소년복지서비스정책은 사회복지 영역이나 대상에 대한 구분 없이 절박한 상황에서 생존만을 목적으로 하는 긴급구호적 성격이 강하게 나타났다는 점에서, 본 시기는 청소년의 권리나 복지라는 인식보다는 긴급구호의 방편이나 사회안정이라는 목표에 좀 더 비중을 두었다.

(2) 과도기(1960년대~1990년대)

과도기는 본격적인 법제작업이 이루어져 하드웨어적 측면에 있어서는 이전시기보다 상대적으로 진전된 모습을 보였다는 점에서, 양 시기의 매개역할을 해주는 단계였다.

즉, 본 시기에서는 「아동복리법」이 1962년부터 시행되었고, 1987년에는 청소년복지서비스정책을 위한 본격적인 근거법으로 「청소년육성법」이 제정되었다. 그리고 1991년에 「청소년육성법」을 전면 개정한 「청소년기본법」이 제정되면서 청소년을 위한 기본법제와 조직을 갖추게 되었다. 또한, 청소년헌장의 제정(1990)과 개정(1998) 등 다양한 법과 제도가 정비되기 시작했다.

(3) 발전기(2000년대 이후)

발전기는 하드웨어적 측면뿐만 아니라 소프트웨어적 측면이 이전시기보다 상대적으로 진전된 단계이다.

즉, 본 시기의 청소년복지서비스정책은 단일법령인 「청소년복지지원법」이 2004년에 제정됨에 따라, 그동안 미진했던 서비스정책이 본격적으로 발전할 수 있는 계기를 마련하게 되었다.

일례로, 아직 부족한 부분이 많지만 학생문제의 해결과 예방을 위해 학교를 중심으로 하는 가정 · 지역사회 연계와 협력을 강조하는 학교사회복지서비스 등이 과거보다 활성화되고 있다.

2. 시설의 유형

청소년복지서비스정책을 위한 시설은 청소년쉼터, 청소년자립지원관, 청소년치료재활센터 등이 있다(법제처〈http://www.moleg.go.kr〉).

1) 청소년쉼터

청소년쉼터는 가출청소년에 대하여 가정, 학교, 사회로 복귀하여 생활할 수 있도록 일정기간 보호하면서 상담, 주거, 학업, 자립 등을 지원하는 서비스시설이다.

2) 청소년자립지원관

청소년자립지원관은 일정기간 청소년쉼터의 지원을 받았음에도 불구하고 가정, 학교, 사회로 복귀하여 생활할 수 없는 청소년에게 자립하여 생활할 수 있는 능력과 여건을 갖추도록 지원하는 서비스시설이다.

3) 청소년치료재활센터

청소년치료재활센터는 학습, 정서, 행동상의 장애를 가진 청소년을 대상으로 정상적인 성장과 생활을 할 수 있도록 해당 청소년에게 적합한 치료, 교육, 재활 등을 종합적으로 지원하는 거주형 서비스시설이다.

한편, 전술한 청소년복지시설을 설치・운영하려면 해당 시・도지사 또는 시・군・구청장에게 신고하여야 하며, 청소년의 생명・신체에 손해가 발생하는 경우 이를 배상하기 위한 보험에 가입하여야 하고, 휴업 또는 폐업하거나 그 운영을 재개하려면 역시 해당 행정관청에 신고하여야 한다.

4) 청소년회복지원시설

청소년회복지원시설은 감호위탁 처분을 받은 청소년에 대하여 보호자를 대신해서 상담, 주거, 학업, 자립 등 서비스를 제공하는 시설이다.

3. 서비스의 유형

청소년복지서비스정책의 유형은 청소년상담서비스, 청소년보호서비스, 청소년교육서비스 등으로 구분할 수 있다(안홍순, 2012; 법제처〈http://www.moleg.go.kr〉).

1) 청소년상담서비스

청소년상담서비스는 정신적・정서적 불안과 부적응문제를 가지고 있는 위기청소년에게 상담을 제공하는 서비스를 의미한다. 이를 위해 청소년상담 관련 정책연구, 부모교육, 비행청소년 등을 위한 상담서비스 등을 제공하고, 이를 통해 청소년의 고민해결과 자아정체성을 확립하는 것이다.

2) 청소년보호서비스

청소년보호서비스는 유해업소, 성폭력을 포함한 신체폭력, 청소년 성매매 등 청소년에게 해로운 환경을 차단하여, 이를 통해 청소년을 보호하는 서비스를 의미한다. 특히, 가출청소년을 쉼터 등에 보호하고, 이들에게 가정, 학교 등으로 복귀할 수 있는 프로그램을 주입시키는 것도 중요하다.

3) 청소년교육서비스

청소년교육서비스는 시・도지사 또는 시・군・구청장이 비행・일탈을 저지른 청소년, 일상생활에 적응하지 못하여 가정 또는 학교 외부의 교육적 도움이 필요한 청소년 등에 대하여 청소년 본인, 해당 청소년의 보호자, 청소년이 취학하고 있는 학교장의 신청에 따라 교육적 선도를 실시하는 서비스를 의미한다. 이 경우 해당 청소년의 보호자 또는 학교장이 선도를 신청할 때에는 청소년 본인의 동의를 받아야 한다. 한편, 중앙정부 및 지방자치단체는 선도대상 청소년을 개인별로 전담하여 지도하는 선도후견인을 지정할 수 있다.

4) 청소년건강보장서비스

청소년건강보장서비스는 중앙정부 및 지방자치단체가 청소년의 건강증진 및 체력향상을 위한 질병예방, 건강교육 등의 필요한 시책을 수립하고 시행하는 서비스를 의미한다. 특히, 중앙정부와 지방자치단체는 건강진단 결과를 분석한 후 전문기관에 의뢰하여 피드백구조를 형성할 수 있다.

제 3 절 노인복지서비스정책

1. 정의

1) 개념

노인복지서비스정책(elderly welfare service policy)은 65세 이상 노인이 빈곤, 질병 등에서 벗어나 인간다운 생활을 유지하면서 자기가 속한 가족과 사회에 적응하고 통합될 수 있도록 필요한 서비스를 제공하는 공적 및 사적 차원의 조직적 제반 정책이라고 할 수 있다(네이버지식백과〈http://terms.naver.com〉).

한편, 앞으로 빈곤, 질병 등에 노출된 노인이 양적으로 매우 높게 나타날 것으로 예측되는데, 이는 우리나라의 고령화속도가 매우 빠르게 진행되고 있기 때문이다. 이미, 2000년에 고령화사회(aging society, 총인구에서 노인인구가 차지하는 비율이 7% 이상)에 도달했고, 2017년 고령사회(aged society, 14% 이상)를 거쳐, 2025년에는 초고령사회(post-aged society, 20% 이상)에 이를 것이다.

이러한 고령화속도는 주요 선진국에 비해서도 매우 빠른데 고령사회와 초고령사회의 도달소요연수가 17년과 8년으로서, 독일의 40년 · 37년, 미국의 73년 · 21년, 그리고 프랑스의 115년 · 39년보다 빠르고, 심지어 세계 최고의 고령사회라고 할 수 있는 일본의 24년 · 12년보다도 빨라 빈곤, 질병 등의 노인문제는 사회문제가 되고 있는 것이다(양승일, 2014).

2) 원칙

노인복지서비스정책의 원칙 역시 다양하게 제시되고 있으나, 여기에서는 공공 · 민간부문 연계의 원칙, 보편주의의 원칙, 포괄성의 원칙 등으로 제시하고자 한다(안홍순, 2012; 네이버지식백과〈http://terms.naver.com〉).

(1) 공공 · 민간부문 연계의 원칙

공공 · 민간부문 연계의 원칙은 고령사회를 맞이하여 노인문제가 심각한 사회문제가 되고 있다는 점에서, 중앙정부 및 지방자치단체 등의 공공부문뿐만 아니라 사회복지관 등 민간부문도 합심하여 유기적인 제반활동을 하여야 한다는 원칙이다.

(2) 보편주의의 원칙

보편주의의 원칙은 노인복지서비스의 대상이 과거에는 사회보호가 필요한 선별층인 의존성 노인을 대상으로 시행했지만, 최근에는 모든 노인을 대상으로 서비스가 이루어져야 한다는 원칙이다.

(3) 포괄성의 원칙

포괄성의 원칙은 노인복지서비스에서 다루는 욕구나 문제가 경제적 측면의 문제뿐만 아니라, 건강, 케어, 여가, 문화 등 다양한 욕구를 포함하고 있다는 점에서, 포괄적으로 접근해야 한다는 원칙이다.

(4) 전문성의 원칙

전문성의 원칙은 노인복지서비스의 실천방법이 정책, 제도 등 하드웨어적 측면뿐만 아니라 임상 등 소프트웨어적 측면도 포괄하고 있다는 점에서, 이러한 부분을 괴리시키지 않고 일치시켜 현실적으로 지향하기 위해서는 서비스주체 등이 전문성을 가지고 있어야 한다는 원칙이다.

3) 발전단계

한국 노인복지서비스정책의 발전단계 역시 크게 시발기, 과도기, 발전기로 구분할 수 있다(네이버지식백과〈http://terms.naver.com〉).

(1) 시발기(1948년 건국~1960년대)

시발기는 노인복지서비스정책의 원초적인 시작시기로서, 역시 서비스는 낮은 수준으로 이루어졌다.

즉, 본 시기는 노인복지서비스와 관련된 법률제정이 일부 이루어지긴 했으나 서비스의 기반은 매우 취약했다. 다시 말해서, 국가·사회적 관심이 주로 빈곤해소, 정치적 안정을 위한 경제발전 등에 치중하여, 노인복지서비스 등 사회복지에 대한 필요성을 제대로 인지하지 못했다. 이는 전통적인 경로효친사상이 사회적으로 존중되었고, 노인인구의 수가 노인문제를 인식할 정도로 심각한 수준이 아니었기 때문이라는 점에서도 그 요인을 찾을 수 있다.

따라서 본 시기의 노인복지서비스는 생활보호법에 의한 제한적인 수준에서 소수노인에게 빈민적인 원조만 이루어졌다고 할 수 있다.

(2) 과도기(1970년대~1990년대)

과도기는 법제작업 등 하드웨어적 측면에서 이전 시기보다 상대적으로 나아진 모습을 보였다는 점에서, 과도적 단계였다고 할 수 있다.

즉, 본 시기에서는 1972년 우리나라 최초의 노인학교 등 노인복지 관련 시설이 등장했고, 1981년에 「노인복지법」이 제정·공포되면서 노인복지서비스 관련 제도들이 시행되었으며, 1982년에는 「노인복지법」의 이념을 바탕으로 경로헌장이 선포되기도 했다. 그리고 1990년대부터 노인복지 관련 제도 등이 점차 확대되기 시작했다.

(3) 발전기(2000년대 이후)

발전기는 시설 등 하드웨어적 측면뿐만 아니라 시설 등을 근거로 하는 서비스 등 소프트웨어적 측면이 이전 시기보다 상대적으로 진전된 단계이다.

즉, 2000년에 들어 고령화사회가 되면서 노인의 다양한 욕구와 문제에 부응하기 위한 제도의 마련과 노인을 위한 다양한 노인복지시설의 확충이 더욱 필요하게 되었다. 이에 따라 기존의 소극적인 노인복지정책만으로는 노인복지 욕구를 더 이상 충족시키기 어렵게 된 것이다.

2000년에는 기초생활보장대상 노인뿐만 아니라 저소득층 노인까지 경로연금의 대상자 범위를 확대하였고, 2001년에는 노인취업 활성화를 위하여 시니어클럽[1]을 지정하여 운영하기 시작했으며, 2004년에는 학대받는 노인에 대한 보호와 노인학대 방지를 위하여 노인보호전문기관을 신설했다. 그리고 2007년부터 독거노인을 위한 생활지도사파견사업을 실시하는 등 전반적으로 부족하긴 하지만 과거시기보다 진일보한 모습을 보이고 있다.

2. 시설의 유형

노인복지서비스정책을 위한 시설은 노인주거복지시설, 노인의료복지시설, 노인여가복지시설 등이 있다(법제처〈http://www.moleg.go.kr〉).

1) 노인주거복지시설

(1) 양로시설

양로시설은 노인을 입소시켜 급식과 그 밖에 일상생활에 필요한 편의를 제공하는 서비스시설이다.

(2) 노인공동생활가정

노인공동생활가정은 노인들에게 가정과 같은 주거여건과 급식, 그 밖에 일상생활에 필요한 편의를 주거공동생활 차원에서 제공하는 서비스시설이다.

1) 시니어클럽(Senior Club)은 구 한국노인인력지원기관이다.

(3) 노인복지주택

노인복지주택은 노인에게 주거시설을 분양 또는 임대하여 주거편의, 생활지도, 상담, 안전관리 등 일상생활에 필요한 편의를 제공하는 서비스시설이다.

2) 노인의료복지시설

(1) 노인요양시설

노인요양시설은 치매, 중풍 등 노인성질환 등으로 심신에 상당한 장애가 발생하여 도움을 필요로 하는 노인을 입소시켜 급식, 요양과 그 밖에 일상생활에 필요한 편의를 제공하는 서비스시설이다.

(2) 노인요양공동생활가정

노인요양공동생활가정은 치매, 중풍 등 노인성질환 등으로 심신에 상당한 장애가 발생하여 도움을 필요로 하는 노인에게 가정과 같은 주거여건, 급식, 요양 등 일상생활에 필요한 편의를 제공하는 서비스시설이다.

3) 노인여가복지시설

(1) 노인복지관

노인복지관은 노인의 교양·취미생활 및 사회참여활동 등에 대한 각종 정보와 서비스를 제공하고, 건강증진·질병예방과 소득보장·재가복지, 그 밖에 노인복지의 증진에 필요한 서비스를 제공하는 서비스시설이다.

(2) 경로당

경로당은 지역노인들이 자율적으로 친목도모·취미활동·공동작업장 운영 및 각종 정보교환과 그 밖에 여가활동을 할 수 있도록 하는 장소를 제공하는 서비스 시설이다.

(3) 노인교실

노인교실은 노인들에 대하여 사회활동 참여욕구를 충족시키기 위하여 건전한 취미생활, 노인건강유지, 소득보장 등과 관련한 학습프로그램을 제공하는 서비스 시설이다.

4) 재가노인복지시설

재가노인복지시설은 가정, 또는 가정과 근접한 시설에 거점을 두고, 가정에서 일상생활을 영위하고 있는 노인으로서 신체적·정신적 장애로 어려움을 겪고 있는 노인에게 필요한 각종 편의를 제공하여 지역사회 안에서 건전하고 안정된 노후를 영위하도록 하는 방문요양서비스, 부득이한 사유로 가족의 보호를 받을 수 없는 심신이 허약한 노인과 장애노인을 주간 또는 야간 동안 보호시설에 입소시켜 필요한 각종 편의를 제공하여 이들의 생활안정과 심신기능의 유지·향상을 도모하고, 그 가족의 신체적·정신적 부담을 덜어주기 위한 주·야간보호서비스, 부득이한 사유로 가족의 보호를 받을 수 없어 일시적으로 보호가 필요한 심신이 허약한 노인과 장애노인을 보호시설에 단기간 입소시켜 보호함으로써 노인 및 노인가정의 복지증진을 도모하기 위한 단기보호서비스, 목욕장비를 갖추고 재가노인을 방문하여 목욕을 제공하는 방문목욕서비스 등을 하는 서비스시설이다.

5) 노인보호전문기관

노인보호전문기관은 중앙정부 및 지방자치단체가 노인학대의 예방 및 방지를 위한 홍보, 학대받은 노인의 발견·상담·보호, 의료기관에 치료의뢰, 노인복지시설에 입소의뢰 등의 업무를 담당하기 위한 서비스시설이다.

6) 노인일자리지원기관

노인일자리지원기관은 지역사회 등에서 노인일자리의 개발 · 지원, 창업 · 육성, 노인에 의한 재화의 생산 · 판매 등을 직접 담당하는 서비스시설이다.

7) 학대피해노인 전용쉼터

학대피해노인 전용쉼터는 노인학대로 인해 피해를 입은 노인을 일정기간 보호하고 심신 치우 프로그램을 제공하기 위한 서비스시설이다.

3. 서비스의 유형

노인복지서비스정책의 유형은 고용보장서비스, 소득보장서비스, 의료보장서비스 등이 있다(김경우 · 양승일 · 강복화, 2008).

1) 고용보장서비스

고용보장서비스는 노인에게 고용기회를 제공함으로써, 중장기적으로 의료비를 최소화하고, 공공부조의 의존을 억제시키는 서비스를 의미한다. 특히, 시니어클럽은 노인들의 경륜을 활용하고 일자리에 대한 욕구충족과 경제활동 · 사회활동의 참여확대를 통하여 활기찬 노년생활을 영위할 수 있도록 지원서비스를 하고 있다.

2) 소득보장서비스

소득보장서비스는 노인이 인간다운 생활을 영위할 수 있는 최저생계를 보장해주기 위한 서비스를 의미한다. 직접적 소득보장서비스는 공공부조, 사회보험 등이 있고, 간접적 소득보장서비스로는 지하철 등을 이용할 경우 무료승차 등이 있다.

3) 의료보장서비스

의료보장서비스는 노인이 질병을 치료하고 건강을 유지할 수 있도록 적합한 의료급여를 지원해주는 서비스를 의미한다. 의료서비스의 지원은 노인요양시설, 노인병원 등에서 이루어지고 있으며, 시 · 군 · 구 보건소에서는 치매상담센터를 설치하여 치매환자 관리 및 치료서비스를 담당하고 있다.

4) 주거보장서비스

주거보장서비스는 노인이 인간다운 삶을 지향하기 위해 적정수준의 주거공간을 제공하는 서비스이다. 본 서비스는 재가목적 주거보장서비스와 수용목적 주거보장서비스로 구분할 수 있는데, 전자는 노인복지주택 등이 있고, 후자는 양로시설 등이 있다.

제 4 절 장애인복지서비스정책

1. 정의

1) 개념

장애인복지서비스정책(handicapped welfare service policy)은 지체장애, 지적장애 등 심신의 손상으로 인해 사회적 생활이 곤란한 장애인에게 각종 복지서비스를 제공하여 물리적 장애와 사회적 편견 등을 제거하면서, 장애인이 비장애인과 동등한 삶의 기회를 누릴 수 있도록 하는 공공부문과 민간부문의 총체적인 정책이라고 할 수 있다.

한편, 장애는 크게 지체장애와 지적장애로 구분된다.

먼저, 전자는 팔다리, 몸통 등의 위해로 본래의 기능수행에 제약이 가해지는 상태라 이해할 수 있다. 그 요인으로는 선천적 요인과 후천적 요인으로 나누어 볼 수 있는데, 선천적 요인은 선천성 기형 및 소아마비, 근육병 등과 같은 각종 질환이 있다. 후천적 요인은 사고, 질병의 합병증이나 후유증 등이 있다.

그리고 후자는 보통 18세 이전에 시작하는 발달장애상태로, 지적・인지적 능력에 뚜렷한 제한이 있고 일상생활을 제대로 수행하기 어려운 것으로 이해할 수 있다(네이버지식백과〈http://terms.naver.com〉).

2) 원칙

장애인복지서비스정책의 원칙 역시 다양하게 제시되고 있으나, 여기에서는 차별금지의 원칙, 사회통합의 원칙, 당사자중심의 원칙 등으로 제시하고사 한다(네이버지식카페〈http://cafe.naver.com〉).

(1) 차별금지의 원칙

차별금지의 원칙은 장애인의 당연한 권리로서 장애인과 비장애인의 차별을 두어서는 안 된다는 원칙이다.

즉, 인간은 누구나 행복을 추구하고 그것을 누릴 천부의 권리를 가지고 있다는 것으로서, 장애인도 예외가 될 수 없다는 것이다.

(2) 사회통합의 원칙

사회통합의 원칙은 장애인이 특수한 상황에서만 생활하는 사람으로 취급하지 말고, 비장애인의 생활환경 속에서도 정상적인 생활을 할 수 있는 사람으로 생각하여 장애인과 비장애인을 이분법적으로 접근할 것이 아니라 일치적 접근으로 사회통합을 지향해야 한다는 원칙이다.

즉, 이를 통해 장애인이 비장애인과 더불어 일하고 살 수 있는 인간으로서의 권리를 보장받을 수 있는 것이다.

(3) 당사자중심의 원칙

당사자중심의 원칙은 모든 장애인복지서비스정책이 당사자인 장애인중심이 되어야 한다는 원칙이다.

즉, 그동안 공급자중심으로 서비스가 지원되어 이들의 현실에 맞는 정책이 이루어지지 않아 비효율적 행태를 보였다는 점에서, 장애인 당사자중심으로 서비스정책을 추진할 때, 이들의 사회적 정상화에도 도움을 줄 수 있다는 것이다.

(4) 연대책임의 원칙

연대책임의 원칙은 장애인복지서비스정책이 국가 · 사회 · 장애인의 연대책임이라는 원칙이다.

즉, 장애인 중에서는 자신들의 잘못으로 장애를 갖게 된 사람도 있고, 타율적 변수로 인해 그들에게 책임을 물을 수 없는 경우도 많은데, 양자 모두 제도적 장치가 높은 수준으로 이루어졌다면, 장애인이 되지 않을 수 있는 확률이 높았을 것이다. 따라서 장애인에 대한 책임은 당사자뿐만 아니라 국가와 사회가 함께 연대책임을 져야 하는 것이다.

3) 발전단계

한국 장애인복지서비스정책의 발전단계 역시 크게 시발기, 과도기, 발전기로 대별할 수 있다(네이버지식백과〈http://terms.naver.com〉).

(1) 시발기(1948년 건국~1970년대)

시발기는 장애인복지서비스정책의 시작시기로서, 양질의 서비스를 지향하기보다는 전반적으로 최소한의 보호수준에 머물렀던 시기였다.

즉, 건국 이후 1970년대까지의 시기는 장애인복지서비스정책 자체가 보편주의나 선별주의 방식으로 접근했다기보다는 일부 중증장애인 등을 일정한 시설에 수용·보호하는 시설보호중심의 빈민적 차원에서 이루어졌다.

(2) 과도기(1980년대~1990년대)

과도기는 양질의 서비스 등 소프트웨어적 측면은 낮은 수준이었으나, 법제작업 등 하드웨어적 측면에서는 이전시기보다 상대적으로 나아진 모습을 보인 과도적 시기였다.

즉, 1980년대는 한국의 장애인복지 발전에 커다란 전환기가 이루어졌는데, 1981년은 UN이 정한 '세계장애인의 해'였고, 1982년에는 UN이 '세계장애인의 해 행동계획'을 채택한 해였다. 이 시기에 한국은 역사상 최초의 장애인복지에 대한 종합적 법률이라 할 수 있는 「심신장애자복지법」(1981년 제정)[2]을 공포함으로써 장애인복지제도의 전환점을 마련하였다.

한편, 1988년 서울올림픽과 장애인올림픽을 기점으로 높아진 장애인의 복지욕구에 부응하기 위해서 장애인종합대책을 마련하는 한편, 그에 수반된 장애인복지의 제도적 틀을 재정비하였다.

(3) 발전기(2000년대 이후)

발전기는 법제, 시설 등 하드웨어적 측면뿐만 아니라 법제, 시설 등을 근거로 하는 서비스 등 소프트웨어적 측면이 상대적으로 발전된 시기이다.

---

2) 본 법은 1989년 「장애인복지법」으로 명칭이 변경되었다.

즉, 2002년까지 장애인복지발전 5계년 계획을 수립하고 실행하였는데, 2000년에는 「장애인고용촉진 및 직업재활법」의 개정이 이루어져 사회구성원으로서 장애인이 누릴 수 있는 각종 기본권이 제도적으로 보장되었다.

그리고 본 시기는 장애인이 실제로 생활하는 데 따른 사회적 장애의 중요성을 인식하게 되었고, 지역사회중심의 서비스에서 생활현장중심의 서비스로의 이전을 강조하고 있다는 점에서, 좀 더 현실적인 서비스를 제공하고 있는 것이다.

한편, 본 시기는 장기적으로 요보호 대상자의 권리를 보장하고 보다 질 높은 서비스를 제공할 수 있도록 다양한 행태의 시설과 서비스를 제공하고 있다는 점에서, 장애인에 대한 복지사각지대가 분명 존재하긴 하지만 이전시기보다 상대적으로 발전된 행태를 보이고 있는 것이다.

2. 시설의 유형

장애인복지서비스정책을 위한 시설은 장애인거주시설, 장애인지역사회재활시설, 장애인직업재활시설 등이 있다(법제처〈http://www.moleg.go.kr〉).

1) 장애인거주시설

장애인거주시설은 거주공간을 활용하여 일반가정에서 생활하기 어려운 장애인에게 일정기간 동안 거주, 요양, 지원 등의 서비스를 제공하는 동시에, 사회생활을 지원하는 서비스시설이다.

2) 장애인지역사회재활시설

장애인지역사회재활시설은 지역사회에서 장애인을 전문적으로 상담, 치료, 훈련하거나 장애인의 일상생활, 여가활동 및 사회참여활동 등을 지원하는 서비스시설이다.

3) 장애인직업재활시설

장애인직업재활시설은 일반 작업환경에서 일하기 어려운 장애인이 특별히 준비된 작업환경에서 직업훈련을 받거나 직업생활을 할 수 있도록 하는 서비스시설이다.

4) 장애인의료재활시설

장애인의료재활시설은 장애인을 입원 또는 통원하게 하여 상담, 진단・판정, 치료 등 의료재활서비스를 제공하는 서비스시설이다.

3. 서비스의 유형

장애인복지서비스정책의 유형은 의료재활서비스, 사회심리재활서비스, 교육재활서비스 등이 있다(인홍순, 2012; 네이버지식백과〈http://terms.naver.com〉; 네이버지식카페〈http://cafe.naver.com〉).

1) 의료재활서비스

의료재활서비스는 지체장애인 등에 대처하는 재활의학적 전문영역으로서, 재활복지서비스의 한 부분이다. 그러나 단순히 지체장애치료에만 그치지 않고 사회적 존재로서의 인간특성도 고려하여, 사회통합을 지향할 수 있도록 하는 개념도 갖는다.

2) 사회심리재활서비스

사회심리재활서비스는 장애인에게 불안・우울, 열등감・회피성향, 의존성・재활동기 결여, 성문제, 가족・대인관계문제, 사회부적응 등 사회심리적인 문제들이 많이 나타나는데, 이를 해결하기 위한 사회심리재활프로그램 등을 장애인에게 주입시키는 것이다. 이러한 재활프로그램에는 음악치료, 심리운동치료, 개별상담 및 가족치료, 발달장애 청소년 사회적응프로그램 등이 있다.

3) 교육재활서비스

교육재활서비스는 장애아동 등에게 연령별·장애별로 적절한 맞춤형 교육프로그램을 제공함으로써, 잠재능력을 계발하고 사회에 통합하여 교육받을 수 있도록 지원하는 서비스이다. 더 나아가, 부모에게 장애에 대한 올바른 의식과 재활방향의 설정에 도움을 주는 재활서비스인 것이다.

4) 직업재활서비스

직업재활서비스는 장애인의 개인생활 및 사회생활 적응능력을 향상시키고, 나아가 경제적으로 자립하여 사회구성원으로서의 역할을 적절하게 할 수 있도록 직업능력평가, 구인·구직상담, 직업적응훈련, 작업장 운영, 취업알선, 취업 후 적응지도 등을 제공하는 재활서비스이다.

제 5 절 여성복지서비스정책

1. 정의

1) 개념

여성복지서비스정책(female welfare service policy)은 일반적으로 남녀차별 등의 문제점에 상담 등 각종 서비스를 제공하여, 여성의 현실적 불평등을 개선하고 인간으로서 여성의 삶의 질을 제고하기 위한 정책이라고 할 수 있다.

한편, 한국의 양성평등지수는 전 세계에서 하위권을 나타내고 있다. 실제로, 최근 세계경제포럼(WEF)이 발표한 보고서에서 한국의 양성평등은 후진적 상황인 것으로 분석됐다(중앙일보〈http://joongang.joins.com〉).

2) 원칙

여성복지서비스정책의 원칙 역시 다양하게 제시되고 있으나, 여기에서는 평등성의 원칙, 적절성의 원칙, 전문성의 원칙 등으로 제시하고자 한다(김경우 · 양승일 · 강복화, 2008).

(1) 평등성의 원칙

평등성의 원칙은 여성이 남성에 비해 차별을 받지 않고 평등한 서비스를 제공받아야 한다는 원칙이다.

즉, 사회복지정책에서 광범위한 의미로 평등은 매우 중요한 가치이며, 여성복지서비스정책에서는 이러한 부분이 높은 수준으로 나타난다. 특히, 「남녀고용평등과 일 · 가정 양립 지원에 관한 법률」 등은 평등의 가치를 실현하고자 하는 사회적 노력의 단적인 사례라고 할 수 있는 것이다.

(2) 적절성의 원칙

적절성의 원칙은 여성복지서비스의 양과 질은 그들의 욕구를 충족시킬 수 있을 정도로 적절해야 한다는 원칙이다.

즉, 가정폭력을 당한 여성을 위한 접근금지 명령 및 여성전용쉼터에서의 일정기간 동안 생활할 수 있는 서비스의 제공 등이 적절성의 원칙으로서, 단적인 모습을 보여주고 있는 것이다.

(3) 전문성의 원칙

전문성의 원칙은 사회가 다양화되면서, 파생되는 여성문제도 높은 수준으로 복잡해지고 있는데, 이에 따라 여성문제에 대한 기술서비스 역시 유기적인 전문성을 가져야 한다는 원칙이다.

즉, 비전문가로서 여성복지서비스에 기여할 수도 있지만, 이러한 다양하고 복잡한 여성문제에 체계적으로 대응하기 위해서는 높은 수준의 지식을 가진 전문가가 필요하다는 것이다.

(4) 포괄성의 원칙

포괄성의 원칙은 여성에게 다양한 문제가 내재되어 있을 수 있다는 점에서, 이러한 경우 개별적으로 접근할 것이 아니라 포괄적으로 서비스를 제공해야 한다는 원칙이다.

즉, 복지사각지대에 노출되어 있는 장애노인여성의 경우, 여성복지서비스뿐만 아니라, 문제가 되는 장애인복지서비스와 노인복지서비스도 포괄하여 제공하여야 한다는 것이다.

(5) 지속성의 원칙

지속성의 원칙은 요보호여성에 대한 서비스를 단기적으로만 제공할 경우 해결될 수 없는 경우가 많다는 점에서, 충분한 시간을 가지고 지속적인 서비스로 지원해야 한다는 원칙이다.

즉, 가정폭력으로 인해 심신의 상처를 받은 여성은 몸의 상처치료라는 단기적 서비스에서만 그칠 것이 아니라, 마음의 상처가 아물 때까지 장기적 치료가 필요하다는 것이다.

3) 발전단계

한국 여성복지서비스정책의 발전단계를 정부주도의 여성단체운동이 아닌 민간주도의 여성단체운동을 근거로 대별하면 시발기, 과도기, 발전기로 구분할 수 있다(네이버지식백과〈http://terms.naver.com〉).

(1) 시발기(1980년대)

시발기는 정부주도하에 조직화된 여성단체에 의해 여성복지서비스정책이 이루어지기보다는, 민간주도의 여성단체운동에 의해 서비스정책이 형성된 실질적인 시작 시기였다.

즉, 1983년 여성평우회는 성차별문화의 타파를 목표로 활동하였고, 여성의 전화는 구타당하는 여성문제와 성폭력을 사회문제로 부각시키며 한국 최초로 일시적 피난처인 쉼터모델을 제시한 것이다(〈표 7-2〉 참조).

표 7-2 시발기의 여성운동과 여성복지서비스정책

구분	주요 내용
여성운동	•조기정년소송 지원, 퇴직강요 대책활동 •생리휴가 무급화 반대 •정치 및 고용할당제 도입 촉구 •여성복지예산 확대 요구 •성고문대책위활동, 인신매매 대책활동 •탁아입법 활동 등 •「남녀고용평등법」 개정 투쟁 •「가족법」 개정운동
여성복지 서비스 정책	•헌법의 남녀평등권 관련 규정 신설(1980, 1897) •UN여성차별철폐협약비준(1984) •「모자보건법」 전면 개정(1986) •「남녀고용평등법」 제정(1987) •「남녀고용평등법」 개정(1989) •「모자복지법」 제정(1989) •3차 「가족법」 개정(1989) 등

출처: 네이버지식백과〈http://terms.naver.com〉를 근거로 재구성.

(2) 과도기(1990년대)

과도기는 민간주도의 여성단체운동이 세계적인 개방화 물결 속에 이전 시기보다 활성화되었고, 여성복지서비스정책으로 더욱 더 이어진 시기였다.

즉, 여성운동은 좀 더 적극적인 정책 지향적 활동으로 전개되었고, 이는 다양한 서비스정책으로 구체화된 것이다(〈표 7-3〉 참조).

표 7-3 과도기의 여성운동과 여성복지서비스정책

구분	주요 내용
여성운동	•「영유아보육법」 제정운동 •생리휴가폐지 반대운동 •여성고용할당제 도입운동 •「남녀고용평등법」 개정운동 •위안부 대책활동 •「성폭력특별법」 제정운동 •여성의 정치참여 확대운동 •「가족폭력방지법」 제정운동 •호주제 폐지운동 등
여성복지서비스정책	•「영유아보육법」 제정(1991) •「일본군위안부 생활안정지원법」 제정(1993) •「성폭력범죄의 처벌 및 피해자보호 법률」 제정(1994) •「여성발전기본법」 제정(1995) •「윤락행위 등 방지법」 개정(1995) •「공무원임용시험령」의 여성채용목표제의 도입(1995) •「국가공무원법」의 육아휴직제와 간호휴직제 신설(1995) •가족폭력 관련법 개정(1997) •「남녀고용평등법」 2, 3차 개정(1995, 1999) •「남녀차별금지 및 구제에 관한 법률」 제정(1999) •군가산점 폐지(1999) 등

출처: 네이버지식백과〈http://terms.naver.com〉를 근거로 재구성.

(3) 발전기(2000년대 이후)

발전기는 주무부처인 여성부가 출범하면서 과도기에 주로 민간주도로 진행된 여성운동이, 민·관·학 공조로 더욱 활성화된 시기라고 할 수 있다. 즉, 여성운동으로 인한 여성복지서비스정책이 아직 부족한 면이 분명 있었지만, 이전 시기에 비해 높은 수준으로 연계되었고 더욱 더 활성화된 시기인 것이다(〈표 7-4〉 참조).

표 7-4 발전기의 여성운동과 여성복지서비스정책

구분	주요 내용
여성운동	•호주제 폐지운동 •대선 여성연대 •「성매매방지법」 제정운동 •여성예산 확대운동 •여성의 정치세력화와 정치개혁운동 •보육의 공공성 확보운동 •여성의 빈곤빙지를 위한 사회보장제도 확충 및 일자리 창출운동 등
여성복지 서비스정책	•「정부조직법」의 여성부 신설(2001) •「남녀차별금지 및 구제에 관한 법률」 개정(2001, 2003) •「남녀고용평등법」, 「근로기준법」, 「고용보험법」 개정(2001) •「정당법」의 여성공천할당제 강화(2001) •「청소년 성보호에 관한 법률」 제정(2001) •「여성과학기술인 육성 및 지원에 관한 법률」 제정(2002) •「성매매알선 등 범죄의 처벌 및 방지 법률」 제정(2004) •「가족법」 개정(2005) •「정부조직법」 개정(보육업무 여성부 이관, 2004) •여성가족부로 개편(2005) •「남녀차별금지 및 구제에 관한 법률」 폐지(2005) •「가족친화 사회환경의 조성 촉진에 관한 법률」 제정(2007) •「가족관계등록에 관한 법률」 제정(2007) •「다문화가족지원법」 제정(2008) •「성폭력방지 및 피해자보호 등에 관한 법률」 제정(2010) 등

출처: 네이버지식백과〈http://terms.naver.com〉를 근거로 재구성.

2. 시설의 유형

여성복지서비스정책을 위한 시설은 모자보호시설, 미혼모시설, 여성복지관 등이 있다(김경우 · 양승일 · 강복화, 2008).

1) 모자보호시설

모자보호시설은 저소득층 모자가정을 일정기간 보호하여 생계지원을 하고 퇴소한 후 자립기반을 조성하도록 지원하는 서비스시설이다.

2) 모자일시보호시설

모자일시보호시설은 배우자가 있으나 배우자의 물리적 · 정신적 학대로 인하여 아동의 건전양육 또는 여성의 건강에 지장을 초래할 우려가 있는 경우, 일시적 또는 일정기간 그 여성 또는 아동을 보호하는 서비스시설이다.

3) 모자자립시설

모자자립시설은 모자보호시설에서 퇴소한 모자가정임에도 불구하고, 무주택 등으로 인해 자립이 어려울 경우 일정기간 주택편의만을 제공하는 서비스시설이다.

4) 미혼모시설

미혼모시설은 미혼여성이 임신을 하였거나 출산한 미혼모가 심신의 건강을 회복할 때까지 일정기간 보호하는 서비스시설이다.

5) 성폭력피해자 보호시설

성폭력피해자 보호시설은 성폭력피해자의 보호를 통해 신체적 · 정신적 안정과 사회복귀를 도모하는 서비스시설이다.

6) 여성복지상담소

여성복지상담소는 저소득층 모자가정, 미혼모, 가출여성, 성매매여성 등 사전예방과 사후선도를 위한 상담사업을 제공하는 서비스시설이다. 가정폭력상담소, 성폭력상담소, 성매매피해상담소 등 이용시설[3)]이 대부분이다.

7) 여성복지관

여성복지관은 사회경제적 환경변화에 따라 성차별 등에 있어서 여성의 대처능력 개발과 삶의 질 향상을 위한 다양한 교육사업 등을 종합적으로 제공하는 서비스시설이다.

3. 서비스의 유형

여성복지서비스정책의 유형은 모자보호서비스, 비혼보예방서비스, 윤락여성 예방・선도서비스 등이 있다(네이버지식백과〈http://terms.naver.com〉).

1) 모자보호서비스

모자보호서비스는 보호를 필요로 하는 모자가정을 파악하여 가족해체를 미연에 방지하고 자립기반을 조성해주기 위하여 시・도중심으로 모자실태조사와 생활자금 지원・상담 및 결연사업 등을 전개하는 서비스이다.

이러한 모자가정은 아버지가 없어 정신적 불안정 및 생계곤란, 어머니의 취업과 가사의 이중부담, 자녀교육문제 등이 많다는 점에서, 적절한 지원이 필요하지만 시설수용자에 한해서만 자립정착금이 지급되고 있는 실정이다.

3) 일반적으로, 이용시설은 클라이언트의 통근, 단기적 서비스 제공 등을 특징으로 하는 반면, 생활시설은 클라이언트의 수용, 장기적 서비스 제공 등을 하는 시설을 의미한다. 전술한 여성복지서비스정책을 위한 시설이 생활시설에 근접한 반면, 여성복지상담소와 여성복지관은 이용시설이라고 할 수 있다.

2) 미혼모예방서비스

미혼모예방서비스는 미혼모 자신의 심리적 · 정신적 피해는 물론 태어난 아기의 양육도 큰 문제가 된다는 점에서, 사전교육 등을 제공하여 이를 방지하는 서비스이다.

따라서 정신적 · 육체적 성숙과 함께 경제적으로도 자립할 수 있는 능력을 갖추어 혼인을 통해 부모가 될 수 있을 때까지 성욕구를 억제하거나, 피임 등을 통해 성관계를 조정하는 등의 사전교육이 필요한 것이다.

3) 윤락여성 예방 · 선도서비스

윤락여성 예방 · 선도서비스는 성매매에 진입하지 못하도록 예방하고, 실제 종사하는 여성에게는 각종 선도를 제공하는 서비스이다.

예방서비스는 중 · 고등학교 학생들에 대한 순결교육, 부녀상담원을 통한 접객업소종사자 · 기업체 여성 · 불우가정여성 등을 대상으로 하는 순회교육 등이 있고, 선도서비스에는 윤락여성에 대한 상담과 기술교육, 보호시설 운영, 직업정보를 통한 자립능력배양 등이 있다.

제3부 사회복지정책의 응용론

제 8 장 사회복지사례와 정책이론의 결합 A: 건강보험통합정책에서 나타나는 참여수용성 분석

제 9 장 사회복지사례와 정책이론의 결합 B: 서울추모공원건립정책에서 나타나는 ACMS 모형 분석

제10장 사회복지사례와 정책이론의 결합 C: 비정규직보호정책에서 나타나는 정책대상조직에 의한 정책유지 분석

제8장

사회복지사례와 정책이론의 결합 A: 건강보험통합정책에서 나타나는 참여수용성 분석

제 1 절 서론

다원주의체제에 근거한 민주적 정부[1]란 시민의 다양하고 복잡한 요구를 민감하게 수용하여 이를 정책에 반영하는 정책체제라고 할 수 있다. 정부가 대중의 요구에 민감하게 대응하기 위해서는 무엇보다 NIG[2]가 정책과정에 자유롭게 참여하여 자신들의 요구와 선호를 투영할 수 있어야 한다. NIG가 정책과정에 자유롭게 참여할 능력이 전제되지 않는 한, 시민의 선호에 대한 정부의 반응성을 기대하기 힘들다. 이러한 점에서 NIG의 정책참여[3]는 민주주의의 핵인 것이다. NIG의 참여는 시민들의 선호에 대한 정부의 반응성을 높이는 기제가 될 뿐만 아니라 시민들에게 민주주의의 유지에 필요한 자질 및 태도를 함양시킨다.

즉, NIG의 참여를 통해 정책과정에 대해 보다 많은 것을 알게 되며, 문제를 해결하고 목표를 달성하는 기술을 터득하게 되는 것이다. 더 나아가, NIG가 정부에 영향력을 행사할 수 있으며, 정부가 NIG의 요구에 반응한다고 믿게 되면, 정부에 대한 시민들의 신뢰도 동시에 높아진다는 것이다(유재원, 2003: 1).

이러한 NIG의 정책참여 순기능으로 인해 시민을 대변하는 NIG의 참여는 현 시점에서 시대적 대세가 된 것이 사실이다. 그러나 NIG의 정책참여는 낮은 수준으

1) 본 연구에서 정부는 광의의 의미로 해석하여 행정부뿐만 아니라 정책을 입안하는 데 중요한 역할을 담당하는 입법부도 포함한다.

2) 본 연구에서는 좀 더 폭넓은 상호작용을 분석하기 위해서 NGO(시민단체)와 Interest Group(이익단체)을 포괄하는 NIG라는 용어를 자체적으로 조작하여 사용하고자 한다.

3) 본 연구에서 NIG의 정책참여는 시위, 성명서 발표 등 비제도적 참여가 아니라 정부 주도의 공청회, 실무추진기구 등의 제도적 정책참여를 의미한다.

로 유지되기도 하는데, 권위주의적 영향하에서 형성되어온 시민에 대한 정부관료제의 우월의식 등이 그것이다(박천오, 2002: 2). 본 연구에서 이러한 부분은 권위주의적 잔재로서 지양되어야 할 과제로 전제한다.

이에 착안하여 본 연구에서는 NIG의 정책참여가 정책형성과정[4]의 객관성과 책임성을 높이고 상당부분 정책오차를 줄일 수 있다는 점에서 NIG 참여에 대한 정부의 수용이 높은 수준을 유지하여야 한다는 전제를 설정했고, 이를 복지정책인 건강보험통합정책을 통해서 조명하고자 하는 것이다. 건보통합정책은 기존의 지역건강보험, 직장건강보험, 그리고 공무원 및 교직원건강보험(이하 공교건강보험)으로 나누어 운영되어 오던 조합주의체제를 조직 및 재정을 통합하여 통합주의체제로 변동시키는 역동적인 정책형성과정으로서, 이 과정에서 NIG 등이 자신들의 주장을 적극적으로 피력하게 된다.

이에 근거해서 본 연구에서는 다음과 같은 목적을 제시한다.

첫째, 건강보험통합정책을 시발기, 확산기, 그리고 통합기로 대별하여 NIG에 대한 정부의 참여수용성, 즉 그 유형을 시기별로 각각 도출한다. 참여수용성은 수정된 프리드선(Freidson, 2001)의 유형론을 근거로 분석되는데, 프리드선의 유형론은 전문가단체의 정책참여를 다루고 있는 대표적인 이론으로서, 본 연구에 맞게 수정하여 건보통합정책형성과정의 참여수용성을 분석하는 것이다. 아울러 참여수용성 유형의 가치순위를 위한 측정변수는 정부와 NIG 간 관계, 다원주의(pluralism)적 관점[5]에서 나타나는 특징으로 규정한다.

둘째, 건보통합정책을 둘러싼 NIG에 대한 정부의 참여수용성의 유형분석을 통해, 이에 대한 가치판단과 향후 유사정책 등이 나아갈 참여수용성의 방향 및 그 시사점을 제시하고자 한다.

---

4) 정책형성과정은 다양하게 정의되고 있으나 본 연구에서는 정책의제형성과정과 정책결정과정을 포괄하는 의미로 사용된다.

5) 다원주의에 대한 개념정의는 학자들마다 다양하게 정의되고 있으나 본 연구에서는 사회가 여러 독립적인 NIG 등으로 이루어져 있으므로, NIG 간 경쟁을 정책과정의 핵심으로 보는 이념으로 정의한다.

제 2 절 이론적 고찰

1. NIG의 정책참여

NIG는 연구의 용이성을 위해서 자체적으로 조작화한 용어이다. 본 연구에서는 NIG에 대해, 민간단체이면서 공익을 추구하는 시민단체 등의 영역인 II 부문과 민간단체이면서 사익을 지향하는 이익단체 등의 영역인 IV 부문을 NIG로 규정하고자 한다(〈표 8-1〉 참조).

표 8-1 NIG의 개념틀

구분		관민행태	
		공공단체	민간단체
이익행태	공익	I 부문: 부 · 처 · 청 등	II 부문: 시민단체 등 (NGO)
	사익	III 부문: 공사 등	IV 부문: 이익단체 등 (Interest Group)

이러한 NIG는 다원주의체제를 맞이하여 제도적 · 비제도적 행태로 정책과정에 참여하게 되는데, 이를 정책과정별로 조명하면 다음과 같다(이양수, 2004: 2-4).

먼저, 정책의제형성과정에서 NIG는 포괄적이고 일반적인 고충을 표명함으로써, 정책문제를 제기한다. 이 과정에서 NIG는 특정 문제를 언론 · 매스컴 등을 이용하여 구체화시키고 쟁점화시키는 데 필요한 주도자로서의 역할을 한다. 즉, 특정 문제에 대한 이의제기, 특정 문제에 대한 여론형성 및 주도, 의견제시 등으로 요약할 수 있다.

정책결정과정에서 NIG는 문제해결을 위한 합리적인 정책대안 제시, 전문지식과 정보의 제공, 토론회 · 공청회 · 실무추진집단 등의 참여, 정책결정집단에 대한 압력행사 등으로 정책에 참여하게 된다.

정책집행과정에서 NIG의 정책참여는 서비스를 생산・제공하는 주체로서의 역할과 정책집행의 외부참여자로서 정책수행과정상의 변화를 요구하는 역할을 하기도 한다. 이러한 정책집행과정은 정책집행자와 집행환경 및 집행참여자들에 의하여 정책상의 변화가 일어나는 과정이다. 경우에 따라서는 정책이 유지되지 못하고 폐지되거나 혹은 수정 및 보완, 축소 및 확대가 일어나기도 한다.

마지막으로, 정책평가과정에서 NIG는 정책오차의 수정 및 변경 시도, NIG의 의견을 정책에 재투입하려는 시도 등으로 정책에 참여하게 된다.

본 연구에서는 정책의제형성과정과 정책결정과정에 참여하는 NIG에 주안점을 두어 연구를 진행하고자 한다.[6)]

2. NIG에 대한 정부의 참여수용성

참여수용성(participative receptivity)에 대한 개념정의는 학자들의 접근입장차이로 다양하게 정의되고 있으나 이에 대해 합의되거나 체계화된 개념정의는 찾아보기 힘든 상황이다.

이와 관련해서 맥네어(McNair, 1983)의 경우, 정부와 시민 간의 상호성 수준을 나타내는 지표로서 역할기대, 자원배정, 독립적 멤버십의 선정, 의사결정과정에의 연루, 정기적 만남의 빈도, 그리고 고위층에의 접근을 제시하고, 이를 근거로 시민과 더불어 정책을 추진하려는 정부의 의지를 파악할 수 있다고 보고 있다.

쿤츠(Koontz, 1999)는 시민참여를 권장하고 유도하려는 정부의 노력을 공청회, 실무추진기구, 우편물발송, 그리고 기타의 4가지로 구분하면서, 공청회에 대해 시민들 상호간, 정부와 시민 간에 대면적 의사소통을 할 수 있는 기회를 제공함으로써, 개최횟수가 많을수록 시민참여에 대한 정부의 노력을 높이 평가할 수 있다

6) 구체적인 NIG의 선정기준은 진보언론격인 경향신문, 보수언론격인 조선일보, 중도언론격인 연합뉴스 등에 언급된 조직을 근거로 한다.

고 조명하고 있으며, 실무추진기구에 대해서는 시민을 구성원에 포함시키는 집단으로서, 이를 구성하여 광범위하게 활용할수록 시민참여에 대한 정부의 노력이 높이 평가된다고 정의하고 있다.

킹과 스티버스(King & Stivers, 2001)는 정부의 시민참여수용성에 대해 시민투입의 당위성과 가치를 인정하고 정책과정에 시민의 선호와 아이디어를 받아들이려는 정부의 인식과 태도를 의미하는 것으로서, 그 수준은 시민참여에 대한 정부의 기본적 시각을 반영하는 것으로 정의하고 있다.

이를 근거로 본 연구에서는 참여수용성의 개념을 객관적인 정책형성을 위해서 정부가 NIG를 공청회, 실무추진기구 등 제도적 공간에 진입시켜, NIG의 선호와 아이디어를 받아들이려는 정부의 인식과 태도를 의미하는 것으로 정의하고자 한다.

본 연구에서는 이러한 참여수용성을 분석하는 틀로서 프리드선(Freidson, 2001)의 수정된 유형론을 활용하고자 한다.

먼저, 프리드선은 정부와 전문가단체의 관계를 가장 체계적으로 정립한 학자로 그의 유형론를 살펴보면, 세로측의 위계적(Hierarchical)·통합적(Coordinate) 행태[7]와 가로측의 주도적(Activist)·반응적(Reactive) 국가[8]를 기준으로 위계적－주도적 유형, 통합적－주도적 유형, 위계적－반응적 유형, 그리고 통합적－반응적 유형으로 구분하였다.

먼저, 위계적－주도적 유형은 국가가 전문가단체의 형성을 주도하고 이들 단체를 정치권력의 수단으로 활용하며 엄격히 통제하는 유형이고, 통합적－주도적 유형은 정부가 궁극적으로 전문가단체의 권익을 해체하고 일반사회로 흡수시키기 위한 의도를 갖는 것이며 이의 한 과정으로 집단적 의사결정체제를 활용한다는 유형이다. 그리고 위계적－반응적 유형은 전문적으로 훈련된 관료들로 구성되고 자율적 경쟁을 통해 우월한 위치를 확보한 특정 이익단체를 보호하는 정책을 수

7) 전자는 관료들로 구성되어 있는 행태이며, 후자는 전문가단체 등의 공식적 참여가 광범위하게 허용되어 정책형성과정에 참여할 수 있는 행태를 말한다.

8) 전자는 정부가 전문가단체 등을 통제하고 정책에 적극 관여하는 국가이며, 후자는 정부가 정책형성공간에 있어서 최소한의 관여만 하고 전문가단체 간에 자율적으로 운영될 수 있도록 하는 국가를 의미한다.

행하는 유형이며, 통합적－반응적 유형은 정부의 관여가 최소한에 그치고 전문가 단체들이 관련 정책에 직접 개입하여 정책을 주도하는 유형이라고 할 수 있다(최희경, 2004: 129-132).

이러한 프리드선의 유형론을 본 연구의 참여수용성 분석에 맞게 수정하면 〈표 8－2〉와 같다.

표 8-2 수정된 프리드선의 유형론

구분		정책기구의 특성	
		위계적(Hierarchical)	통합적(Coordinate)
정책 성향	주도적 (Activist)	H－A 유형 (Hierarchical-Activist type) ▽▽ [정부－NIG 간 관계: 적대] [다원주의 관점: 커튼]	C－A 유형 (Coordinate-Activist type) ▽▽ [정부－NIG 간 관계: 형식] [다원주의 관점: 과도]
	반응적 (Reactive)	H－R 유형 (Hierarchical-Reactive type) ▽▽ [정부－NIG 간 관계: 후견] [다원주의 관점: 과도]	C－R 유형 (Coordinate-Reactive type) ▽▽ [정부－NIG 간 관계: 협력] [다원주의 관점: 투명]

즉, H－A 유형은 정부가 NIG를 제도적 정책형성과정의 공간에서 배척시키고 정책을 독점적으로 형성하는 유형이며, C－A 유형은 정부가 NIG를 제도적 정책형성과정의 공간에 진입시키지만 실질적으로 정책을 독점적으로 형성하는 유형이다. 그리고 H－R 유형은 정부가 NIG를 제도적 정책형성과정의 공간에서 배척시키지만 그들 간의 절충된 의견이나 그들의 주장을 절충하여 반영시키는 유형을 의미하며, C－R 유형은 정부가 NIG를 제도적 정책형성과정의 공간에 진입시키고 그들 간 절충된 의견 또는 그들의 주장을 절충하여 반영시키는 유형을 의미한다.

결국, 참여수용성의 분석기준은 행정부, 입법부가 주도하는 공청회, 실무추진기구 등 제도적 정책형성과정에 대한 NIG의 진입여부 및 그들의 절충된 주장이 정책에 반영되었는지를 그 척도로 한다.

한편, 본 연구에서는 참여수용성의 유형에 대한 가치순위를 정하기 위한 측정변수로 정부와 NIG 간 관계, 다원주의적 관점에서 나타나는 특징을 설정했는데, 이는 유형성격에 근거해서 관계행태, 제도적 참여와 주장반영 횟수에 따른 특징 등을 도출했다는 점에서, 각 유형을 적절하게 대변할 수 있다고 판단된다.

정부와 NIG 간 관계에 있어서 H－A 유형은 양 관계가 비협조로 흐르는 적대적 관계, C－A 유형은 정부가 NIG를 정책형성과정의 모양을 갖추기 위해 진입시키는 형식적 관계, H－R 유형은 정부가 NIG의 대리인으로 기능하는 후견적 관계, 그리고 C－R 유형은 양 관계가 긴밀히 협조하는 협력적 관계로 도출할 수 있을 것이다.

다원주의적 관점에 있어서는 H－A 유형이 NIG의 참여와 주장을 모두 부정한다는 점에서 커튼적 행태로 설명할 수 있고, C－A 유형은 참여는 시키되 주장을 반영하지 않는다는 점에서 과도적 행태로 설명할 수 있으며, H－R 유형은 참여는 시키지 않지만 주장을 반영한다는 점에서 과도적 행태로 조명할 수 있다. 마지막으로 C－R 유형은 참여와 주장을 모두 인정한다는 점에서 투명적 행태로 도출할 수 있다.

이렇게 볼 때, 참여수용성의 유형에 대한 가치순위는 C－R 유형이 가장 민주주의적이라는 점에서 1번째이고, 같은 수준으로 판단되는 C－A 유형과 H－R 유형은 2번째로 분석된다. 그리고 H－A 유형이 가장 권위주의적이라는 점에서, 3번째로 조명된다.

결국, 본 연구에서는 이와 같은 '수정된 프리드선의 유형론'을 활용하여 복지정책인 건강보험통합정책에서 나타나는 NIG에 대한 정부의 참여수용성의 유형을 시기별로 조명해보고, 이에 대한 가치판단 및 향후 참여수용성의 방향, 그리고 그 시사점을 제시하고자 하는 것이다.

기본적으로, '수정된 프리드선의 유형론'은 이익집단론, 다원주의론, 코포라티즘론 등과 같이 거버넌스 수준의 척도를 제공할 수 있다는 점에서 유사하지만, 정부의 NIG에 대한 참여수용성을 정책기구의 특성과 정책성향을 기준으로 유형화하고, 동시에 유형에 대한 가치순위를 위해서 정부와 NIG 간 관계, 다원주의적 관점으로 측정변수를 세분화하여 좀 더 객관성을 높였다는 점에서, 본 수정된 유형론은 기존 이론과 차별성을 갖는 것이다.

한편, 건강보험통합정책에 대한 기존 연구를 살펴보면, 원석조(2003)는 건보통합논쟁의 이념성을 조명하면서 우리나라의 경우 건보통합논쟁이 사회주의적 또는 사회민주주의적 이념과는 거리가 있다는 연구결과를 도출했고, 이용재(2004)는 건보통합과정에서 나타난 의회역할을 조명하면서 의회가 직접적인 통합논쟁과 갈등표출의 장이 되었으며 여전히 우리나라 의회의 정책결정기능이 혼란스럽고 왜곡된 결정이 표출될 가능성이 높다는 등의 연구결과를 조명하였다. 그리고 원석조(2006)는 건보통합논쟁의 전개과정을 분석하면서, 보사부 안에서 건보통합문제를 제기한 시발단계, 국회 · 언론 · 경제기획원 · 국무총리실 · 관변 연구기관 · 학계 등으로 논쟁이 번진 확산단계, 농민단체 · 진보적인 보건의료단체 · 건강보험노동조합 등 시민사회단체가 중심이 되어 시정운동으로 발전시킨 사회운동단계, 그리고 국민의 정부에 의해 관리운영이 통합되고 참여정부에 들어서서 재정통합까지 이룬 제도통합단계 등 4단계로 전개과정을 분석하였다.

아울러 복지정책의 형성과정에 대한 기존 연구도 조명해 보면, 이진숙 · 안대영(2005)은 「건강가정기본법」의 정책결정과정을 킹던의 정책흐름이론을 활용하여 분석했는데, 이 법의 제정과정에서는 합리성이 아니라 가장 높은 수준의 정치적인 힘을 가진 정책참여자의 대안이 정책으로 결정되었다는 연구결과를 도출하였고, 박윤영(2005) 역시 국민임대주택 정책결정과정을 킹돈의 정책흐름이론을 활용하여 분석하는 등 기존의 연구는 NIG에 대한 정부의 참여수용성 관련 분석이 거의 부재하다는 점에서, 본 연구는 어느 정도 차별성을 갖는다고 할 수 있다.

제 3 절 건강보험통합정책의 의의

1. 건강보험통합정책의 정의

건강보험통합정책은 기존에 조합방식으로 운영하여 오던 직장건강보험, 지역건강보험, 그리고 공교건강보험을 조직 및 재정통합을 통해 단일화시키는 정책변동을 의미한다.

이러한 통합정책과정은 여러 이해당사들 간에 높은 수준의 상호작용으로 나타나는데, 그 시작은 1980년 10월 천명기 보사부장관이 당시 전두환 대통령에게 통합계획을 보고한 것이 그것이다. 이에 대해 청와대는 통합방식에서는 의료책임이 모두 국가에 전가되어 정부와 국민이 직접 대립하게 되면서 통치권에 부담이 온다는 논리를 내세워 반대를 분명히 했으나 경제기획원과 국무총리실은 정책적 판단에 따라 통합방식을 지지하는 보고서를 발표하기에 이른다.

이러한 정부주도의 통합정책에 새로운 국면이 조성되게 되는데, 진보의료단체와 농민단체 등 NIG들의 조직적인 시정운동이 그것이다. 이들은 농어민 건강권 확보를 외치며 건강보험의 통합필요성을 주장했고, 이에 따라 건보통합을 골자로 하는 「국민의료보험법」이 1989년 3월에 국회에서 가결되기에 이른다. 하지만 통치권 부담 등을 우려한 노태우 대통령의 거부권으로 인해 건강보험통합은 좌절되고 만다.

하지만 시간이 흘러 민주화와 함께 크게 성장한 NIG들의 통합요구로 인해 1997년 11월 18일 공교건강보험과 지역건강보험을 통합한 「국민의료보험법」이 국회에서 가결되게 되고, 1999년 1월 6일에는 직장건강보험까지 통합한 「국민건강보험법」이 국회를 통과함에 따라 2000년 7월에 조직이 통합된 상태에서 직장 · 지역 · 공교건강보험의 3기금 시스템으로 이행된 후, 2001년 1월부터 직장과 공교건강보험의 재정이 통합되어 2기금 시스템으로 추진되기에 이른다. 결국, 2003년 7월 지역건강보험의 재정까지 통합한 완전한 통합산출물이 나오게 된 것이다(〈표 8-3〉 참조).[9]

9) 1999년 1월에 직장건강보험까지 통합한 「국민건강보험법」이 국회에서 가결됨에 따라, 완전통합은 2002년

표 8-3 건강보험통합정책의 추진경과

일자	주요 내용
1980.10	천명기 보사부장관, 전두환 대통령에게 건강보험 통합계획 보고
1980.11	청와대, 통합반대 보고서 작성
1981.01	천명기 장관, 국회 보사위에 단계적 통합방침 보고
1981.08	한국노총, 통합찬성 개선요구서 발표
1983.03	보사부파동 발생
1986.05	민정당, 당정협의에서 전국적인 통합 요구
1986.08	경총, 통합반대 건의문 발표
1986.10	경제기획원 및 국무총리실, 통합찬성 보고서 발표
1988.02	진보의료단체와 농민단체 등 NIG, 시정운동 시작
1988.04	진보의료단체와 농민단체 등 NIG, 서울종로성당에서 통합찬성 대토론회 개최
1988.06	진보의료단체와 농민단체 등 NIG, 전국의료보험대책위원회 결성
1989.03	통합을 골자로 하는 「국민의료보험법」 국회가결
1989.03	노태우 대통령, 통합법안에 거부권 행사
1997.11	공교건강보험과 지역건강보험을 통합한 「국민의료보험법」 국회가결(1차 통합법)
1998.12	경실련 · 참여연대 등 대표적인 NIG, 통합운동에 참여
1999.01	직장건강보험까지 통합한 「국민건강보험법」 국회가결(2차 통합법)
2000.07	조직통합(3기금 시스템)
2001.01	공교건강보험과 직장건강보험의 재정통합(2기금 시스템)
2003.07	지역건강보험까지 재정통합(1기금 시스템)

출처: 기존의 여러 자료를 근거로 구성.

이러한 통합정책과정의 흐름에서 통합찬성의 정당성은 관리운영비의 절약, 공정한 보험료 부과체계 및 급여체계, 그리고 위험부담의 분산효과 등으로 나타났

1월에 예정되어 있었으나 2001년 한나라당 의원들이 재정분리 법안을 제출하여 가결시킴으로서 통합이 1년 6개월간 지연되게 된 것이다.

으며, 통합반대의 정당성은 임금근로자의 부담증대, 통합체제로 인한 대규모 관료화, 그리고 급여비 남용 등으로 정리할 수 있을 것이다(원석조, 2003: 42-44).

2. 건강보험통합정책의 시기별 구분[10)]

1) 시발기(1980.10~1988.01)

시발기의 촉발기제는 1980년 10월 천명기 보사부장관의 통합문제 제기이다. 천 장관은 조합방식의 복잡성과 비효율성을 지양하고, 건강보험의 전국 확대를 위해서는 통합운영이 필요하다고 판단하여, 전두환 대통령에게 의료보험관리운영체계일원화방안을 보고한 것이다. 이러한 천 장관의 통합제기는 20년이 넘게 이어진 논쟁의 시작이 되었다(원석조, 2003: 162-167).

시발기에서는 주로 보사부, 청와대, 경제기획원, 총리실, 그리고 국회 등 정부위주로 정책형성이 이어졌으며, 경총 및 한국노총 등 NIG들이 주변에서 의견을 피력하는 시기였다.

2) 확산기(1988.02~1997.10)

확산기의 촉발기제는 농민단체와 진보의료단체 등 NIG가 주도하여 진행된 시정운동이다. 시정운동은 1998년 2월 괴산 역말다리 앞 광장에서 1천5백여 명의 농민들이 모여 도시직장인과 비교한 보험료부과의 비형평성에 대해 문제를 제기함과 동시에 납부거부, 서명운동, 공청회 개최, 정부에 대한 청원 등을 결의하면서 시작되었다(원석조, 2003: 167-170). 본 시정운동에는 교회빈민의료협의회, 기독

10) 본 연구에 있어서 주된 논의는 시간의 흐름을 전제로 한다. 따라서 시간의 흐름에 따른 분석은 일정한 기준에 의해 시기구분을 할 수 있다. 시기구분을 함에 있어서 그 기준들에 대한 학자들의 일치된 견해가 부재하기 때문에 명확한 시기구분을 할 수 없다는 한계를 내포하지만, 시대적 특성에 따라 어느 정도 구분한다면 분석하는 데 있어서 유용하게 활용할 수 있을 것이다. 이러한 시기구분의 기준은 촉발기제가 된다. 한편, 촉발기제에 따른 각 시기는 정책형성과정으로 진행되나 연구의 편의상 정책형성으로 인한 집행과정도 일정부분 다루었다.

교청년의료인회 등의 NIG가 적극적으로 참여하여 통합논쟁을 전국적으로 확산시키는 역할을 했던 것이다.

확산기에서는 진보의료단체 · 재야농민단체 등 NIG, 청와대, 행정부, 그리고 국회 등을 중심으로 건보통합을 둘러싼 정책형성과정이 이어지게 되었다.

3) 통합기(1997.11~2003.07)

통합기의 촉발기제는 1997년 11월 18일 공교건강보험과 지역건강보험을 통합한 「국민의료보험법」이 국회에서 가결되는 상황이다. 이로 인해, 또다시 건보논쟁이 본격적으로 시작되는데, 이는 건보통합이 실질적으로 제도에 반영되는 순간으로 이러한 1차 통합법의 산출은 직장 · 지역 · 공교건강보험이 통합되는 2차 통합법의 산출로 이어지게 되었다.

통합기에서는 경실련 · 참여연대 등 대표적인 NIG, 행정부, 그리고 국회 등이 건강보험통합의 마지막 정책형성과정에 참여하여 치열한 상호작용을 펼치게 되었다.

제 4 절 건강보험통합정책에서 나타나는 참여수용성 분석

1. 시발기(1980.10~1988.01)

1980년 10월 천명기 보사부장관의 통합문제 제기로 시작된 시발기에서는 정책형성과정을 위한 정부 주최의 공청회 및 실무추진기구 등이 전혀 발견되지 않는다. 이는 정부가 NIG의 필요성을 인식하지 못하는 것으로, 이들을 제도적 정책형성과정에서 배척시키는 상황인 것이다.

본 시기에서는 정부 간 상호작용이 주를 이루었는데, 청와대 등이 건보통합을 반대하는 조합론의 입장이었다면, 보사부·경제기획원·국무총리실·국회 등은 통합론의 입장에서 자신들의 주장을 피력하게 된다.

먼저, 조합론의 입장에 있는 청와대는 1980년 11월 의료보험관리체제일원화방안과 1982년 9월 '의료보험제도통합운영일원화문제검토'의 자료를 통해, 건강보험체제가 조합주의에서 통합주의로 변동될 경우 농민과 자영업자의 보험료 절반지원요구 등으로 정부재정에 상당한 부담을 줄 것이며, 공사화로 인한 관료제화, 보험료 조정 시 정부와 국민 간에 직접적 대립 불가피, 자율규제 철폐로 인한 불필요한 진료 증가, 그리고 의료에 대한 모든 책임이 정부로 직결되어 복지병이 유발될 수 있다는 주장 등을 내세워 건보통합으로 인한 통치권에 상당한 부담을 느끼고 있었다.

한편, 통합론의 입장에 서 있는 보사부는 1980년 10월 의료보험관리공사를 설치하여 건보통합을 추진하겠다는 내용의 '의료보험관리운영체계일원화방안'을 대통령에게 보고하는 등 가장 적극적인 모습을 보였으나 청와대의 반대, 천명기 보사부장관의 경질, 그리고 보사부 파동[11] 등이 이어지면서 통합추진이 크게 후퇴하게 된다. 경제기획원은 1986년 4월 의료보험확대개선방향과 1986년 10월 사회보험과 소득재분배의 자료를 통해, 조합주의에서 통합주의로 변동될 경우 지역간·계층 간 소득재분배와 사회통합의 효과, 관리운영의 효율성, 그리고 의료체계의 개편용이 등을 내세워 찬성입장을 분명히 했으며, 국무총리실도 1986년 10월 일원화 반대논거에 대한 검토의 자료를 통해, 분산된 유휴재원의 활용, 위험분산으로 인한 국가재정 절약, 그리고 부담능력이 어려운 농민과 저소득 자영업자의 부담경감 등을 내세워 통합에 찬성을 하게 된다.

한편, 당시 여당인 민정당도 1982년 1월 건강보험을 농촌까지 확대하되 농어민 건강보험을 직장건강보험에 통합시켜 출범시키는 내용을 담고 있는 의료보험일원화법을 만들어 발의하기로 방침을 세우기까지 했다. 이렇게 볼 때, 전반적으로 통합론자들은 관리운영의 효율성을 통한 전 국민의 균등한 건강보험 혜택을 지향하고자 했던 것이다.

---

11) 보사부 내 건보통합추진세력이 조합주의세력에 의해 조직 내에서 축출된 사건을 의미한다.

이러한 제도권의 상호작용 주변에서는 NIG가 의견을 피력하게 되는데, 한국노총은 1981년 8월 발표한 의료보험제도개선요구서에서 근로자 권익을 보호하기 위하여 현재의 조합주의체제를 지양하고 직장의료보험조합체제를 하나로 통합·운영할 것을 요구한 반면, 경총은 1986년 8월 발표한 의료보험기구 및 재정통합에 대한 건의에서 현행 조합주의에서 통합주의로 변경될 경우, 지역건강보험 확대에 따른 재원을 직장건강보험의 누적적립금으로 충당하여 보험료 상승과 노사의 불만이 쌓이게 되며, 주인의식의 결여로 과잉진료 현상이 초래될 가능성 등을 내세워 반대입장을 분명히 했다(원석조, 2003: 41-49).

그러나 비제도권에서 의견을 피력했던 NIG들의 주장이 정책에 반영되지는 못했다. 이는 정부가 발표한 각종 보고서에 NIG 주장에 대한 인용이 발견되지가 않았고, 정책수용에 대한 기사내용도 부재했기 때문이다.

전술한 사항들을 전직 관련 공무원과의 인터뷰[12]를 통해 살펴보면, 전직 행정부 A공무원은 "정부 간 상호작용은 전적으로 자신들의 가치판단에 의한 의견피력이었으며, 초기단계라서 그런지 NIG들의 제도권 진입과 주장반영을 전혀 고려하지 않았다"고 밝혔고, B공무원은 "NIG의 필요성을 전혀 느끼지 못해 이들의 참여 및 의견반영을 고려하지 않았으나 참여에 대해서는 좀 더 신중할 필요는 있었다"고 의견을 피력했으며, C공무원 역시 "상황이 생각보다 긴박해져서 이들의 참여와 의견반영은 없었다"고 밝혔다.

한편, 전직 입법부 A공무원은 "행정부뿐만 아니라 입법부 차원에서도 이들의 참여 및 의견수렴에 대한 고려를 하지 않았다"고 의견을 피력했으며, B공무원 역시 "국회 논의과정에서 이들의 참여와 의견반영은 오히려 혼란을 줄 수 있다는 점에서 배제했다"는 의견을 밝혔다.

12) 본 인터뷰는 연구의 객관성을 위해서 보사부에서도 근무했던 건보통합 관련 전직 행정부 A, B, C 고위공무원과 당시 근무했던 전직 입법부 A, B 고위공무원을 대상으로 추진한 것으로, 2007년 2월 24일·4월 7일, 2007년 9월 1~2일에 이루어졌으며, 익명의 요구로 여타 사항은 미공개로 하고자 한다. 본 인터뷰자료는 사실적 진술에 근거해서 학술논문 성격에 맞게 재정리했으며, 본 자료는 확산기와 통합기에서도 활용된다.

이들의 인터뷰내용을 정책기구의 특성과 정책성향으로 대별하여 정리하면 〈표 8-4〉와 같다.

표 8-4 시발기의 관련 공무원 인터뷰 분석[13)]

구분	정책기구의 특성		정책성향	
	위계적	통합적	주도적	반응적
전직 행정부 A공무원	○	×	○	×
전직 행정부 B공무원	○	×	○	×
전직 행정부 C공무원	○	×	○	×
전직 입법부 A공무원	○	×	○	×
전직 입법부 B공무원	○	×	○	×

결론적으로, 시발기의 참여수용성 유형은 청와대, 보사부, 경제기획원, 국무총리실, 입법부 등 정부가 한국노총 등의 NIG를 제도적 정책형성과정의 공간에서 열외시키고 정책을 독점적으로 형성해나가는 'H-A 유형'으로 나타났고, 이를 근거로 정부와 NIG에 관한 관계를 유추해 보면, 양 관계가 비협조로 흐르는 적대적 관계로 파악된다.

실제로, 전직 행정부 A, B, C공무원과 전직 입법부 A, B공무원과의 인터뷰에서 나타난 진술을 정리해 보면 "NIG에 대한 실체를 정부가 거의 인정하지 않았다는 점에서 이들의 주장을 무시한 측면이 있으며, 따라서 이들도 일정부분 불만을 가진 것이 사실이다"라고 공통적으로 의견을 피력하여 적대적 관계를 명확히 했다.

한편, 다원주의 관점에서 살펴보면, NIG를 정책형성과정의 공간에 참여시키지

13) ○은 지향, ×은 지양을 의미하며, 이는 이후 시기에서도 동일한 의미로 적용된다.

도 않았을 뿐만 아니라 그들의 주장을 반영하지도 않았다는 점에서, 커튼적 행태로 규정할 수 있을 것이다.

그리고 시발기에서 H–A 유형이 도출된 요인을 간략히 살펴보면, 참여제도의 부재, 권위주의적 의식, 그리고 NIG의 미성숙 등이라고 할 수 있다. 참여제도의 설치는 NIG의 참여를 적극적으로 유인하는 기제가 될 수 있다는 점에서, 본 시기에 있어서 공청회 및 실무추진기구의 부재는 참여수용을 매우 낮은 수준으로 유도할 수밖에 없는 것이며, 권위주의적 의식은 관우월의식으로서 민간부문인 NIG의 제도적 참여와 의견의 수용에 소극적이라는 점에서 본 시기에 있어서 높은 수준의 권위주의적 의식 또한 NIG의 수용에 부정적일 수밖에 없는 것이다. 그리고 양질 차원에서 미성숙된 NIG의 존재는 정책형성과정의 참여수용에 대한 유인이 될 수 없다는 점에서, 본 시기에서 나타나는 성숙된 NIG 부재 역시 NIG에 대한 정부의 수용을 방해하는 요인으로 작용한 것이다.

이와 관련하여 전직 행정부 B공무원과의 인터뷰[14]에서도 "실제 정책형성과정에 NIG를 참여시키지 않고 의견을 수용하지 않은 것은 관존민비, 성숙된 NIG가 없다는 점 등이 큰 요인으로 작용한 것이 분명하다"고 밝혔다. 그리고 전직 입법부 A공무원 역시 "전문적 식견을 가진 NIG가 부재하였다"고 의견을 피력하였고, B공무원도 "당시에는 민간부문을 낮게 보는 경향이 팽배했으며, 이러한 요인 등으로 인해 참여시키지 않았다"고 밝혔다.

2. 확산기(1988.02~1997.10)

1988년 2월 시정운동으로 시작된 확산기에서는 정책형성과정을 위한 행정부 산하의 실무추진기구인 '의료보장개혁위원회'가 존재했으나 본 기구는 실질적으로 NIG들의 참여를 허용하지 않았다. 즉, 정부가 NIG를 제도적 정책형성과정에

14) NIG에 대한 참여 및 의견반영과 관련하여 그 요인을 인터뷰한 결과, 전직 행정부 B공무원, 전직 입법부 A공무원 · B공무원만이 답변했으며, 나머지 공무원은 의견보류입장을 표명하였다. 한편, 이는 확산기 이후에도 동일하게 지속된다.

진입시켜 대화파트너로서는 생각하지 않았던 것이다.

본 시기에서는 가톨릭농민회, 전국농민협회, 기독교농민회총연합회, 교회빈민의료협의회, 기독교청년의료인회, 건강사회실현약사협의회 등의 NIG가 시정운동을 주도하게 된다. 특히, 이들은 1988년 4월 서울종로성당에서 농어민 건강권 확보를 위한 대토론회를 공동으로 개최하여 농어민에 대한 보험료의 과중부담, 보험료산정기준의 비합리성, 진료권 설정의 비형평성, 그리고 조합방식의 비효율성 등을 제기하며, 건강보험 통합운영, 국고보조의 50% 확대, 그리고 보험료의 적정부과 등을 정부에 강하게 요구하였다. 이들은 토론회 직후 당시 여당인 민정당 당사로 가두행진을 하는 등 적극적인 자세를 보이기도 했다. 이러한 NIG들의 요구는 정부에 의해서 1998년 4월에 반영되기에 이른다. 즉 정부지원율을 기존의 35.1%에서 50%로 상향조정하게 된 것이다. 그러나 실질적으로 농민에 대한 정부지원율이 21.6%에서 39.6%로 인상된 것에 불과하다는 사실을 발견한 NIG들이 시정운동을 더욱 거세게 전개하게 된다.

이는 1988년 6월 28일 결성된 전국의료보험대책위원회[15]로 구체화된다. 본 단체는 진보의료단체, 재야농민단체 등 41개 NIG로 구성되었는데, 이들은 결성 직후 전국적인 100만인 서명운동을 전개했으며, 통합론 학자들과 더불어 건강보험의 조직 및 재정의 완전통합, 의료보호의 건강보험으로의 흡수, 그리고 보험료 누진제 등의 내용을 담은 가칭 국민의료보장법안을 만들기도 했다.

이에 대한 화답은 국회에서 시작되었다. 평민당과 민주당을 중심으로 건보통합을 골자로 하는 「국민의료보험법」 개정안이 1989년 3월 9일 국회에서 가결된 것이다. 이는 1980년부터 20년 가까이 이어져 온 건강보험통합논쟁이 마무리되는 시점으로 보이기에 충분했던 것이다. 그러나 노태우 대통령이 공공안녕질서와 국

15) 본 단체는 이후 노동자, 학생, 보건의료인, 도시빈민 등이 참여한 의료보장쟁취공동위원회(1989년)로 이어졌고, 1994년 4월 11일 노동, 농민, 시민, 보건의료인 등 광범위한 NIG가 참여한 의료보험 통합일원화 및 보험적용 확대를 위한 범국민연대회의(이하 의보연대회의)로 발전하게 된다. 특히, 의보연대회의는 의료보험의 통합일원화, 보험적용확대 등의 목표를 걸고 활동을 시작했는데, 당초에는 의료보장개혁위원회의 의료보험개혁활동에 대한 대응을 위한 한시적 조직으로 시작했으나, 의보통합을 달성할 때까지 활동하기로 합의한 후 1999년 초까지 활동이 계속되었다(연합뉴스〈http://www.yonhapnews.co.kr〉).

가안위를 위태롭게 하는 법안이라는 근거를 내세워 1989년 3월 24일 본 법안에 거부권을 행사함으로써, 건보통합은 물거품이 된다(원석조, 2006: 167-170).

본 시기는 NIG들을 제도적 정책형성과정에 진입시키는 않았지만 일정부분 이들의 주장을 반영한 시기로서, 이와 관련하여 전직 행정부 A공무원은 "NIG들을 전면적으로 정부기구에 진입시키지는 않았지만 이들의 의견반영을 고려했고, 부분적으로 반영하기도 했다"고 밝혔고, B공무원은 "이들의 정책참여는 전혀 고려되지 않았고, 다만 참여는 배제한 채 의견반영은 어느 정도 있었다"고 피력하였으며, C공무원 역시 "의견반영만 고려했지 참여는 없었다"는 의견을 밝혔다.

그리고 전직 입법부 A공무원은 "논의과정에서 제도권으로의 공식적인 참여는 없었던 것으로 알고 있으며, 다만 그들의 주장이 일부 반영된 것은 사실이다"라고 밝혔으며, B공무원 역시 "정책형성과정의 공식적인 참여와 주장반영을 고려하지 않았으나, 시대적 흐름에 따라 일정부분의 주장을 반영하기에 이르렀다"는 의견을 피력하였다.

이들의 인터뷰내용을 정책기구의 특성과 정책성향으로 대별하여 정리하면 〈표 8-5〉와 같다.

표 8-5 확산기의 관련 공무원 인터뷰 분석

구분	정책기구의 특성		정책성향	
	위계적	통합적	주도적	반응적
전직 행정부 A공무원	○	×	×	○
전직 행정부 B공무원	○	×	×	○
전직 행정부 C공무원	○	×	×	○
전직 입법부 A공무원	○	×	×	○
전직 입법부 B공무원	○	×	×	○

결론적으로, 확산기의 참여수용성 유형은 행정부, 입법부 등 정부가 NIG를 제도적 정책형성과정의 공간에서 열외시키기는 했으나 그들의 의견을 반영시켰다는 점에서, H−R 유형으로 분석할 수 있다. 그러나 이들의 핵심주장사항이라고 할 수 있는 건보통합요구가 대통령의 거부권행사로 결국에는 무산됐다는 점에서 '낮은 단계의 H−R 유형'으로 종합할 수 있을 것이다.

이를 근거로 정부와 NIG에 관한 관계를 유추해 보면, 입법부를 중심으로 하는 정부가 NIG의 대리인으로 일정부분 기능하는 낮은 단계의 후견적 관계로 파악할 수 있으며, 실제로 전직 행정부 A, B, C공무원과 전직 입법부 A, B공무원과의 인터뷰에서 나타난 진술을 근거로 조명해 보면 "양질적인 측면에서 NIG가 일정부분 성숙했다는 판단을 했으며, 따라서 이들을 정부기구 등 공식적 공간에 직접 참여시키지는 않았으나 주장을 전혀 무시할 수 없었다는 점에서, 근거를 가지고 이들의 주장을 공식적 공간에서 일정부분 반영시켜 준 것이 사실이다"라고 의견을 피력하여 낮은 수준의 후견적 관계를 명확히 밝혔다.

한편, 다원주의 관점에서 살펴보면, NIG를 정책형성과정의 공간에 참여시키지는 않았지만 그들의 주장을 일정부분 반영시켰다는 점에서 낮은 단계의 과도적 행태로 규정할 수 있다.

그리고 확산기에서 낮은 단계의 H−R 유형이 도출된 요인을 간략히 살펴보면, 편의주의적 의식, NIG의 성숙 등이라고 할 수 있는데, 편의주의적 의식은 효율성 차원에서 민간부문인 NIG를 참여제도에 진입시키지 않는 것으로, 본 시기에서는 이러한 의식으로 인해 의료보장개혁위원회가 존재했음에도 불구하고 NIG를 정책형성과정에 참여시키지 않았던 것이다. 그러나 양질 차원에서 성숙된 NIG의 존재는 정책형성과정의 참여수용에 대한 유인이 될 수 있다는 점에서, 본 시기에서 나타나는 성숙된 NIG 존재가 일정부분 이들의 의견을 반영할 수 있었던 요인으로 작용한 것이다.

실제로, 전직 행정부 B공무원과의 인터뷰에서 "참여제도가 마련되어 있어 NIG의 참여여부를 고민했으나 빠른 시일 내에 처리해야 한다는 정책의 성격상 정책형성과정에 NIG를 참여시키지는 않았다. 하지만 성숙된 NIG가 존재하고 있었다는 점에서 이들 의견을 일정부분 반영한 것은 사실이다"고 밝혔다. 그리고 전직 입법부 A공무원은 "국회 논의과정에서 신속한 정책형성이 요구되었기 때문에 참여시키지 않은 부분이 있다"는 점을 밝혔고, B공무원은 "실제로 NIG가 성숙하고 있는 것은 사실이었으며, 따라서 이들의 의견을 완전히 무시할 수는 없었다"는 의견을 피력하였다.

3. 통합기(1997.11~2003.07)

1997년 11월 18일 공교건강보험과 지역건강보험을 통합한 「국민의료보험법」이 국회에서 가결됨에 따라 시작된 통합기에서는 정책형성과정을 위한 행정부 산하의 건강보험통합추진기획단(1998.03 조직)과 입법부주도의 공청회인 건강보험 재정통합과 이후의 과제와 전망(2003.06.16 개최)이 존재했으나, 실무추진기구의 경우 위원구성 9명을 정부 측에 3명, 학자 측에 4명, 그리고 정부 소속 연구원 및 공단 소속으로 구성함에 따라 NIG의 참여는 전무했다. 공청회 역시 건보통합이 최종 확정된 이후 개최된 것이라는 점에서, 통합을 위한 정책형성과정에 미치는 영향이 부재했다. 즉, 통합기에서도 정부가 NIG를 제도적 정책형성과정에 진입시키지는 않았던 것이다.

1997년 11월 18일에 국회에서 가결된 1차 통합법은 한나라당이 발의한 것으로서, 각계각층의 통합요구로 이루어진 것이다. 이에 따라 227개의 지역건보조합과 공무원·사립학교관리공단을 통합·운영할 국민의료보험관리공단이 조직되기에 이른다(김홍신, 2003: 2).

건보통합을 위한 요구는 여기에서 멈추지 않고, 직장건강보험을 포함한 완전통합을 위해 대표적인 NIG인 경실련과 참여연대 등이 건보통합에 가세하면서 통합론에 결정적인 힘이 실리게 된다.

경실련은 건강보험의 완전통합을 위해 1998년 12월 4일에 발표한 성명서에서 사회보험의 기본원리인 소득재분배 기능과 위험분산 기능을 전국적으로 확대하기 위해, 보험료 부담의 형평성과 보험급여의 혜택을 받기 위해, 그리고 방만한 조합운영을 전국단위로 통합하여 효율성을 기하고 고비용 저효율의 보건의료구조를 개선하기 위한 건보통합의 필요성을 제기하였다. 참여연대 역시 1998년 12월 12일에 발표한 성명서에서 건강보험통합을 위한 국민의 의료보험 혜택확대를 강력하게 정부 등에 요구하기에 이른다.

결국, 1999년 1월 6일 김대중정부가 발의한 「국민건강보험법」이 국회에서 제정 가결되게 된다(원석조, 2006: 171-174). 본 2차 통합법은 직장건강보험까지 통합하는 내용을 담고 있는데, 이에 근거하여 2000년 7월에 국민의료보험관리공단과 140개 직장건보조합을 통합하여 국민건강보험공단을 발족하여 조직을 통합한 후, 2001년 1월부터 직장과 공교건강보험의 재정을 통합하여 2기금 시스템으로 운영하고, 시행착오를 거쳐 2003년 7월부터 지역건강보험의 재정까지 통합한 완전한 건보통합이 시행되게 된 것이다(이용재, 2004: 241). 이에 따라 건강보험통합정책은 조합주의체제에서 통합주의체제로 변동하게 된다.

본 시기는 확산기와 마찬가지로 NIG를 제도적 정책형성과정에 진입시키지는 않았지만 상당부분 이들의 주장을 반영한 시기로서, 전직 행정부 A공무원도 "효율성 등의 차원에서 NIG들을 정부기구에 포함시켜 의견을 청취하지는 않았지만 이들의 의견을 분석했고 정책에 상당부분 반영시켰다"고 밝혔다. 그리고 B공무원은 "이들을 공식적인 자리에 참여시키려고 했으나 상황이 여의치 않았으며, 제도권 밖에서 주장은 상당부분 반영시켰다"고 피력하였으며, C공무원은 "이들의 주장은 객관성을 제고하는 데 중요하여 상당부분 반영시켰으나, 공식적인 제도권자리를 통해 얼굴을 맞댄 것은 아니었다"고 밝혔다.

또한, 전직 입법부 A, B공무원 역시 "NIG의 주장을 반영시켜 정책형성에 큰 도움을 받았지만, 실무추진기구 등을 통해 반영시킨 것은 아니었다"는 의견을 피력하였다.

전술한 인터뷰내용을 정책기구의 특성과 정책성향으로 대별하여 정리하면 〈표 8−6〉과 같다.

표 8-6 통합기의 관련 공무원 인터뷰 분석

구분	정책기구의 특성		정책성향	
	위계적	통합적	주도적	반응적
전직 행정부 A공무원	○	×	×	○
전직 행정부 B공무원	○	×	×	○
전직 행정부 C공무원	○	×	×	○
전직 입법부 A공무원	○	×	×	○
전직 입법부 B공무원	○	×	×	○

결론적으로, 통합기의 참여수용성 유형은 확산기와 마찬가지로 행정부, 입법부 등 정부가 NIG를 제도적 정책형성과정의 공간에서는 제외시켰지만 그들의 의견을 반영시켰다는 점에서 H－R 유형으로 분석할 수 있다. 그러나 확산기와 다르게 NIG의 핵심주장사항이라고 할 수 있는 건보통합요구가 1999년 1월 6일에 국회에서 가결되어 실제로 시행되고 있다는 점에서 '높은 단계의 H－R 유형'으로 종합할 수 있을 것이다.

이를 근거로 정부와 NIG에 관한 관계를 조명해 보면, 행정부와 입법부 등의 정부가 NIG의 대리인으로 상당부분 기능하는 높은 단계의 후견적 관계로 요약할 수 있다. 실제로, 전직 행정부 A, B, C공무원과 전직 입법부 A, B공무원과의 인터뷰에서 나타난 진술을 근거로 정리해 보면 "모든 측면에서 NIG가 상당부분 성숙한 것이 사실이며, 이들의 주장을 무시할 수 없다는 것이 시대적 흐름이었다는 점에서, 제도적 공간에 참여시키지는 않았지만 근거를 가지고 적극적으로 이들의 주장을 대신하여 반영한 것이 사실이었다"라는 의견을 피력하여 높은 수준의 후견적 관계를 명확히 했다.

한편, 제도적 참여와 주장반영의 입장인 다원주의 관점에서 통합기의 특징을 살펴보면, NIG를 정책형성과정의 공간에 참여시키지는 않았지만 그들의 주장을 상당부분 반영시켰다는 점에서, 높은 단계의 과도적 행태로 규정할 수 있을 것이다.

그리고 통합기에서 높은 단계의 H−R 유형이 도출된 요인을 간략히 살펴보면, 확산기와 마찬가지로 편의주의적 의식, NIG의 성숙 등이라고 할 수 있는데, 본 시기에서는 편의주의적 의식으로 인해 의료보장개혁위원회가 존재했음에도 불구하고 NIG를 정책형성과정에 참여시키지 않았다. 하지만 본 시기에서 나타나는 양질 차원의 성숙된 NIG로 인해 상당부분 이들의 의견을 반영할 수 있었던 것이다.

실제로, 전직 관련 공무원과의 인터뷰에서도 이 같은 사실이 나타난다. 전직 행정부 B공무원과의 인터뷰에서는 “이전시기와 마찬가지로 참여제도의 설치에 따른 NIG의 참여여부를 신중히 고려했으나, 효율성 차원에서 빠른 시일 내에 처리해야 한다는 것으로 인해 NIG를 참여시키지는 않았다. 다만 경실련, 참여연대 등 양질의 성숙된 NIG존재로 인해 이들 의견을 상당부분 반영한 것은 사실이다”고 밝혔다. 그리고 전직 입법부 A공무원은 “중립적이고 전문성을 가진 NIG 등이 증가하여 이들의 의견을 반영한 것은 사실이다”고 밝혔고, B공무원은 “정책형성과정에서 효율성 차원의 편의주의가 무시될 수는 없었다는 점에서, 이들의 참여는 상당부분 막혔던 것으로 본다”는 의견을 피력하였다.

제 5 절 결론

건강보험통합정책이 조합주의체제에서 통합주의체제로 변동되는 과정에 NIG가 이해당사자로 작용하여 영향력을 발휘한 것은 현대 다원주의체제에서 이들의 존재를 인정할 수밖에 없는 명제를 증명한 것이다.

이러한 NIG의 활동은 '수정된 프리드선의 유형론'을 활용한 정부의 참여수용성을 통해 조명할 수 있는데 분석결과, 시발기의 경우 정부가 NIG를 제도적 정책형성과정의 공간에서 열외시키고 정책을 독점적으로 형성해나가는 'H—A 유형'으로 나타났고, 확산기의 경우 정부가 NIG를 제도적 정책형성과정의 공간에서 열외시키기는 했으나 그들의 의견을 일정부분 반영했다는 점에서 '낮은 단계의 H—R 유형'으로 나타났다. 그리고 통합기의 경우 정부가 NIG를 제도적 정책형성과정의 공간에서는 제외시켰지만 그들의 의견을 상당부분 반영시켰다는 점에서 '높은 단계의 H—R 유형'으로 도출되었다.

한편, 유형의 가치순위를 위한 정부—NIG 간 관계, 다원주의적 관점을 시기별로 분석한 결과, 시발기는 적대적 관계 · 커튼적 행태로 나타났고, 확산기는 낮은 단계의 후견적 관계 · 과도적 행태를 보였다. 그리고 통합기는 높은 단계의 후견적 관계 · 과도적 행태로 분석되었다. 아울러 이러한 유형이 도출되는 시기별 요인으로는 시발기에서는 참여제도의 부재 · 권위주의적 의식 · NIG의 미성숙, 확산기와 통합기에서는 편의주의적 의식 · NIG의 성숙 등으로 각각 나타났다(〈표 8—7〉 참조).

표 8-7 시기별 NIG에 대한 정부의 참여수용성 분석결과

구분	시발기	확산기	통합기
유형	H—A 유형	H—R 유형 (낮은 단계)	H—R 유형 (높은 단계)
정부—NIG 간 관계	적대적 관계	후견적 관계 (낮은 단계)	후견적 관계 (높은 단계)
다원주의적 관점	커튼적 행태	과도적 행태 (낮은 단계)	과도적 행태 (높은 단계)
유형의 요인	참여제도의 부재, 권위주의적 의식, NIG의 미성숙	편의주의적 의식, NIG의 성숙	편의주의적 의식, NIG의 성숙

종합적으로, 건강보험통합정책을 둘러싼 NIG에 대한 정부의 참여수용성을 시기별로 살펴본 결과, 정부와 NIG 간 관계가 적대적 관계에서 후견적 관계로 흐르고, 다원주의 관점에서 보면 커튼적 행태에서 과도적 행태로 변화하고 있다는 점에서, 시대적 흐름에 따라 다소나마 긍정적 방향으로 진행되고 있는 것은 사실이다.

그러나 NIG를 제도적 정책형성과정의 공간에 진입시키고 그들의 의견을 적절히 반영시켜, 현실이 반영된 정책산출을 통해 정책오차를 상당부분 줄일 수 있는 C−R 유형에는 미치지 못하고 있다는 점에서, 차후 C−R 유형의 지향은 중요한 과제인 것이다.

현대 민주주의체제에 있어서 C−R 유형은 많은 시사점을 제시하고 있는데, 대리인문제를 내포하고 있는 대의민주주의를 보완함으로써, 정책형성과정의 책임성과 대응성을 높이고, 정책문제와 정책수요를 보다 정확히 진단할 수 있어서 정책의 민주성과 합리성이 제고될 수 있는 것이다. 그리고 전문가 위주의 능률편향적인 정책형성경향이 완화될 수 있고, 정책형성이 사회의 일부계층이 아닌 다수시민의 의사와 이익에 부합되는 방향으로 이루어짐으로써, 정책의 사회적 형평성이 증대될 수 있다.

또한, 정책갈등의 소지가 사전에 해소되어 시민의 정책수용성이 높아질 수 있고 정부활동에 대한 시민의 이해와 신뢰가 증진될 수 있는 경로를 제공할 수 있는 것이다. 물론, C−R 유형이 정책형성과정의 비능률성, 포획현상 등을 유발할 수도 있지만, 정부가 성숙된 NIG를 중심으로 상황적응적인 참여수용을 적극적으로 추진한다면 C−R 유형의 현실적 가치는 더욱 빛날 것이다(박천오, 2002: 3-7).

아울러 '수정된 프리드선의 유형론'을 건강보험통합정책으로 분석한 결과, 외국의 사례뿐만 아니라 우리나라의 사례에도 어느 정도 적용할 수 있는 설득력이 있는 것으로 판단된다. 이것은 '수정된 프리드선의 유형론'의 유용성과 타당성을 우리나라의 경우를 통해 어느 정도 입증하는 증거라고 할 수 있는 것이다. 또한, 본 유형론을 통해 사회복지정책의 지방화 추진 등 제반과정에서 나타나는 거버넌스에 대해서 일정 시사점을 제시할 수 있다고 판단된다.

한편, 본 연구는 일정부분 한계를 노출하고 있는데, 첫째, 건강보험통합정책을 둘러싼 정부와 NIG 간 상호작용에 대한 자료확보의 미비로 객관성을 제고하고자 전직 고위공무원과 인터뷰를 시도했으나 본 연구에서 원하는 충분한 정보를 얻지 못했다는 점에서, 차후 자료확보를 통한 보다 객관적인 연구추진이 필요하다고 본다. 둘째, 참여수용성의 유형에 대한 우선순위에 있어서 명확한 분석기준의 부재로 H−R 유형과 C−A 유형을 같은 수준으로 규정했다는 점에서 아쉬움으로 남는다. 마지막으로, 정책참여자들의 설정을 진보 및 보수신문 등에 언급된 집단으로 규정했는데, 이러한 기준설정이 객관성을 제고하기에는 다소 한계로 작용할 수 있다.

제9장

사회복지사례와 정책이론의 결합 B: 서울추모공원건립정책에서 나타나는 ACMS 모형 분석

제 1 절 서론

비선호시설은 국가적 · 지역적으로 그 필요성이 일반적으로 받아들여지지만 해당 입지지역 차원에서는 해악성이 강하게 부각되는 양면성을 지니는 시설이라고 할 수 있다. 다시 말해서, 이러한 비선호시설에 근거한 입지정책은 공공시설 입지라는 핵심요소를 포함하고 분배정책의 성격을 갖지만, 그 편익이 국가 및 지역사회 전체에 주어지는 반면, 시설입지라는 지리적 특성 때문에 입지 주변지역에는 부정적 효과를 유발시킴으로써, 당해 주민 등은 편익보다는 비용을 더 느끼게 된다. 따라서 이의 수용을 거부하는 양상을 보인다는 점에서, 다른 분배정책과는 일정부분 차이가 있는 것이다. 이러한 대표적 비선호시설이 본 연구에서 조명할 화장장시설이라고 할 수 있다.

전통적으로 화장을 꺼리고 매장을 선호하는 우리나라의 문화적 배경은 좁은 국토에도 불구하고 많은 토지의 이용을 불가능하게 함으로써 높은 수준으로 사회적 문제를 야기시켜 왔다. 다행히 최근 국민들의 장묘문화는 매장중심적인 사고에서 화장중심적인 선호로 급속하게 변화하고 있는데, 이는 비좁은 국토에 비해 해마다 여의도 면적에 해당하는 토지가 분묘로 변해가는 것을 걱정하던 중앙정부나 지방정부들로서는 더없는 희소식이라 할 수 있다.

실제로, 보건복지부〈http://www.mw.go.kr〉에 의하면, 서울시민의 화장률 추이는 2001년 53.2%로 매장률을 처음으로 추월했으며, 지속적으로 높아질 것으로 전망하고 있다.

그러나 이러한 매장중심에서 화장중심으로의 장묘문화 변화는 또 다른 문제를 야기시켜 화장장시설의 확충을 긴급하게 요구하게 되었는데, 특히 우리나라 인구의 5분의 1 정도인 천만인구가 생활하고 있는 서울시의 경우 그 문제가 더욱 심각하여 기존의 벽제화장장만으로는 늘어나는 화장수요를 감당하지 못하게 되었다.

실제로, 보건복지부〈http://www.mw.go.kr〉에 의하면, 2008년 말 현재 서울시의 인구 대비 화장로는 29%에 불과하며 차후 상당부분 화장로가 부족할 것으로 내다보고 있다.

이에 서울시는 기하급수적으로 늘어나는 화장수요를 맞추기 위해 서초구 원지동에 서울추모공원의 건립을 시급하게 추진하게 되었다. 그러나 화장장의 필요성 자체는 누구나 인정하고 있으나 이의 입지에 대해서 해당 기초지방자치단체 및 주민 등은 나름대로의 주장들을 내세워 반대를 함으로써, 추모공원의 건립은 파행을 겪게 된 채 이를 시행하려는 서울시 등과 이의 수용을 거부하려는 서초구·서초구민 등 간 높은 수준의 갈등을 노정시키게 되었다.

이에 본 연구에서는 일정기간 급격한 정책갈등을 겪은 서울추모공원건립정책을 사바티어(D. A. Sabatier)의 옹호연합모형(Advocacy Coalition Framework: ACF)과 킹던(J. W. Kingdon)의 다중흐름모형(Multiple Stream Framework: MSF)을 자체적으로 결합시킨 ACMS 모형을 통해 정책변동의 요인 차원에서 그 정책형성과정을 고찰해 보고, 정책변동의 과정 속에서 나타나는 함의는 무엇인지 조명하고자 한다.

한편, 통합모형인 ACMS 모형을 서울추모공원건립정책에 적용시키려는 이유는 본 사례가 높은 수준의 외적 변수를 수반하며, 옹호연합 간 상호작용 또한 치열했고, 정책중개자도 지속적으로 나타났다는 점 등에서, 다른 모형으로는 논리적 분석에 한계가 있다는 판단 때문이다. 결국, ACMS 모형은 한계로 지적했던 부분들 이외에 시작점과 종결점 등이 체계적으로 갖추어져 있다는 점에서 역동적인 본 사례의 이론적 배경이 될 수 있다는 것이다.

제 2 절 이론적 고찰

1. 정책변동의 개념

정책변동에 대한 개념정의는 학자들의 접근입장차이로 다양하게 정의되고 있는데, 이를 살펴보면 다음과 같다.

먼저, 호그우드와 피터스(Hogwood & Peters, 1983: 1-2)는 정책변동에 대해 정책평가가 이루어진 다음 과정에서 정책의 변화가 오는 것이라고 정의하고 있고, 홀(Hall, 1993: 275-296)은 정책수단의 수준만이 변동되는 1차적 변동, 정책목표에는 변화가 없으나 정책목표달성을 위해 정책수단을 변경하는 2차적 변동, 정책환경・정책목표・정책수단이 급격히 변동하는 3차적 변동으로 대별하였다.

그리고 박해룡(1990: 117-118)은 정책변동에 대해 사회적・경제적 여건, 정치체제적 변화에 의해서 기존 정책과 다른 것으로 결정되고 대부분의 정책형성은 기존 정책을 토대로 이루어지는 것이라고 정의하고, 정정길(2000: 786)은 정책결정에서 발생하는 정책의 수정・종결만이 아니라 정책집행단계에서 발생하는 것도 포함하는 것으로 개념정의를 하고 있다.

위의 개념정의를 근거로 본 연구에서는 정책변동을 다음과 같이 정의하고자 한다.

즉, 정책변동은 정책결정과정의 정책산출물 입안 이후 정책과정에서 정책문제에 대한 변화를 인지하여 다시 정책의제형성과정으로 환류되어, 이전 정책결정과정에서 산출된 정책을 수정・종결하는 것을 의미하는 것으로서, 이러한 수정・종결 산출물이 정책집행・평가과정으로 순응할 때, 비로소 완전한 정책변동이 이루어지는 것이다. 정책결정과정의 수정・종결된 정책산출물까지가 1단계 정책변동의 범위이고, 이러한 정책산출물의 정책집행・평가과정으로의 순응이 2단계 정책변동의 범위라고 할 수 있는 것이다.

본 연구에서 다루어지는 서울추모공원건립정책 역시 장묘정책집행과정에서 급증하는 화장장 수요문제 등을 인지하여, 이에 대응할 수 있는 정책을 산출하기 위하여 정책의제형성과정으로 환류시켜, 새로운 정책을 산출하는 정책변동과정인 것이다.

2. 기존 정책변동의 의의

1) ACF의 개념

본 연구에서 직접적으로 활용할 기존 정책변동모형은 사바티어의 ACF와 킹던의 MSF이다.

먼저, ACF는 사바티어(Sabatier, 1988)에 의해 제기된 정책변동모형으로서, 외적 변수, 옹호연합, 신념체계, 정책중개자, 정책학습, 그리고 정책산출 등으로 구성된다([그림 9-1] 참조).

본 모형에 대한 선행연구를 살펴보면, 전진석(2003)은 ACF를 의약분업정책에 적용하면서, 수십년에 걸친 의약분업정책은 정책옹호연합들 간의 상호작용이며, 이들에게 영향을 주는 변수는 안정적인 변수와 역동적인 변수라는 것을 밝혔다. 장지호(2004)는 ACF를 활용하여 경유승용차 판매허용의 정책변동을 조명하면서, 일반적인 산업정책이 정부의 자의적 기준에 의해서 거시적으로 결정되는 것이 아니라 정부부처 및 외부 정책 관련 집단들이 각각의 신념에 의해 연합을 형성하고, 그 연합들이 상호작용을 거치면서 정책대안이 제시되고 수정된다는 것을 제시하였다. 그리고 김순양(2006)은 ACF를 적용하여 1980년 이후부터 1999년 12월에 「국민건강보험법」 개정으로 일단락된 의료보험 통합일원화 논쟁을 분석하면서, ACF는 동태적인 정책형성 및 변동과정을 분석하는 데에는 유용하지만, 정책중개자의 중개행위나 정책학습 등 일부 구성요소들을 보편적으로 적용하기에는 한계가 있다는 점을 지적하였다.

하지만 이들 ACF 관련 연구는 전반적으로 정책변동과정의 시작인 촉발기제가 부재하고, 상호작용에 있어서도 정책전략 이외에는 별 다른 변수가 없다는 점에서 한계를 갖는다.

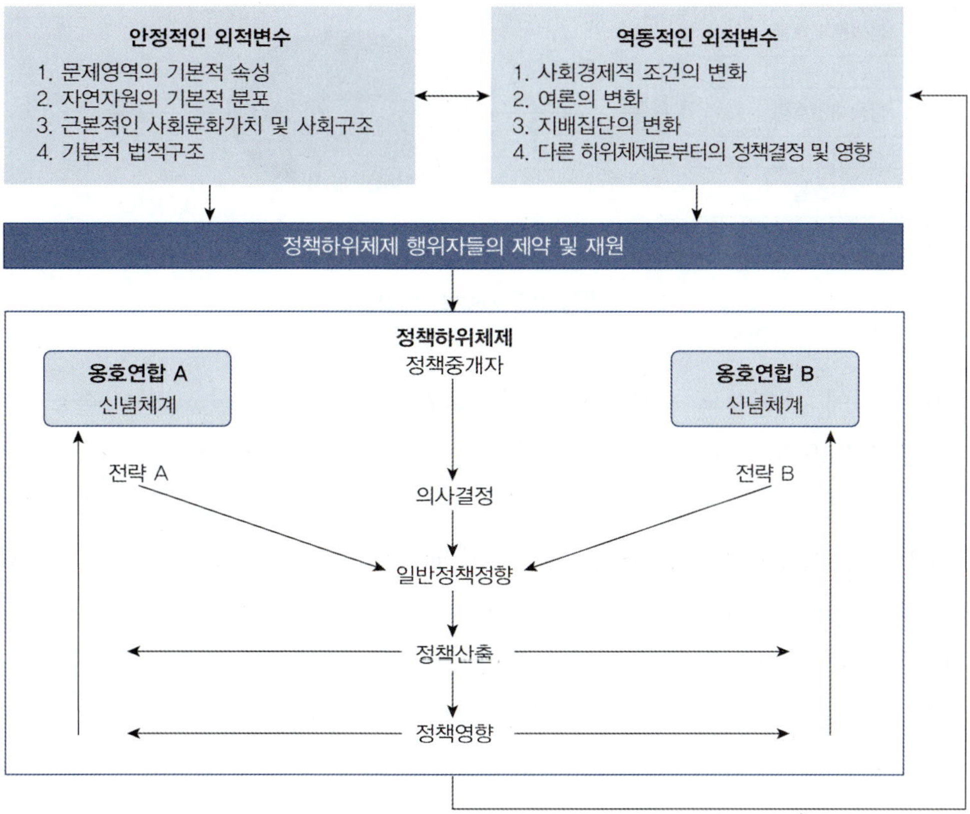

출처: Sabatier & Jenkins-Smith(1999: 128)를 근거로 재구성.

그림 9-1 ACF의 개념틀

2) MSF의 개념

한편, MSF는 킹던(Kingdon, 1984)에 의해 제기된 정책변동모형으로서, 정책문제흐름, 정책대안흐름, 정치흐름, 정책변동의 창, 그리고 정책산출 등으로 구성된다([그림 9-2] 참조).

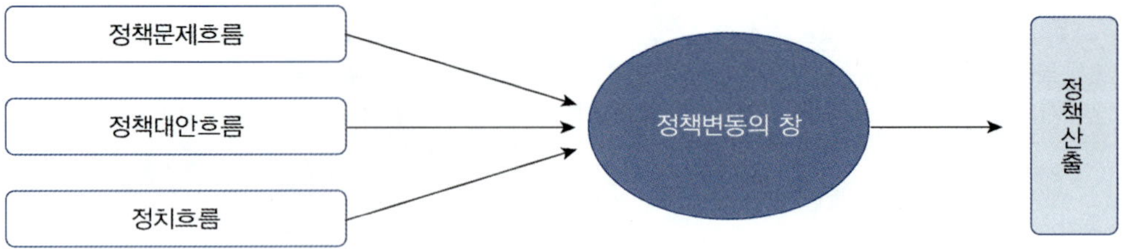

출처: Kingdon(1984)을 근거로 재구성.

그림 9-2 MSF의 개념틀

본 모형에 대해서도 선행연구를 살펴보면, 이병길(1992)은 MSF를 적용하여 1980년에서 1990년 사이의 방송정책의 변동요인과 과정에 대해서 고찰했고, 부형욱(2002)은 방위력 개선사업에서의 정책변동을 킹던의 MSF를 활용하여 조명하였다. 그리고 이순남(2004)은 MSF를 활용하여 군간호인력정책의 변동요인과 과정을 단계별로 비교분석하였다.

하지만 이들 MSF 관련 연구 역시 전반적으로 높은 수준의 외적변수가 부재하고, 체계적인 정책주창자의 구성체계 및 정체성 등에서 미흡한 모습을 보였으며, 정책중개자의 역할이 부재하였다는 점에서, 일정부분 한계가 있다고 할 수 있는 것이다.

3. ACMS 모형의 의의

1) ACMS 모형의 개념

ACMS 모형은 본 저자가 연구의 적합성을 위해서 전술한 사바티어의 ACF와 킹던의 MSF를 근거로 자체적으로 결합시킨 모형이다. ACMS는 ACF와 MSF의 앞글자 두 자를 결합시킨 용어이다.

두 모형의 결합에 대한 당위성은 전술한 선행연구의 단점을 보완한 것으로 그 내용은 다음과 같다(〈표 9-1〉 참조).

표 9-1 기존모형의 단점과 ACMS 모형의 장점[1]

구분	ACF	MSF	ACMS 모형
외적변수	충실	부재	충실
정책변동과정의 시작인 촉발기제	부재	충실	충실
상호작용	미흡	충실	충실
체계적인 정책주창자의 구성 및 신념체계	충실	미흡	충실
정책중개자	충실	부재	충실

첫째, ACF는 정책변동의 시작점, 즉 촉발기제가 부재하고, 정책변동과정에 있어서 정책학습 등의 전략만 있을 뿐 복잡하고 혼돈된 상호작용을 설명하기에는 한계가 있다. 이러한 단점은 정치흐름 등을 통해 정책변동의 촉발기제가 명확하고, 정책변동의 창을 통해 정책변동과정의 혼돈된 상호작용을 정책경로, 정책전략 등 여러 단계별로 강조할 수 있는 MSF에 의해 보완될 수 있을 것이다.

둘째, MSF는 정책하위체제의 외적변수, 즉 정치적 조건, 사회·경제적 조건 등이 부재하여 연구의 객관성을 높이는 데 한계로 작용할 수 있다. 그리고 정책주창자들의 명확한 구성과 그들의 정체성인 신념체계에 대한 설명도 미흡하며, 중재 입장에 있는 정책중개자의 역할도 부재하다. 이러한 단점은 안정적이고 역동석인 변수를 가지고 있어 외적변수에 대한 설명에 충실하고, 정책주창자를 옹호연합으로 명확히 다루고 있어 이들의 신념체계를 세부적으로 구성하고 있으며, 정책중개자의 존재를 설명하고 있는 ACF에 의해 보완될 수 있을 것이다.

이러한 두 모형의 장단점을 고려하여 결합한 것이 ACMS 모형이다([그림 9-3] 참조).

1) 한 모형의 부재·미흡을 다른 모형의 충실로 보완하면 전체가 충실해지는 것을 의미한다.

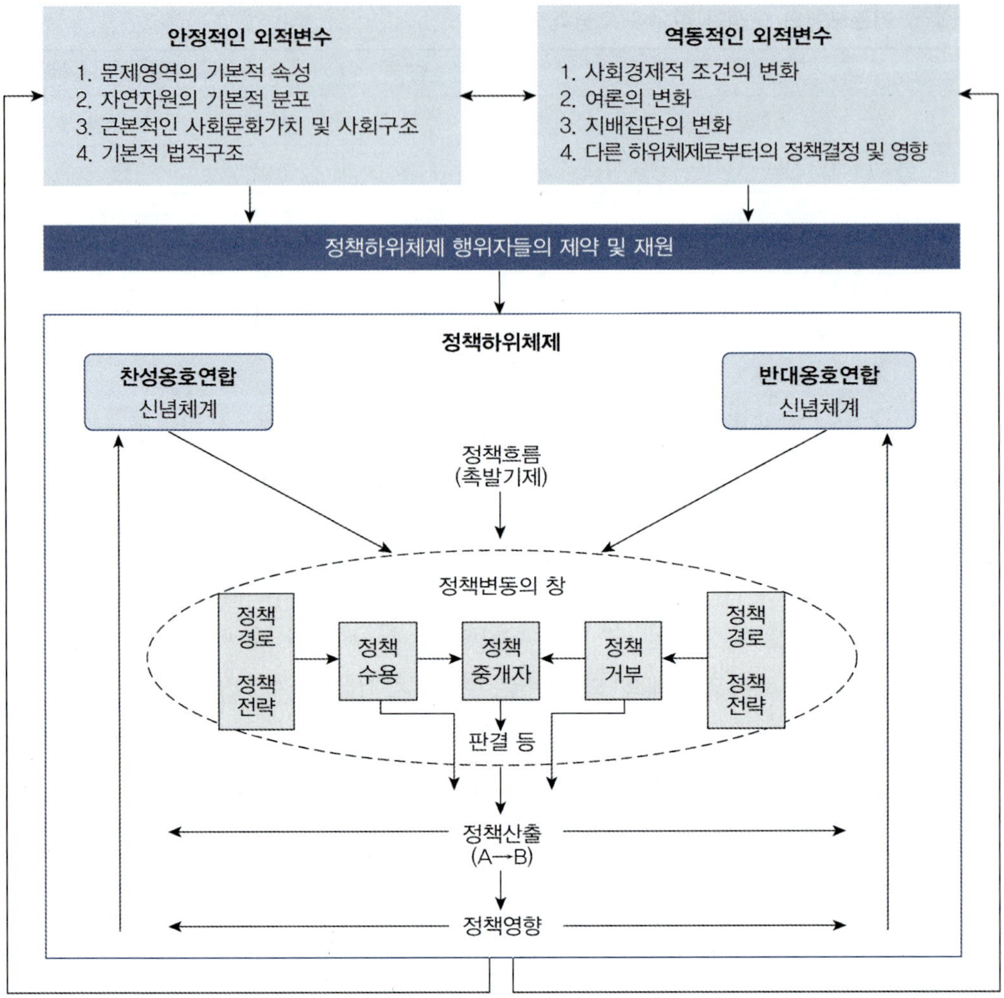

그림 9-3 ACMS 모형의 개념틀

ACMS 모형을 간략히 조명해 보면, 안정적인 외적변수와 역동적인 외적변수가 정책하위체제에 영향을 미치며, 이러한 외적변수에 영향을 받아 신념체계를 공유하고 있던 각각의 옹호연합이 정책흐름으로서의 촉발기제가 정책변동의 창을 열면서, 게임의 장에 임하게 된다. 창에서는 옹호연합 간 정책경로, 전략 순으로 진행되는 치열한 정책갈등이 이어지며, 정책중개자의 중재에 의해 창이 닫히게 된다. 결국, 정책중개자의 판단을 중심으로 양 옹호연합의 견해를 참고하여 공식적으로 새로운 정책산출물이 생성 · 변동되는 것으로서, 본 ACMS 모형은 이러한 흐름을 심도 있게 분석하는 모형인 것이다.

이렇게 볼 때, ACMS 모형은 정책형성과정에 국한된 모형이며, ACF와 MSF의 단점을 상호간에 보완함으로써, 다른 정책변동모형에 비해서 차별성을 갖게 되는 것이다. 즉, ACF가 갖지 못한 촉발기제, 옹호연합 간 혼돈된 상호작용과 MSF가 갖지 못한 외적변수, 체계적인 정책주창자의 구성 및 신념체계, 정책중개자를 모두 포괄하는 모형으로서, 다른 정책변동모형에 비해 정책변동의 구체적인 질적 분석을 높일 수 있다는 것이다.

2) ACMS 모형의 세부변수 정의

(1) 외적변수

① 안정적인 외적변수

안정적인 외적변수(stable external parameters)는 변화가 불가능하지는 않지만 마치 종교의 개종처럼 변화의 속도가 매우 더디고, 기본적인 영향을 미친다. 즉, 가늘고 길게 영향을 미치는 변수인 것이다.

먼저, 문제영역의 기본적 속성은 옹호연합 간 갈등의 쟁점이 무엇인가에 초점을 맞추는데, 사학정책의 경우 사학법이 부정비리에 제대로 대응하고 있느냐 여부가 바로 그것이다. 자연자원의 기본적 분포는 재원의 궁극적 존재역할을 의미하는데, 그린벨트의 경우 존재하는 궁극적 역할이 있을 것이다. 그리고 근본적인 사회문화가치 및 사회구조는 그 사회가 지니는 정체성으로서 전반적인 인식 등을 일컫는다. 마지막으로 기본적 법적구조는 정책산출로 인한 정책변동이 발생할 때까지 정책하위체제 전반에 기본적 영향을 미치는 법률 등을 의미한다.

② 역동적인 외적변수

역동적인 외적변수(dynamic external parameters)는 정책하위체제에 단기간에 큰 영향을 미친다(장지호, 2004: 177). 즉, 굵고 짧게 영향을 미치는 변수인 것이다.

먼저, 사회경제적 조건의 변화는 오일쇼크, IMF 외환위기 등 사회경제적으로 나타나는 급격한 변화를 의미하고, 여론의 변화는 공공정책에 대한 국민들의 변화된 행태를 의미한다. 그리고 지배집단의 변화는 공공정책을 실질적으로 입안하고 집행하는 관리책임자의 변동 등이며, 다른 하위체제로부터의 정책결정 및 영향은 본 체제 이외에 다른 부문에서 결정하고 영향을 주는 행태로서 유사정책의 결정 등이 그것이다.

(2) 신념체계

정책하위체제를 살펴보면 관련자는 몇 개의 옹호연합으로 구성되는데, 이들은 기본적인 가치, 정책에 대한 인과적 인식, 정책수단에의 동의와 같은 주요한 신념체계(belief systems)를 공유하는 행위자들의 협력체로 구성된다.

이러한 신념체계로서, 먼저 규범적 핵심(normative core)은 신념체계 중 가장 최상위의 수준으로 자유, 평등, 발전, 보존 등의 존재론적인 공리가치의 우선순위를 정하는 것이고, 정책핵심(policy core)은 특정 하위체제에서 실제 운용되는 정책과 밀접히 연관되어 있는 것으로 정책에 관련되어 어떠한 특정 목표가 정해질 것인지 혹은 목표달성의 필수조건들이 어떠한 것인지에 관한 인과적 인식을 말하는 것이다. 이에 비해 도구적 측면(instrumental aspect)의 신념은 가장 범위가 좁은 것으로 행정상 혹은 입법상의 운용과정에서 나타나는 정책수단, 예산의 배분, 성과에 대한 평가 등을 의미하는 것이다(장지호, 2004: 178).

(3) 촉발기제

촉발기제(trigger mechanism)란 일반적으로 예기치 못했던 사건이나 위기의 발생으로 기존의 정책 혹은 정책의 우선순위를 변화시키거나 새로운 정책을 탄생시키는 결정적 계기를 말한다. 즉, 잠재해 있던 어떤 문제를 극적으로 부각시키는 사건, 현상 등을 말하는 것이다(안병철, 2000: 44).

촉발기제는 정책변동의 창을 여는 시발점이 되는데, 본 연구에서는 기본적으로 정책문제흐름, 정책대안흐름, 그리고 정치흐름 등 정책흐름 중에 하나가 촉발기제가 된다. 이러한 정책흐름 중 정책문제흐름은 지표의 변동, 위기 또는 재난 등으로 인해 발생하며, 정책대안흐름은 정책적 판단활동, 이익집단의 개입 등에 의해 나타난다. 그리고 정치흐름은 정권교체, 국민적인 분위기 등에 의해 발생한다(Kingdon, 1984).

(4) 정책변동의 창

① 정책경로

정책문제를 둘러싸고 벌어지는 정책변동과정은 아무런 규칙 없이 상호작용이 일어나는 것이 아니다. 정책변동은 일정한 경로를 통해 이루어지는 것인데, 정책주창자들의 정책경로(policy channel)는 의도한 정책을 만들어내기 위해 참여자들이 각각의 입장과 영향력을 동원하고 전달하는 절차인 것이다(안병철, 2000: 46). 즉, 정책경로는 정책주창자들이 자신들의 대안을 이행하기 위한 채널인 것이다.

② 정책전략

정책과정을 정치적 과정으로 파악할 경우 가장 중요한 변수는 정책주창자들이 자신에게 주어진 문제해결을 위해서 사용하는 정책전략(policy strategy)이다. 정책주창자들의 전략은 일정한 상황에서 주창자들이 비슷한 행위를 반복적으로 하면서 형성된 행동으로서 정치적 상호작용의 절차, 즉 정책경로를 통해 사용되는 갈등해결의 방법들인 것이다(안병철, 2000: 46-47).

(5) 정책중개자

정책옹호연합 간 대립과 갈등을 중재하는 제3자를 정책중개자(policy brokers)라고 부른다. 정책중개자의 주요 관심은 옹호연합 사이의 갈등을 줄이면서 합리적인 타협점을 찾아내는 것인데, 보통 행정부 내 갈등조정장치 등이 그것이다. 다만, 본 연구에서는 논란의 여지가 있을 수는 있지만 해결되지 못한 사항에 대한 외부개입으로서의 법원 등도 포함시켜서 연구의 범위를 확대하여 분석시야를 넓히려 하는 것이다.

(6) 정책산출

정책중개자에 의해 정책이 중재되는 순간 정책변동의 창이 닫히고, 이를 근거로 공식적이고 세부적인 정책산출(policy output)이 발생하여 변동이 나타나게 된다. 즉, 정책산출은 이전과는 현저하게 다른 정책을 생산하는 변동을 의미하는 것인데, 법원 등에서 큰 틀 차원에서 판결을 한 후 이를 근거로 세부적인 내용을 산출하는 것을 의미하는 것이다.

제 3 절 서울추모공원건립정책의 의의

1. 추진경과

서울추모공원건립정책은 지속적으로 늘어가고 있는 시민의 화장수요에 대처하기 위해 서초구 원지동 76번지 일대에 장묘시설 등을 조성하려는 정책과정으로서, 추진경과를 간략히 살펴보면 다음과 같다.

기본적으로, 서울추모공원건립정책은 2001년 7월 9일 서울시가 서초구 원지동을 건립부지로 선정하면서 본격화된다. 서울시는 화장로 20기, 납골당 5만 위, 그리고 장례식장 12실 등 장사시설 위주로 하는 기본계획안을 수립하고, 원지동을 서울추모공원 도시계획시설로 결정하기에 이른다. 또한, 건설교통부가 서울추모공원건립을 위한 개발제한구역해제를 고시함으로써 서초구민 등은 크게 반발하며 도시계획시설결정 및 개발제한구역해제결정을 취소해 달라는 소송을 제기하고, 행정처분 효력정지 가처분 신청을 하게 된다. 아울러 주민의 반발이 보다 직접적 요인으로 작용하여 건립정책이 잠정유보에 이르게 된 것이다.

이후 서울행정법원이 이유 없다며 소송한 서초구민에게 패소판결을 내림으로써 서울시의 서울추모공원건립정책은 탄력을 받게 되지만, 주민들의 반발을 고려해서 화장로 11기, 추모공원 부지 내 국가중앙의료원 건립 등 장사시설뿐만 아니라 종합의료시설로 변경추진하는 계획안을 발표하게 된다. 하지만 혐오시설이라는 반감으로 인해 계속해서 주민들은 서울고등법원과 대법원에 소송을 제기하게 되는데, 결과는 역시 서초구민이 패소하기에 이른다.

결국, 서초구 원지동을 건립부지로 하는 서울추모공원건립정책은 확정되고, 서초구의 대안 일부를 받아들여 서울추모공원 내 종합의료시설을 건립하며, 화장로는 지하화하여 11기로 설치하고, 지상은 수림대공원으로 조성하는 등 장사시설, 종합의료시설, 그리고 공원시설을 내용으로 하는 서울추모공원건립정책을 2008년부터 본격적으로 시행하기에 이른다(〈표 9-2〉 참조).

표 9-2 서울추모공원건립정책의 추진경과

일자	주요 내용
2001.07.09	서울시, 서초구 원지동을 서울추모공원건립부지로 선정
2001.07.19	서울시, 서울추모공원건립추진 기본계획안 수립 (화장로 20기, 납골당 5만 위, 장례식장 12실 등 장사시설 위주)
2001.09.05	서울시, 서울추모공원 도시계획시설결정
2001.11.30	서울시, 서울추모공원건립추진 기본계획 확정
2001.12.21	서초구민, 도시계획시설결정 취소청구소송 제기

일자	주요 내용
2002.01~03	서울시, 서초구 · 주민 현안문제 협의회 5차례 개최
2002.04.08	건설교통부, 개발제한구역해제 고시
2002.04.18	서초구민, 개발제한구역해제결정 취소소송 제기 및 행정처분 효력정지 가처분 신청
2002.06.20	서울시, 서울추모공원 착공 유보
2003.10.17	서울행정법원, 서초구민 패소판결(서울시 · 건설교통부 승소)
2003.10.20	서울시, 추진계획안 발표(화장로 11기, 추모공원 부지 내 의료원 건립 등 장사시설+종합의료시설로 변경)
2005.01.26	서울고등법원, 서초구민 항소 패소판결(서울시 · 건설교통부 승소)
2007.04.12	대법원, 서초구민 상고 패소판결(서울시 · 국토해양부 승소), 서초구 원지동을 서울추모공원건립부지로 최종 확정
2007.09.12	서초구, 서울시에 서울추모공원 내 종합의료시설 입지기반 마련 · 화장로는 지하화하여 5기 이내 설치 · 지상은 수림대 조성 · 화장장은 종합의료시설과 동시 건립 등의 대안 제출
2008~2012	서울시, 서울추모공원 내 종합의료시설 건립 · 화장로는 지하화하여 11기 설치 · 지상은 수림대공원 조성 등 장사시설+종합의료시설+공원시설을 내용으로 하는 서울추모공원건립 시행

출처: 연합뉴스〈http://www.yonhapnews.co.kr〉를 근거로 구성.

2. 선행연구

서울추모공원건립정책 관련 선행연구를 간략히 살펴보면, 류학렬(2001)은 추모공원건립이 우리나라 장묘문화 개선의 계기가 되어야 한다는 담론적 결론을 제시하였으며, 백종섭(2002)은 서울추모공원건립정책을 둘러싸고 벌어지는 찬성론자와 반대론자 간의 갈등원인과 해결방안에 대해서 조명하였다. 또한, 신범순 · 양승일 · 박주용(2006)은 2002년 6월에 서울추모공원이 잠시 유보되었는데 이에 영향을 미치는 요인에 대해서 서울시와 서초구 · 서초주민의 갈등을 근거로 결론을 도출하였다.

이러한 선행연구들은 서울추모공원건립정책 연구에 나름대로 의미 있는 기여를 하고 있지만, 논리적인 모형으로 접근하지 않았다는 점에서, 외적변수, 체계적인 상호작용, 그리고 정책중개자 역할 등의 부재를 보였고, 따라서 객관적이고 논리적인 정책진행에 한계를 보였다. 이러한 한계는 후술될 ACMS 모형을 활용한 서울추모공원건립정책의 변동 분석을 통해 보완될 수 있을 것이다.

제 4 절 서울추모공원건립정책에서 나타나는 ACMS 모형 분석

1. 외적변수

1) 안정적인 외적변수

안정적인 외적변수로서, 문제영역의 기본적 속성은 '높은 수준의 화장률로 인한 화장장의 부족'이라고 할 수 있다.

보건복지부〈http://www.mw.go.kr〉에 의하면, 서울시민의 화장률 추이는 2001년 53.2%로 매장률을 앞섰으며, 2006년에는 68.2%를 기록했고, 2010년 80.4%, 2015년 88.6%, 그리고 2020년에는 91.7%에 이를 것으로 전망하고 있다. 하지만 서울시 소속 화장장은 23기로 되어 있는 벽제화장장 1곳밖에 없다는 점에서, 서울시민은 이용료가 3배가량 비싼 인천, 수원, 성남화장장과 멀리 대전, 춘천화장장까지도 이용하고 있는 실정이다.

실제로, 서울시민 중 타 시・도 화장장을 이용하는 비율은 2000년 18.3%에서 2004년 22.4%로 증가추세에 있다. 이를 대변하듯이, 감사원(2005)이 2004년에 실시한 장사시설 감사결과에 따르면, 서울시의 경우 2010년에는 9.5기, 2015년에는 16.8기가 부족할 것으로 분석하고 있다.

결국, 높은 수준의 화장률로 인한 화장장의 부족은 서울추모공원을 시급히 건립하려는 찬성옹호연합에 재원으로 작용하고 있는 것이다.

자연자원의 기본적 분포는 '화장으로 인한 낮은 수준의 국토훼손'이라고 할 수 있다.

2000년 당시를 보면 봉분묘가 대다수를 차지하는 전통적 장묘문화로 인해 전국이 몸살을 앓고 있는 상태였다. 실제로, 우리나라는 매년 여의도 면적의 1.2배에 달하는 108만 평의 묘지가 새로 생겨나고 있고 더욱이 이들 묘지의 약 41%인 1억 2,300만 평은 무연고 묘지라는 점에서, 제대로 관리조차 되지 않고 있는 것이다. 또한, 개인묘지의 70% 이상은 불법묘지로, 활용이 가능한 땅에 자리 잡고 있어 국토의 효율적인 관리와 이용을 저해하고 있고, 우리나라 국민 1인당 평균 주거공간은 4.3평인 데 반해, 묘지면적은 평균 15평으로 묘지가 주거공간의 3.5배에 달하고 있는 것이다.

한편, 지난 1998년 말 현재 우리나라의 묘지는 총 3억 189만 평에 달하며 이는 전국 가용면적의 4%, 서울시 면적의 1.7배에 달하는 수준이라는 점에서, 국토의 효율적인 관리를 위해서는 상대적으로 화장이 필요하다는 점을 나타내고 있는 것이다.

결국, 화장으로 인한 낮은 수준의 국토훼손 역시 찬성옹호연합에 재원으로 작용하고 있는 것이다.

근본적인 사회문화가치 및 사회구조는 '화장시설에 대한 부정적 인식'이라고 할 수 있다.

기본적으로, 화장시설에 대한 부정적 인식, 특히 자기지역에 화장시설이 들어설 경우 혐오시설로 인한 재산가치 하락, 낮은 수준의 환경 등을 우려하여 그 정도는 더욱 심각하다고 할 수 있다. 실제로, 한국토지행정학회가 2003년에 장묘문화에 대한 국민의식 설문조사를 실시한 결과, 자기지역에 화장시설이 들어설 경우 찬성할 것인가 아니면 반대할 것인가를 조사했는데, 반대(88%)가 찬성(9%)보다 압도적으로 높았다는 점은 이를 잘 반영하고 있는 것이다(연합뉴스〈http://www.yonhapnews.co.kr〉).

결국 화장시설에 대한 부정적 인식은 부지선정의 불만 등으로 인해 서울추모공원을 반대 및 지연하려는 반대옹호연합에 상대적으로 재원으로 작용하고 있는 것이다.

그리고 기본적 법적구조는 「장사 등에 관한 법률」이라고 할 수 있다.

「장사 등에 관한 법률」은 장사의 방법과 장사시설의 설치·조성 및 관리 등에 관한 사항을 정하여 보건위생상의 위해를 방지하고, 국토의 효율적 이용과 공공복리 증진에 이바지함을 주된 목적으로 하는 법률로서, 서울추모공원건립정책에 영향을 미치는 법적구조라고 할 수 있다. 특히, 2000년 1월 12일에 일부 개정되어 명시된 제4조를 보면, "국가 및 지방자치단체는 묘지의 증가로 인한 국토의 훼손을 방지하기 위하여 화장 및 납골의 확산을 위한 시책을 강구·시행하여야 한다"고 규정하고 있어 서울시의 추모공원건립에 대한 정당성을 제공하고 있다.

더 나아가 2007년 5월 25일에 전부 개정된 내용 중 제4조 제2항을 보면, "지방자치단체는 지역주민의 화장에 대한 수요를 충족할 수 있는 화장시설을 갖추어야 한다"고 좀 더 구체적으로 규정함으로써, 서울추모공원건립정책에 대한 명분을 제공하고 있고, 이는 본 정책이 확정된 이후에도 일부에서 불만을 토로하고 있는 지역주민[2)]에게 건립에 대한 근거를 제시하고 있는 것이다(법제처〈http://www.moleg.go.kr〉).

결국, 「장사 등에 관한 법률」은 찬성옹호연합에 재원으로 작용하고 있는 것이다.

2) 역동적인 외적변수

역동적인 외적변수로서, 사회경제적 조건의 변화는 '주민투표로 인한 방폐장의 경주유치'라고 할 수 있다.

화장장과 함께 비선호시설로 분류되는 중저준위 방사성 폐기물 처분장(이하 방

2) 2007년 4월 12일 대법원이 서울추모공원건립정책을 사실상 적법하다고 판결했음에도 불구하고, 이에 대해 일부 주민들이 반발을 했는데, 2007년 12월 10일 양재역에서 서초주민 100여 명이 화장장 반대시위를 펼친 것 등이 그것이다.

폐장) 부지를 선정하기 위해 2005년 11월 2일 경주, 영덕, 포항, 군산 등 4개 시·군에서 일제히 실시된 주민투표에서 경주의 찬성률이 89.5%(투표율 70.8%)로 가장 높았고, 군산의 찬성률은 84.4%(투표율 70.1%), 영덕 79.3%(투표율 80.2%), 포항은 67.5%(투표율 47.2%)를 나타내어 경주가 방폐장부지로 선정된 것이다.

여기서 주목할 점은 타 지역은 유치에 실패했지만 50%가 넘는 찬성률을 보였다는 점에서, 과거 높은 수준의 님비현상을 보여 건립이 무산되었던 부안방폐장(2004년 2월 14일 주민투표, 투표율 72.0%, 찬성률 8.2%)과는 다른 양상을 보인 것이다. 즉, 이는 지역의 특성, 인센티브 수준 등을 고려하더라도 경주주민 등이 비선호시설인 방폐장 유치를 통해 지역의 경제활성화를 촉진시킬 수 있다는 방향으로 의식을 변화시킨 것으로서, 같은 비선호시설인 서울추모공원과는 단순비교가 어렵겠지만 이에 대해 시사하는 바가 큰 것이다(연합뉴스〈http://www.yonhapnews.co.kr〉).

결국, 주민투표로 인한 방폐장의 경주유치는 찬성옹호연합에 재원으로 작용하고 있는 것이다.

여론의 변화는 '매장중심여론에서 화장중심여론으로의 변화'이다.

한국갤럽이 1994년과 2001년에 각각 여론조사 한 결과를 살펴보면, 1994년에는 매장(64.9%)이 화장(32.8%)보다 압도적으로 많았으나, 7년이 지난 2001년 조사에서는 오히려 선호도가 화장(62.2%)이 매장(37.8%)보다 훨씬 높았다는 점에서 매장중심여론이 화장중심여론으로 급격하게 변화되고 있다는 것을 보여주고 있다(한국갤럽〈http://www.gallup.co.kr〉). 특히, 서울의 경우는 화장선호도가 더욱 높게 나타났는데, 실제로 2000년 서울시의 여론조사에서는 무려 85.5%가 화장을 유언으로 남기겠다고 응답했다는 점이, 이를 증명해 주고 있는 것이다(연합뉴스〈http://www.yonhapnews.co.kr〉). 이는 서울추모공원건립의 선정을 전후하여 매장보다는 화장이 대세라는 것을 보여주는 단적인 사례로서, 매장중심여론에서 화장중심여론으로의 변화는 찬성옹호연합에 재원으로 작용하고 있는 것이다.

지배집단의 변화는 '조순 시장, 고건 시장, 이명박 시장으로의 교체'라고 할 수 있다. 민선 1기 조순 시장(1995.7.1~1997.9.9)[3]의 경우 공약과 2년여의 시정시책 등에 있어서 두드러진 화장 관련 정책이 발견되지 않은 반면, 민선 2기 고건 시장(1998.7.1~2002.6.30)의 경우 시정시책 등에서 두드러진 화장 관련 정책이 발견된다. 실제로, 고건 시장은 화장유언남기기 시민운동 지원, 화장납골을 중심으로 하는 장사시설의 확충 등을 적극적으로 추진했는데, 화장유언남기기 시민운동 지원의 경우 1998년 9월 16일 고건 시장을 비롯한 사회지도층들이 서울시장공관에 모여 화장유언남기기 운동을 적극 추진하기로 뜻을 모은 후, 9월 30일 사회지도층부터 화장을 유언으로 남기는 운동을 솔선수범하고, 시민들의 의식개혁 등을 유도하는 한국장묘문화개혁범국민협의회의 창립총회를 여는 데 기여한 것이다.

고건 시장은 이 단체에 대해 행정 및 재정적 지원을 강화해 나가는 한편, 1998년 부인, 아들 3명과 함께 화장서약을 했으며 장인·장모상도 화장으로 치른 바 있다. 또한, 화장납골을 중심으로 하는 장사시설의 확충도 두드러지는데, 2002년 말까지 1일 화장능력을 취임 직후 45구에서 90구 이상으로 확대하기로 했으며, 납골시설은 2만 7천 위에서 31만 위로 확충하기로 하는 등 기본적으로 고건 시장의 화장에 대한 정책마인드는 환경의 변화 등을 고려하더라도 이전 시장보다 두드러졌다고 할 수 있는 것이다(김재종, 2000).

그러나 서울추모공원건립정책은 민선 3기 이명박 시장(2002.7.1~2006.6.30)이 들어서면서 소강상태를 맞이하게 된다. 이명박 시장은 구체적이고 적극적인 정책추진 없이 법원(서울행정법원·서울고등법원)의 결과를 지켜보고 추진하자는 미온적 태도를 취함으로써, 추모공원정책이 장기간 표류하는 데 일정부분 영향을 미친 것이다(연합뉴스〈http://www.yonhapnews.co.kr〉).

결국, 조순 시장에서 고건 시장으로의 교체는 찬성옹호연합에 재원으로 작용한 반면, 고건 시장에서 이명박 시장으로의 교체는 상대적으로 반대옹호연합에 재원으로 작용한 것이다.

3) 조순 시장은 대선출마로 인해 임기를 모두 채우지 못했으며, 나머지 임기(1997.09.10~1998.06.30)는 강덕기 행정 1부시장이 대행하였다.

마지막으로, 다른 하위체제로부터의 정책결정 및 영향은 '주민반발로 인한 화장장건립계획의 백지화결정'이다.

백지화결정이 내려진 대표적인 사례는 가평군이라고 할 수 있는데, 경기도는 2006년 가평군에 광역화장장을 건립하기로 하고, 건립비용 외에 인센티브로 1,200억 원을 제공하는 조건으로 추진하다가 주민들의 격렬한 반대에 부딪쳐 백지화를 결정하기에 이른다.

결국, 주민반발로 인한 화장장건립계획의 백지화결정은 반대옹호연합에 재원으로 작용하고 있는 것이다.

3) 외적변수의 종합

지금까지 서울추모공원건립정책의 촉발기제를 전후한 외적변수를 정리해 보면, 찬성옹호연합에는 5개 변수, 반대옹호연합에는 2개 변수가 재원으로 작용하고 있다는 점에서, 상대적으로 외적변수가 찬성옹호연합에 유리하게 작용하고 있는 것으로 나타났다.

표 9-3 서울추모공원 정책하위체제에 대한 외적변수의 제약 및 재원 결과[4)]

안정적인 외적변수	찬성 옹호 연합	반대 옹호 연합	역동적인 외적변수	찬성 옹호 연합	반대 옹호 연합
높은 수준의 화장률로 인한 화장장의 부족	↑	↓	주민투표로 인한 방폐장의 경주유치	↑	↓
화장으로 인한 낮은 수준의 국토훼손	↑	↓	매장중심여론에서 화장중심여론으로의 변화	↑	↓
화장시설에 대한 부정적 인식	↓	↑	조순 시장, 고건 시장, 이명박 시장으로의 교체	–	–
「장사 등에 관한 법률」	↑	↓	주민반발로 인한 화장장 건립계획의 백지화 결정	↓	↑

4) ↓는 제약, ↑는 재원, 그리고 –는 중간적 입장을 의미한다.

특히, 찬성옹호연합에 재원으로 작용하는 외적변수는 화장 및 화장장건립이 대세라는 것을 보여주는 것으로서, 자기 지역에 서울추모공원이 선정되었다고 해서 지속적으로 반대 및 지연만을 할 수 없는 명분을 제공하고 있는 것이다(〈표 9-3〉 참조).

2. 정책옹호연합과 신념체계

서울추모공원건립정책을 둘러싼 정책하위체제의 옹호연합은 서초구 원지동에 화장장건립을 주장하는 찬성옹호연합과 이를 저지하려는 반대옹호연합으로 대별된다. 찬성옹호연합은 서울시, 환경운동연합, 한국장묘문화개혁범국민협의회(이하 장개협)[5] 등이며, 반대옹호연합은 서초구, 서초구민, 해당 국회의원 등 정치인, 청계산지키기 시민운동본부 등이다. 이 중 핵심적 정책주창자는 찬성옹호연합의 경우 서울시이며, 반대옹호연합의 경우는 서초구, 서초구민인데, 본 연구에서는 분석의 집중도를 제고하기 위해 이들을 중심으로 게임의 장을 전개하고자 한다.

한편, 이들의 신념체계를 실피보면, 규범석 핵심의 경우 찬성옹호연합은 본 화장장이 전체 시민에게 장묘복지를 제공할 수 있다는 점에서, 공유재산권의 정당성을 형성하고 있는 반면, 반대옹호연합은 화장장 주변 지가하락 등 사유재산권의 정당성을 공유하게 된다.

정책핵심의 경우 찬성옹호연합은 서울시 제2화장장인 서울추모공원건립정책을 고수하는 반면, 반대옹호연합은 서초구 원지동에 서울추모공원건립정책이 추진되는 자체를 반대하는 공감대를 형성하게 된다.

그리고 도구적 측면의 경우, 찬성옹호연합은 서울추모공원을 건립하기 위해서 도시계획시설이 결정되고, 이를 위해 개발제한구역이 해제되기를 희망하는 공감대를 형성하는 반면, 반대옹호연합의 경우는 도시계획시설결정과 개발제한구역 해제는 있을 수 없다는 논리를 내세운다(〈표 9-4〉 참조).

5) 장개협은 사회지도층 인사부터 솔선수범하여 화장을 유언으로 남기는 운동을 했으며, 아울러 시민의식의 개혁운동을 전개하는 일종의 NGO다.

표 9-4 서울추모공원건립정책을 둘러싼 정책옹호연합의 신념체계

찬성옹호연합	신념계층	반대옹호연합
공유재산권의 정당성	규범적 핵심	사유재산권의 정당성
서울추모공원건립정책 고수	정책핵심	서울추모공원건립정책 지양
•도시계획시설결정 추진 •개발제한구역해제 추진	도구적 측면	•도시계획시설결정 반대 •개발제한구역해제 반대

3. 촉발기제

본 연구의 촉발기제는 2001년 7월 9일 서울시가 서초구 원지동을 서울추모공원 건립부지로 선정한 시점이라고 할 수 있다.

기본적으로, 건립부지 확정은 추모공원건립추진협의회(이하 추건협)[6]의 후보추천에 따른 것으로, 추건협은 추모공원의 부지선정을 위하여 각계 시민대표와 전문가들로 구성된 별도의 부지선정위원회를 구성하였으며, 본 기구는 이미 1999년 서울시설관리공단이 선정한 서울시내 13개 후보지[7]를 대상으로 6개 분야 18개 세부항목[8]을 근거로 접근성, 주변지역의 여건, 환경에 미치는 영향, 토지의 효율성, 그리고 경제성 등을 고려하여 입지선정을 위한 심사를 실시하였다. 이후 2001년

6) 추건협은 장개협(추모공원건립 부지선정 및 부지선정 관련 자문위원단 구성・운영, 시민공청회 및 의견수렴 등), SK(화장장 등 장사시설 건립 후 무상으로 시에 기부채납, 이후 지연 등으로 인한 무상 기부채납 포기), 서울시(건립에 필요한 부지매입, 각종 인・허가, 토지보상 등 행정지원) 등이 참여한 기구로서, 좀 더 객관적이고 시민들의 호응을 얻을 수 있는 범사회적인 화장장 건립기구의 필요성에 따라 서울시가 2000년 8월 4일에 설립한 것이다.

7) 서울시내 13개 후보지는 동북권(송파구 장지동, 강동구 고덕 1동, 고덕 2동), 남부권(서초구 원지동, 서초구 내곡 1동, 내곡 2동, 내곡 3동, 강남구 자곡동), 서부권(강서구 오곡동, 마포구 상암동, 은평구 신사동), 그리고 북부권(중랑구 망우동, 도봉구 도봉동)을 의미하며, 이들 13개 후보지 주민들의 의견을 수렴하기 위해 2001년 4월 16일, 4월 26일, 그리고 5월 16일에 걸쳐 3차례의 공청회를 개최하기도 했다(연합뉴스〈http://www.yonhapnews.co.kr〉).

8) 6개 분야 18개 세부항목은 접근성(위치, 교통여건, 대중교통 이용의 편리성), 주변지역의 여건(인접 민가와의 거리, 인접 지역의 주거밀도, 주민과의 합의), 환경에 미치는 영향(산림에 미치는 영향, 주변환경과의 조화, 바람의 방향), 토지의 활용도(토질・경사도, 국・공유지의 비율, 규모의 적정성 여부, 외부 지역과의 격리), 경제성(공사비, 예상 이용률), 그리고 기타(수요분포에 대한 충족 가능성, 자연재해 등의 영향, 시설연계성)를 의미한다(연합뉴스〈http://www.yonhapnews.co.kr〉).

7월 5일에 추건협에서 서초구 원지동을 1순위로, 강서구 오곡동을 2순위로 선정하여 서울시에 추천하였으며, 이를 근거로 서울시는 서초구 원지동을 서울추모공원건립부지로 지정하게 된 것이다.

한편, 촉발기제인 서초구 원지동의 서울추모공원건립부지 선정은 정책대안흐름이라고 할 수 있다. 즉, 각계 시민대표・전문가들로 구성된 부지선정위원회와 서울시가 정책적 판단을 통해 선정시켰다는 점에서, 킹던이 주장한 정책대안흐름이라고 할 수 있는 것이다.

결국, 이를 계기로 서울추모공원건립정책에 대한 변동의 창이 열리게 되며, 정책옹호연합 간에 자신들의 주장을 선점하기 위한 치열한 게임의 장이 이어지게 되는 것이다.

4. 정책변동의 창

서초구 원지동이 서울추모공원건립부지로 선정되면서, 정책변동의 창이 열리고 창 안에서는 정책옹호연합 간 다양한 경로를 근거로 동시다발적인 전략이 이어지게 된다.

1) 정책경로

(1) 협상경로

협상경로는 정책옹호연합들이 자신들의 가치와 이해를 반영시키고 자신들 모두를 만족시키기 위한 채널로서, 이러한 협상경로는 일반적으로 갈등당사자들이 어느 정도 힘의 균형을 이루고 있을 때에 효과적이며, 만약 어느 한 편이 다른 집단보다 월등히 강하거나 유리한 입장에 있을 경우에는 강한 집단이 일방적인 해결을 추구할 가능성이 높기 때문에 제 기능을 발휘하기가 어려워진다. 그리고 협상경로는 협조성과 독단성을 모두 공유하고 있기 때문에 의견조정에 초점을 맞추게 된다.

한편, 본 연구에서 협상경로는 '서울시, 서초구 · 주민 현안문제협의회경로'라고 할 수 있는데, 이는 찬성옹호연합과 반대옹호연합이 모두 핵심적으로 탐색하면서 정책전략을 준비하게 된다.

(2) 시위경로

시위경로는 요구사항을 적은 플래카드를 들고 슬로건을 외치면서 공개적으로 의사를 표시하고 위력을 지배자에게 과시하는 한편, 여론에 호소하기 위한 방편으로 행해지는 채널인데, 본 연구에서 시위경로는 '1인 시위경로', '범시민규탄대회경로' 등이라고 할 수 있다. 대개 본 연구에서는 서초구 · 서초구민 등 반대옹호연합이 핵심적으로 이를 탐색하면서 정책전략을 준비하게 되고, 서울시 등 찬성옹호연합은 이에 대한 방어를 준비하게 된다.

(3) 홍보경로

홍보경로는 자신들에게 유리한 정책을 대내외적으로 알려서 상황을 유리하게 끔 이끌어 가려는 채널로서, '홍보물배포경로', '설문조사공표경로', '기자회견경로' 등 다양하게 접근할 수 있는데, 대개 본 연구에서는 서울시 등 찬성옹호연합이 먼저 이를 탐색하면서 정책전략을 준비하게 되고, 반대옹호연합 역시 '설문조사공표경로'를 활용하여 이에 대한 방어를 취하게 된다.

(4) 지연경로

지연경로는 자신들에게 불리하게 조성되는 상황을 유리하게 전환시키기 위해서 상대방이 추진하는 정책을 의도적으로 지연시키는 채널로서, '협상지연경로' 등이 그것이다. 대개 본 연구에서는 서초구 · 서초구민 등 반대옹호연합이 이를 적극적으로 탐색하면서 정책전략을 준비하게 되고, 서울시 등 찬성옹호연합은 이에 대해 방어의 입장을 취하게 된다.

(5) 소송경로

소송경로는 지금까지 비선호시설 입지갈등에서 주로 사용되어 왔던 갈등해결의 채널로서, 정치적·사회적 문제해결을 지양하고 중립적인 사법기구의 문제해결과정에 호소하는 것이다. 소송경로에 의한 갈등해결은 결정에 대한 구속력이 높아 정책당사자들의 순응을 확보할 수 있다는 장점이 있는 반면, 높은 수준의 비용과 입지를 지연시키는 단점이 있다.

한편, 본 연구에서 소송경로는 '서울행정법원소송경로', '서울고등법원소송경로', '대법원소송경로'라고 할 수 있는데, 대개 서초구민 등 반대옹호연합이 핵심적으로 이를 탐색하면서 정책전략을 준비하게 되고, 서울시 등 찬성옹호연합은 이에 대한 방어입장을 탐색하게 된다.

2) 정책전략

(1) 협상전략

서울시가 서초구 원지동을 서울추모공원건립부지로 선정하면서, 서초구민 등과의 갈등으로 인해 장묘사업이 지연될 것으로 판단하여 건설교통부에 건립의 시급함을 인정해 줄 것을 요청하였으며, 이에 따라 중앙도시계획위원회(이하 중도위)에 안건이 상정되기에 이르고, 이를 통해 서울시는 갈등을 해결하려고 했다. 이에 2001년 12월 13일에 개최한 중도위 심의결과 시급한 현안사업으로 인정하되, 다만 개발제한구역해제를 위한 도시계획입안과정에서 규모, 교통문제 등에 대해서 서초구·서초구민과 충분한 협의를 거칠 것을 전제로 하는 조건부 심의·의결을 함에 따라 서울시는 이들과 협의를 하게 된다.

2002년 1월 18일에 열린 1차 협상에서는 '서울시, 서초구·주민 현안문제협의회'라는 명칭을 정하고 매회 협의·결정된 사항에 대해서는 협의결정서를 작성한 후 서명·날인하기로 하는 등의 합의를 하였으나, 양측 대표와 간사 수에 대해서는 이견을 보여 차기회의에서 결정하기로 하였다.

1월 29일에 열린 2차 협상에서는 1차 협상에서 보류되었던 양측대표와 간사 수에 대해 합의하고, 화장시설규모·교통문제 등에 대해서 의제로 채택하기에 이른다. 하지만 입지를 위한 위치 등 기타 문제에 대해서는 의제에 포함될지 여부를 차기회의에서 계속 논의하기로 하였다.

2월 15일에 개최된 3차 협상에서는 위치 등의 문제는 협의안건으로 채택이 불가하다는 것과 화장시설규모·교통문제의 의제채택에 있어 '우선'이라는 용어를 넣을 것을 서울시는 주장했으나 이를 반대하는 서초구·주민대표와의 갈등으로 인해 별다른 소득 없이 마무리되게 된다.

3월 5일에 개최된 4차 협상에서는 서초구·주민대표가 자신들이 줄곧 제기한 문제는 위치 등의 사항인 만큼 본 문제가 반드시 의제로 채택되어야 한다는 입장을 주장한 반면, 서울시는 위치변경의 가능성을 내포하고 있는 의제채택은 불가하다는 입장을 지속적으로 제기함으로써 공전하게 된다.

3월 14일 열린 5차 협상에서도 상호 주장만을 되풀이함으로써 성과를 거두지 못하게 된다. 결국, 차기회의에서 본 문제를 결정하기로 하였으나, 서울시가 5차례 협의회 도중 개발제한구역해제를 추진하는 등 이중적인 태도를 보여 왔고, 위치 등에 대해 적극적으로 협의하지 않는 한 참석하지 않겠다는 서초구·주민대표의 불참통지로 인해 협의회는 무산되기에 이른다(〈표 9-5〉 참조).

실제로, 서울시는 협상기간인 2월 19일에 3~4월 착공을 위해 건설교통부에 개발제한구역해제를 요청하였고, 협의회가 무산된 후 규모, 교통, 보상, 환경 등에 대해서 서초구·서초구민과 충분히 협의할 것을 권고하는 중도위의 심의를 거쳐 건설교통부는 서초구 원지동 일대의 개발제한구역해제를 고시하기에 이른다.

표 9-5 협상전략의 추진경과

구분	일시	장소	참석자	협상내용
1차	2002.01.18(금) 14:00~18:30	서초구민회관 세미나실 *사회: 서초구 행정관리국장	25명 (서울시 7, 서초구 6, 주민대표 12)	•회의진행방법, 절차 등 형식에 관한 합의 −양측에서 교대로 회의개최 −회의시기는 정례화하지 않고, 회의시마다 차기회의 일정결정 −회의녹음 및 회의록 작성 •회의명칭은 가칭 '서울시, 서초구·주민현안문제협의회'로 잠정결정 ※ 양측대표 및 간사 수에 대해 이견 → 차기회의에서 결정
2차	2002.01.29(화) 14:00~20:00	서울시청 태평홀 *사회: 서울시 사회복지과장	30명 (서울시 9, 서초구 8, 주민내표 13)	•대표 및 간사 수 합의 −대표: 4명(서울시, 서초구, 서초주민대표, 과천주민대표 각 1명) −간사: 2명(서울시 1, 서초구·주민대표 1) •협의의제 채택 → 화장시설 규모, 교통문제에 대해 의제로 채택하고, 협의회에서 제기된 위치 등 기타 문제에 대해 의제에 포함되는지 여부를 차기회의에서 계속논의
3차	2002.02.15(금) 14:00~20:50	서초구청 기획상황실 *사회: 서초구 행정관리국장	30명 (서울시 8, 서초구 8, 주민대표 14)	•서울시: 위치문제는 협의안건으로 채택불가 주장, 화장시설규모·교통문제의 의제 채택에 있어 '우선'이라는 용어삽입 •서초구·주민대표: 절대 불가입장 •차기회의에서 계속논의
4차	2002.03.5(화) 14:00~18:00	서울시청 태평홀 *사회: 서울시 법무담당관	32명 (서울시 10, 서초구 8, 주민대표 14)	•서초구·주민대표: 위치문제의 의제채택 주장 •서울시: 절대 불가 입장
5차	2002.03.14(목) 14:00~20:00	서초구청 기획상황실 *사회: 서초구 행정관리국장	30명 (서울시 9, 서초구 7, 주민대표 14)	•위치포함여부에 대하여 양측 이견으로 결론 없이 차기회의에서 결정키로 하였으나, 6차 협의회 이후에는 서초구 및 주민대표의 참석불참 통지로 미개최

출처: 서울시 내부자료를 근거로 재구성.

(2) 시위전략

서초구 원지동을 서울추모공원건립부지로 선정하면서, 서초구민을 중심으로 시위가 벌어지게 되는데, 기본적으로 2002년 6월 20일 서울추모공원의 착공이 유보될 때까지 지속적이고 높은 수준으로 진행하게 된다.

먼저, 2001년 11월 14일부터 서초구민들이 교대로 건교부장관 사택, 청와대, 서울시청, 시장공관, 그리고 민주당사 앞에서 1인 시위를 벌이는 것을 시작으로, 서초구 반대투쟁위원회의 간부 및 주민 12명이 건설교통부장관실을 항의방문하여 서초구 원지동에 서울추모공원건립에 대한 반대주장을 하게 된다.

표 9-6 시위전략의 추진경과 1

구분	일시	장소	참석자	시위내용
1인 시위	2001.11.14 ~	건교부장관 사택, 청와대, 서울시청, 시장공관, 민주당사 앞	서초구민들의 교대시위	개발제한구역 해제 및 서울추모공원건립 반대 등
건설교통부 장관실 항의방문	2002.03.16 11:00	건설교통부 장관실	서초구 반대투쟁위원회 간부 및 주민 12명	서울시와 협의 중에 있는 중앙도시계획위원회의 심의개최(3.22) 부당성 설명과 항의 등
청계산 불법화장장 건립강행 범시민규탄대회	2002.03.20 10:00~12:00	강남고속터미널 앞 광장	서초구청장, 국회의원, 시의원, 구의원 등 서초구 관내기관대표 등 2,500여 명	건립반대취지 설명 및 구호 제창 등
서울시 도시계획국 도시계획 상임기획단 직원에게 인분투척	2002.03.29 15:00	새원마을	서초구민들	도시계획상임기획단 강우원 단장 외 2명이 시청소유 티코자동차를 이용하여 마을을 순회하던 중 인분투척을 받음

출처: 연합뉴스〈http://www.yonhapnews.co.kr〉를 근거로 구성.

서초구청장, 국회의원, 시의원, 구의원 등 서초구 관내기관대표 등 2,500여 명이 청계산 불법화장장 건립강행 범시민규탄대회를 열었고, 아울러 2002년 3월 29일 도시계획상임기획단이 마을을 순회하던 중 서초구민들로부터 인분투척을 받기도 했다(〈표 9-6〉 참조).

이와 같은 시위전략은 2002년 4월 8일 건설교통부가 개발제한구역해제를 고시함으로 인해 이전보다 상대적으로 과격성과 치밀성을 띠게 된다. 실제로, 2002년 4월 25일 서초구민 50여 명이 양재동 화물터미널 입구에서 착공부지측량을 위해 화물터미널 입구에 도착하여 점심식사를 하고 나오던 직원 7명을 감금하였으며, 2002년 4월 30일에는 서초구민들이 만남의 광장에서 건설안전관리본부장 및 직원이 현장확인을 위하여 출장하였다가 억류되는 사태까지 벌어졌다.

아울러 치밀한 계획도 보였는데 2002년 5월 11일 착공식 저지를 위한 청계산지키기 시민운동본부 핵심요원 임시회에서 추모공원 착공 시 부탄가스를 이용한 1인용 비닐폭탄제조, 차량시위 등 시위방법을 토의하였으며, 지역주민대표 시위관련 대책회의에서는 서초구에 추모공원건립을 반대하기 위한 고속도로 점거 등 기습시위를 결정하기도 했다(〈표 9-7〉 참조).

이러한 시위전략은 서울시에 의해 2002년 6월 20일 서울추모공원 착공이 유보되는 데 상당부분 영향을 미치게 된다. 실제로, 서울추모공원을 담당했던 당시 서울시 고위 관계공무원 A는 "착공유보는 서초구민이 개발제한구역해제결정 취소소송제기 및 행정처분 효력정지 가처분 신청을 한 면도 있지만, 지속적으로 과격하게 이어지는 시위국면을 희석화시키려는 의도도 있었다"는 진술을 했다. 또한, 당시 장개협 핵심요원 A 역시 "서울시의 사업착공유보는 과격하게 이어지는 사업반대운동을 일정부분 전환하려는 의도가 있는 것으로 판단되며, 실제로 서울시 관계자로부터 이 같은 정책방향을 경청했다"는 의견을 밝혔다.

표 9-7 시위전략의 추진경과 2

구분	일시	장소	참석자	시위내용
서초구민 걷기대회 행사	2002.04.08 07:00~08:50	청계산 입구에서 개나리골까지	서초구청장, 국회의원 등 2,000여 명	건립반대를 위한 구호제창, 구청장 인사, 국회의원 인사 등
대한컨설턴트 직원 감금	2002.04.25 11:00	양재동 화물터미널 입구	서초구민 50여 명	착공부지측량을 위해 화물터미널 입구에 도착하여 점심식사를 하고 나오던 직원 7명을 주민들이 감금
건설안전관리 본부장 및 직원 억류	2002.04.30 18:00	만남의 광장	서초구민들	현장확인을 위하여 출장하였다가 주민들에게 억류
청계산화장장부지 착공반대 궐기대회	2002.05.09 10:00	양재동 화물터미널 입구	서초구민 등 20,000여 명	불법적인 서울추모공원 건립 반대주장 등
추모공원건립부지 토지 및 물건조사 실시방해	2002.05.06 10:00~15:00	서울추모공원 건립부지	서초구민 100여 명	주민들이 토지 및 물건 조사를 방해
착공식 저지를 위한 청계산지키기 시민운동본부 핵심요원 임시회	2002.05.11 08:00~08:40	서초구청 소회의실	서초구민 20여 명	착공 시 부탄가스를 이용한 1인용 비닐폭탄제조, 차량 시위 등 시위방법 토의
지역주민대표 시위 관련 대책회의	2002.05.11 23:00~23:40	만남의 광장 뒤 지킴이 제3초소	서초구민 4명	고속도로 점거 등 기습시위 결정
진입도로공사를 위한 측량작업 방해	2002.05.24 08:00	양재대로에서 주진입로 구간까지	서초구민 100여 명	주민들이 측량방해 및 측량기기 탈취를 시도하여 작업철수
폭력행위 유감표명 및 공사강행 중지촉구	2002.05.24	–	청계산지키기 시민운동본부	서울시장 및 시설관리공단 이사장에게 유감표명 및 공사강행 중지 촉구 발신

출처: 연합뉴스〈http://www.yonhapnews.co.kr〉를 근거로 구성.

한편, 이후에는 정책중개자인 법원의 판결과정에 따라 과격성과 치밀성을 띤 시위가 상대적으로 줄어들게 되었는데, 이에 대해 당시 청계산지키기 시민운동본부 핵심요원 A는 "법원의 최종판결을 지켜보면서 다음 행동을 하기로 결정한 부분이 있었다"는 진술을 하기도 했다. 또한, 당시 서초구 고위 관계공무원 A 역시 "사업반대를 위해 민간부분에 서초구가 지원한 부분도 있었지만 법원의 최종판결까지는 이전보다 상대적으로 저자세를 보인 면이 있었다"는 의견을 밝혔다.[9)]

(3) 홍보전략

서울추모공원건립부지가 선정되면서, 서울시는 시민들의 호응을 유도하고 서초구민들의 반감을 줄이기 위해 '아름다운 이별을 위하여', '묘지강산을 금수강산으로', '장묘사업소 종합이용안내', '천만시민의 선택 서울추모공원' 등 수십만 부의 홍보물 배포(7회, 336,592부)와 인터넷 홍보 등을 서초구·서초구민을 비롯한 서울시민에게 하게 된다. 아울러 서울시는 2001년 12월 11일부터 18일까지 한국행정학회, 시민, 그리고 공무원 등 3,500여 명을 대상으로 민선 2기 서울시정 MVP 관련 설문조사를 실시해서 그 결과를 23일에 공표했는데, '서울추모공원건립'이 계속사업 3위로 선정[10)]되어 건립에 대한 지속성을 알리게 된다.

하지만, 청계산지키기 시민운동본부는 서울시의 이러한 홍보전략이 시민들의 혈세로 만든 여론몰이식 발상이며, 아울러 서초구 전 세대·서울시민들에게 무작위로 배포하여 일방적인 논리로 시민들을 기만하고 서초구민들을 님비로 내몰고 있다고 주장하면서, 고건 시장이 추진한 베스트(Best) 및 워스트(Worst)정책 관련 경향신문 설문조사[11)] 결과를 토대로 2002년 5월 10일 반박자료를 내게 된다.

즉, 고건 시장이 추진한 정책 중 워스트정책 1위는 '서초구 원지동에 서울추모

9) 본 인터뷰들은 2008년 12월 13일(토)·14일(일), 2009년 2월 26일(목)에 이루어졌으며, 본인의 희망에 따라 여타사항은 미공개로 하고자 한다. 본 인터뷰를 근거로 한 분석은 이후에도 동일하게 이어진다.

10) 설문조사를 통한 민선 2기 서울시정 MVP(서울특별시〈http://www.seoul.go.kr〉).
- 신규사업부문: 1. 대중교통 환승요금 할인제, 2. 난지도 매립가스 재활용, 3. 심야전용버스 운행, 4. 불법·혐오광고물 특별정비, 5. 전국 최초 전자공개 수의계약
- 계속사업부문: 1. 민원처리 온라인 공개시스템, 2. 제2기 지하철 완전개통, 3. 서울추모공원 건립추진, 4. 화장실 문화수준 향상, 5. 한강 수질개선 및 생태계 복원

11) 이는 경실련 등 시민단체 활동을 하는 교수 및 각계 전문가 100명을 대상으로 2002년 5월 6일에서 9일까지 이메일을 통해 고건 시장이 추진한 정책에 대한 베스트 및 워스트 관련 설문조사이며, 2002년 5월 10일에 기사화된 것이다.

공원의 건립'[12]이었으며, 이를 근거로 시민운동본부는 건립의 부당성에 대한 반격을 가하게 되는 것이다.

(4) 지연전략

서울추모공원건립부지가 선정되면서, 서초구·서초구민 등 반대옹호연합의 반발이 높은 수준으로 나타났으며, 이에 대해 서울시는 공권력을 동원해서라도 서울추모공원을 건립하겠다고 2002년 5월 14일, 기자회견을 통해 밝히자, 당시 조남호 서초구청장은 같은 날 밝힌 기자회견에서 고건 시장과는 더 이상 추모공원 건립문제에 대해 협의하지 않을 것이며, 6.13 지방선거를 거쳐 7월 1일부터 임기가 시작되는 신임시장과 본 문제에 대해 다시 협의하겠다는 입장을 밝힌다.

또한, 만일 서울시가 공권력을 동원해서 추모공원건립을 강행할 경우 서초구민들과 함께 저지할 것임을 분명히 했다. 그리고 청계산지키기 시민운동본부 역시 2002년 5월 그들이 배포한 책자를 통해, 현 시장의 임기 중에는 추모공원을 절대 착공할 수 없으며 민선 3기 차기시장과 협의하여 처리할 것임을 밝혔다.

이는 민선 2기 서울시장선거에서, 국민회의 소속 고건 후보(53.4%)가 한나라당 소속 최병렬 후보(44.0%)를 크게 물리쳤음에도 불구하고, 추모공원 부지인 서초구에서는 오히려 최병렬 후보(55.1%)보다 크게 낮은 43.3%를 기록했다는 점에서, 기본적으로 고건 시장과 서초구·서초구민 간에는 정치적 정향의 차이가 있었던 때문으로 분석된다(중앙선거관리위원회〈http://www.nec.go.kr〉). 따라서 민선 3기에는 비슷한 정치적 정향을 가진 신임시장을 기대하며 자신들에게 유리한 상황을 만들기 위해 지연전략을 펼친 것이다.

실제로, 당시 고위 관계공무원 A는 "서초구·서초구민 등이 6.13 지방선거가 얼

---

12) 설문조사를 통한 고건 시장이 추진한 베스트 및 워스트정책(경향신문, 2002.5.10)
- 베스트정책 5: 1. 1천만 그루 나무심기, 2. 지하철·버스 환승요금 할인제, 3. 행정의 투명성 확보, 4. 민원처리 온라인 시스템, 5. 학교담장 개방과 녹화
- 워스트정책 5: 1. 서초구 원지동에 서울추모공원의 건립, 2. 난지도 노을공원 내 골프장 건설 추진, 3. 대기오염이 개선되지 않은 점, 4. 노인·장애인 복지정책, 5. 세계 최고 높이의 월드컵분수대 설치

마 남지 않아 지연을 통해 차기시장과 협의를 하려고 한다"고 진술했으며, "그럼에도 불구하고 현 시장은 지연과 관계없이 모든 수단을 동원해서라도 임기 안에 추모공원의 착공을 추진하겠다는 의지가 강했다"는 입장을 밝혔다.[13)]

(5) 소송전략

서울시가 서초구 원지동을 서울추모공원건립부지로 선정하게 되면서, 서초구민 등은 서울시와 건설교통부를 상대로 도시계획시설결정과 개발제한구역해제를 취소해 달라는 소송을 서울행정법원, 서울고등법원, 그리고 대법원에 제기하기에 이른다(〈표 9-8〉 참조).

표 9-8 소송전략의 추진경과

구분	도시계획시설결정취소의 건	개발제한구역해제취소의 건
서울행정법원	•소송원고: 서초구민 26명 •소송피고: 서울특별시 •소 송 일: 2001년 12월 21일	•소송원고: 서초구민 181명 •소송피고: 건설교통부 •소 송 일: 2002년 4월 18일
서울고등법원	•소송원고: 서초구민 10명 •소송피고: 서울특별시 •소 송 일: 2003년 11월 9일	•소송원고: 서초구민 67명 •소송피고: 건설교통부 •소 송 일: 2003년 11월 20일
대법원	•소송원고: 서초구민 10명 •소송피고: 서울특별시 •소 송 일: 2005년 2월 17일	•소송원고: 서초구민 67명 •소송피고: 건설교통부 •소 송 일: 2005년 2월 28일

출처: 각 법원사이트를 근거로 구성.

소송전략을 통해 도시계획시설결정취소의 3개 재판에 대한 서초구민과 서울시의 입장을 종합·분석해보면, 「행정절차법」, 중장기 계획, 그리고 개발제한구역의 관리계획 등이 쟁점사항으로 부각된다.

13) 결국, 고건 시장 임기 안에 공권력투입은 없었으며, 서울추모공원건립정책은 민선 3기 이명박 신임시장으로 넘어가게 된다.

먼저, 「행정절차법」에 대해 서초주민의 경우, 권한 없는 자가 공청회 등을 개최하도록 하고 참석자의 제한을 하는 공청회 개최 등은 「행정절차법」 위반이라는 입장을 피력한 반면, 서울시의 경우, 공청회 등은 추건협이 추모공원의 후보지를 선정하는 과정에서 주민들의 의견수렴을 위해 개최한 것으로 「행정절차법」을 위반한 것이 아니라는 반론을 펼친다.

중장기 계획에 대해 서초구민은 중장기 계획의 수립・시행도 없이 일방적으로 대단위 장사시설을 부지로 선정한 것은 부당하다고 주장한 반면, 서울시는 장사시설을 설치하기 위해서 반드시 중장기 계획을 수립해야 하는 것은 아니라는 입장을 피력하였다.

개발제한구역의 관리계획에 대해서는 서초구민의 경우, 추모공원을 도시계획으로 시행하고자 공람・공고하면서 사전절차인 개발제한구역의 관리계획이 수립되지 않은 것은 부당하다는 입장인 반면, 서울시의 경우, 개발제한구역 내에 도시계획시설결정을 하기 위해 사전에 개발제한구역 관리계획을 반드시 수립해야 하는 것은 아니라는 입장을 펼치며, 치열하게 맞서게 된다.

한편, 개발제한구역해제취소의 3개 재판에 대한 서초구민과 건설교통부의 입장도 종합・분석해보면, 해제의 당위성과 재산권 등에 있어서 쟁점사항이 발견되는데, 먼저, 해제의 당위성에 대해 서초구민은 서울추모공원의 건립이 서울시에서 독자적으로 계획한 것이므로 시급한 지역현안사업이 아니라는 점에서 개발제한구역을 해제하는 것은 부당하다는 논리를 펼친 반면, 건설교통부는 본 사업이 해제기준, 요건 등을 심사하여 해제한 것이므로 적법타당하다는 논리를 펼친다.

재산권에 대해서는 서초구민의 경우, 추모공원 부지 내의 토지소유자 및 동 부지로부터 1㎞ 이내에 거주하는 주민들로서는 쾌적한 환경에 거주하면서 행복을 추구할 권리가 있다는 공유재산권의 논리를 주장한 반면, 건설교통부는 토지소유자가 개발제한구역의 해제로 인해 재산상의 불이익이 상대적으로 없어졌다는 점에서, 사유재산권의 논리를 주장하는 등, 본 사항 역시 높은 수준의 이분법적 시각을 보이게 된다(각 법원사이트의 속기록 참조).

5. 정책중개자

본 연구의 정책중개자는 서울행정법원, 서울고등법원, 그리고 대법원 등 법원으로서, 이들은 양 옹호연합 간에 소송전략 등을 참고로 하여 판결을 하게 된다.

먼저, 서울행정법원(제1심)은 서초구민 26명이 서울시를 대상으로 소송을 제기한 도시계획시설결정취소의 건 중 「행정절차법」 위반 여부, 장개협의 추모공원부지 추천행위 위반 여부, 「장사 등에 관한 법률」 위반 여부, 「개발제한구역의 지정 및 관리에 관한 특별조치법」 위반 여부, 「도시공원법」 위반 여부, 「도시계획법」 위반 여부, 금반언의 원칙 및 신뢰보호의 원칙 위반 여부, 화장장시설 규모의 적정성 여부, 교통상의 문제점, 그리고 환경상의 문제점 등에 대해 심의한 결과, 도시계획시설결정은 적법하다는 점에서, 2003년 10월 17일 원고들의 청구를 이유 없다며 기각했다.

또한, 서초구민 181명이 건설교통부를 대상으로 소송을 제기한 개발제한구역해제취소의 건 중 추모공원사업이 도시계획변경안수립지침 중 시급한 지역현안사업에 해당되는지 여부, 2002년 3월 22일자 중앙도시계획위원회의 의결이 신뢰보호와 금반언의 원칙에 반하는지 여부, 2002년 3월 22일자 중앙도시계획위원회 의결의 절차상 하자 여부, 그리고 도시계획변경안수립지침 중 시급한 지역현안사업에 관한 규정이 지방자치단체의 자치권을 침해하는지 여부 등에 대해 심의한 결과, 역시 이유 없다며 같은 날 원고들의 청구를 기각했다.

서울고등법원(제2심, 항소)은 서초구민 10명이 같은 내용으로 소송을 제기한 도시계획시설결정취소의 건을 심의한 결과, 제1심과 같은 결론이 도출되었다는 점에서 이유 없다며 2005년 1월 26일 이를 모두 기각하였고, 서초구민 67명이 같은 내용으로 소송을 제기한 개발제한구역해제취소의 건에 대해서도 제1심과 같은 결론이 나왔다는 점에서 이유 없다며 같은 날 원고들의 항소를 모두 기각하였다.

마지막으로, 대법원(제3심, 상고)은 서초구민 10명이 제기한 도시계획시설결정취소의 건에 대한 소송에서 「행정절차법」 위반 여부, 「장사 등에 관한 법률」 위반 여부, 「개발제한구역의 지정 및 관리에 관한 특별조치법」 위반 여부, 「도시공원법」 위반 여부, 「도시계획법」 위반 여부, 금반언의 원칙 및 신뢰보호의 원칙 위반 여부, 도시계획시설결정에 내용상 하자가 있는지 여부, 그리고 형평의 원칙 여부 등에 대해 심의한 결과, 도시계획시설결정은 적법하다는 점에서, 2007년 4월 12일 원고들이 청구한 상고를 이유 없다며 모두 기각했다.

또한, 서초구민 67명이 제기한 개발제한구역해제취소의 건 중 추모공원사업이 도시계획변경안수립지침 중 시급한 지역현안사업에 해당되는지 여부, 2002년 3월 22일자 중앙도시계획위원회의 심의에 있어 금반언 및 신뢰보호의 원칙 위반 여부, 절차상의 위법 여부 등에 대해 심의한 결과 역시 이유 없다며 같은 날 원고들의 상고를 기각했다(각 법원사이트의 속기록 참조).

결국, 대법원을 비롯한 법원들은 수요를 고려한 시급한 화장장의 건립, 자기지역의 자기처리원칙, 법령위반의 부재 등을 내세워, 서초구 원지동에 서울추모공원건립을 합법화했으며, 특히 2007년 4월 12일 대법원의 최종판결로 인해 추모공원건립을 둘러싼 정책옹호연합 간 갈등은 큰 틀 차원에서 일단락되어 정책변동의 창이 닫히게 된 것이다.[14)]

6. 정책산출

서초구 원지동에 서울추모공원건립이 정당하다는 대법원의 최종판결 이후 2007년 9월 12일에 서초구는 서울시에 서울추모공원 내 종합의료시설의 입지기반을 마련하고 화장로는 지하화하여 5기 이내로 설치하며, 지상은 수림대로 조성하는 등 화장장을 종합의료시설과 동시에 건립하는 세부대안을 제출하였는데, 이에 대해 서울시는 이 중 일부를 받아들여 '장사시설+종합의료시설+공원시설'을

---

14) 상호작용을 나타내는 정책변동의 창은 대법원의 최종판결에 따라 각 옹호연합이 큰 틀 차원에서 순응하면서 닫히게 된다. 실제로, 찬성옹호연합인 당시 서울시 고위 관계공무원 A와 장개협 핵심요원 A는 2009년 2월 26일(목) 인터뷰에서 당시 최종판결 직후 전적으로 환영했다는 의견을 피력했으며, 반대옹호연합인 당시 청계산지키기 시민운동본부 핵심요원 A와 서초구 고위관계공무원 A도 당시에 사법부의 판단을 존중했다는 의견을 나타냈다.

내용으로 하는 서울추모공원건립정책의 최종 정책산출물을 도출하게 된다.

즉, 서울추모공원건립의 정당성을 근거로, 지금까지 주장한 반대옹호연합의 주장을 일부 반영하여 장사시설은 지하화하고, 지상은 수림대로 조성하며, 화장로는 11기로 조성하기로 했고, 종합의료시설은 관계당국과 협의하여 국립의료원 유치를 통해 종합적 의료인프라를 구축하기로 했으며, 공원시설은 화장장 및 종합의료시설과 어울리는 경관으로 조성하기로 하는 등 2008년부터 2012년까지 173,937㎡ 부지에 1,849억 5,100만 원을 투입하는 산출물이 만들어진 것이다(〈표 9-9〉 참조).

표 9-9 서울추모공원건립정책의 최종 정책산출물

구분	장사시설	종합의료시설	공원시설	기타
세부시설명	화장장(승화원)	국립의료원 등	묘지공원	도로 등
면적	36,284㎡	69,575㎡	58,261㎡	9,817㎡
추진내용	화장장은 지하화하고, 지상은 수림대로 조성, 화장로는 11기로 건립	국토해양부 및 보건복지가족부와 협의하여 2009년 중 국립의료원 유치를 가시화	화장장 및 종합의료시설과 어울리는 경관으로 조성	접근성을 강화하는 방향으로 추진
기간	2008~2012년			
총소요예산	1,849억 5,100만 원(추계)			
총부지면적	173,937㎡			

출처: 서울시 내부자료를 근거로 구성.

결국, 본 서울추모공원건립정책은 과거 소극적 화장중심정책에서 과도적 화장중심정책으로 변동되었다고 할 수 있는 것이다.

제 5 절 결론

지금까지 분석한 ACMS 모형을 적용한 서울추모공원건립정책의 변동과정을 도식화해 보면 [그림 9-4]와 같다.

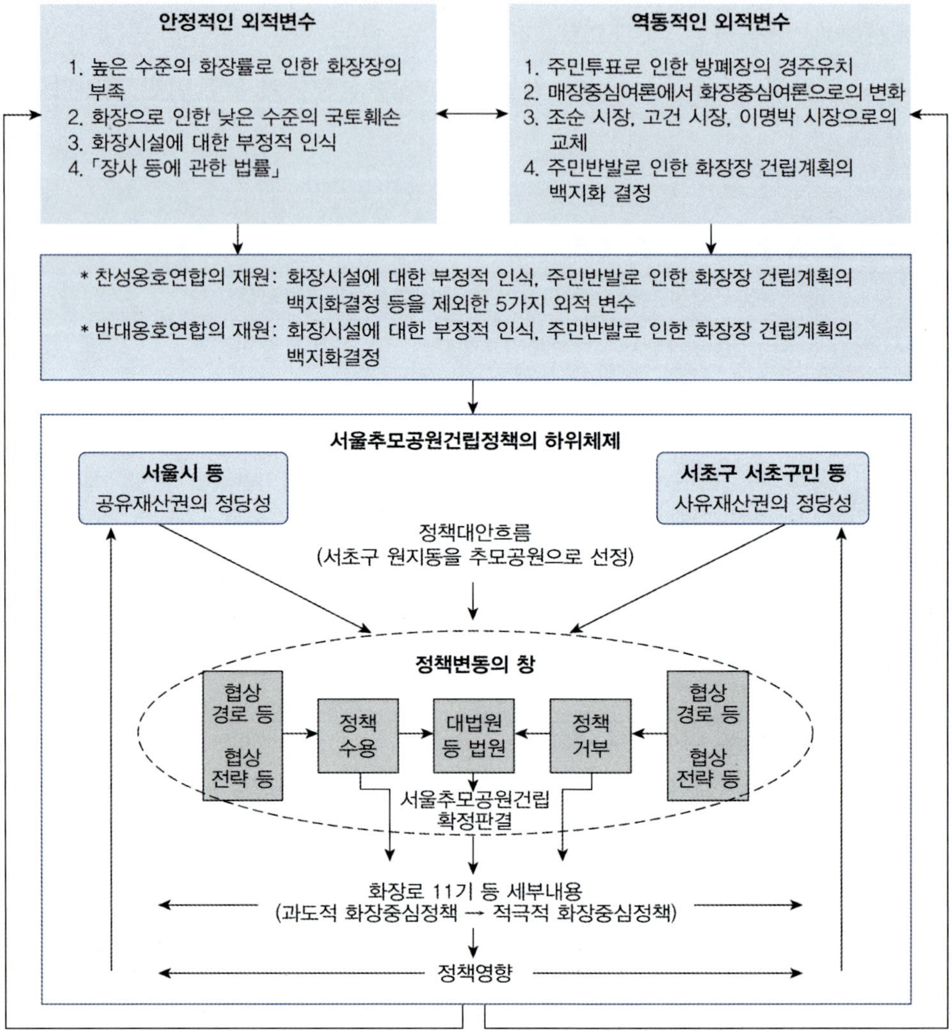

그림 9-4 ACMS 모형을 적용한 서울추모공원건립정책의 변동 분석 결과

즉, 외적변수에 재원 및 제약을 받은 정책옹호연합들이 서초구 원지동을 추모공원으로 선정한 촉발기제를 기점으로 정책경로, 정책전략 등의 치열한 갈등을 이어가게 되는데, 결국 대법원의 최종판결에 따라 추모공원건립은 확정되면서 창은 닫히게 된다. 이러한 최종판결을 근거로 지금까지 주장한 각 옹호연합 간 의견들을 절충하여 세부적인 정책산출이 도출되는데, 이는 과거의 소극적 화장중심정책이 과도적 화장중심정책으로 변동되는 것을 의미하는 것이다.

한편 본 연구가 주는 시사점을 조명해 보면 다음과 같다.

첫째, 서울추모공원건립정책의 변동과정은 옹호연합 간 치열한 갈등을 통해 마무리되는데, 이는 혼란 속에 자생적 질서가 나온다는 이치를 시사해 주고 있다. 하지만 각 옹호연합 간 지나치게 긴 정책변동과정은 높은 수준의 혈세낭비를 가져올 수 있다는 점도 증명해 주고 있다.

실제로, 2001년 7월 서울시가 서초구 원지동 지역을 제2화장장 부지로 지정했으나 상당부분 사업추진이 지연되면서 토지보상비가 높게 책정된 것이다. 즉, 2001년 처음 지정 당시 건립부지의 공시지가는 169억 2,500만 원이었으나, 대법원판결 이후 본격적인 토지보상이 이루어진 2008년에는 461억 3,900만 원으로 7년 동안 2.7배 이상이 상승한 것이다. 따라서 공시지가에 2.2배를 보상지급하는 감정에 따라 국민의 세금이 상당부분 낭비되기에 이른 것이다.[15] 이러한 결과는 서울시 등 찬성옹호연합의 낮은 수준의 민주적 여론수렴과정과 서초구민 등 반대옹호연합의 지나친 님비가 결합된 결과로서, 적정수준 이상의 정책변동과정은 부작용을 수반한다는 사실을 다시 한번 보여주는 근거가 되고 있는 것이다.

---

15) ■ 서울추모공원 토지보상부지의 연도별 공시지가 (단위: 원)

구분	필지	면적(㎡)	연도별 공시지가							
			2001	2002	2003	2004	2005	2006	2007	2008
계	159	170,999	16,925,323,100	16,940,152,600	21,484,194,600	26,047,710,900	25,828,189,100	31,750,051,200	39,883,998,500	46,139,516,900

※ 감정평가예상액(보상지급): 공시지가×2.2배 전후 예상

출처: 서울시 내부자료를 근거로 구성.

둘째, 전술한 대로 서울추모공원건립정책의 지나친 변동과정은 부작용을 수반한다는 사실을 발견했는데, 이렇게 지연된 요인을 ACF를 근거로 하는 8개의 외적 변수와 MSF를 근거로 하는 촉발기제를 대상으로, 전술한 4명의 관계전문가를 근거로 2009년 2월 26일(목)에 인터뷰 조사한 결과(1명이 3개 변수를 선택), 반대옹호연합에 재원으로 작용하였던 '화장시설에 대한 부정적 인식'에 모두 응답함으로써, 추모공원건립정책의 지연에 가장 큰 영향을 미치고 있는 것으로 판단된다. 다음

표 9-10 서울추모공원건립정책의 지연에 영향을 미친 요인에 대한 인터뷰 결과

구분		찬성 옹호 연합	반대 옹호 연합	요인 인터뷰 결과
외적 변수 (ACF)	높은 수준의 화장률로 인한 화장장의 부족	↑	↓	0
	화장으로 인한 낮은 수준의 국토훼손	↑	↓	0
	화장시설에 대한 부정적 인식	↓	↑	4 (모두 동의)
	장사 등에 관한 법률	↑	↓	2 (1/2 동의)
	주민투표로 인한 방폐장의 경주유치	↑	↓	0
	매장중심여론에서 화장중심여론으로의 변화	↑	↓	0
	조순 시장, 고건 시장, 이명박 시장으로의 교체	–	–	2 (1/2 동의)
	주민반발로 인한 화장장 건립계획의 백지화결정	↓	↑	2 (1/2 동의)
촉발기제 (MSF)	서초구 원지동을 추모공원으로 선정			2 (1/2 동의)

으로는 '장사 등에 관한 법률'·'조순 시장, 고건 시장, 이명박 시장으로의 교체'·'주민반발로 인한 화장장 건립계획의 백지화결정'·'서초구 원지동을 추모공원으로 선정' 등으로 나타났고, 나머지는 응답이 전혀 없었다(〈표 9-10〉 참조).

실제로, 자기지역에 건설될 화장시설에 대한 부정적 인식은 님비(NIMBY)와 결합된 지역이기주의 현상으로서, 재산가치 하락, 쾌적한 환경 위협 등을 우려하여 높은 수준으로 나타났으며, 이는 결렬한 반대운동으로 이어져 정책을 지연하는 데 상당부분 역할을 했던 것이다.

셋째, 정책변동을 가져오는 가장 큰 변수는 헌법적 정책중개자라는 것이다.

즉, 옹호연합 간 치열한 정책갈등 속에서도 서울행정법원, 서울고등법원, 그리고 대법원의 판결이 이어지면서 서울추모공원건립정책은 소극적 화장중심정책에서 과도적 화장중심정책으로 변동되어 마무리가 되었는데, 이는 국민합의로 마련된 헌법규정 기관 중 하나인 법원의 영향력이라고 할 수 있는 것이다. 다시 말해서, 모든 정책중개자가 정책을 변동시키는 데 결정적인 영향력을 발휘하는 것은 아니라는 것인데, 일례로 그린벨트정책의 경우 정책중개자로서 건설교통부 산하에 제도개선협의회가 있었으나, 본 협의회의 결정에 대해 보존옹호연합이 상당부분 불응을 하여 정책수정이 가해졌다는 점에서, 헌법적 정책중개자와 일반적 정책중개자의 결정은 무게중심에 있어서 상당한 차이가 있다는 것을 다시 한번 보여주고 있는 것이다.

넷째, 서울추모공원건립정책의 변동과정은 여타 사회현상과 마찬가지로 상당한 복잡성을 내포하지만, 일정한 촉발기제와 정책산출이 나타난다는 것이다. 이들은 정책변동의 경계를 명확히 해주는 교통질서의 역할을 수행하고 있는 것이다.

다섯째, 본 연구는 정책변동으로 인한 산출물이 집행으로 이어져 순기능으로 작용하는지, 아니면 역기능으로 이어지는지를 모니터링하여 차후 유사정책을 추진하는 데 있어 정책의 채택여부를 결정하는 데 일정부분 참조역할을 제공할 수 있는 것이다.

한편, 본 연구는 일정부분 한계를 노출하고 있는데, 일부 외적변수의 경우 갈등이 최고조에 오른 시점 이후에 사건을 명시했다는 점에서, 시간적 선후관계에 한계를 보였기 때문에 차후에는 좀 더 체계적인 접근이 필요할 것으로 판단된다. 또한, 두 모형의 결합이 과연 어느 정도나 사례의 설명에 도움이 되었는지를 확인하기 위해서는 사례를 ACF와 MSF로 각각 분석하고 두 모형이 개별적으로 설명하지 못하는 부분을 파악한 다음 통합된 ACMS 모형으로 제시해야 통합모형의 타당성을 확인할 수 있으나 이러한 부분이 여의치 않았다는 점에서, 차후 반드시 연구할 부분이라고 생각된다. 그리고 서울추모공원건립정책의 지연에 영향을 미친 요인을 도출하기 위한 인터뷰에 있어서 당시 관계전문가들에 대한 접근상의 한계로 인해 표본이 적게 선정되었다. 이는 객관화에 한계를 가져올 수 있다는 점에서 차후 개선할 부분으로 판단된다.

제10장 사회복지사례와 정책이론의 결합 C: 비정규직보호정책에서 나타나는 정책대상조직에 의한 정책유지 분석

제 1 절 서론

대개 권위주의적 시기에서는 부처 등의 정책결정조직을 중심으로 청 등의 정책집행조직 등 정책주체조직에 의해 정책흐름이 이루어져 왔으나, 과도주의적 시기를 거쳐, 현대 다원주의적 시기에서는 정부뿐만 아니라 이익집단 등의 정책대상조직에 의한 정책흐름도 무시할 수 없는 영향력을 가진 것이 주지의 사실이다. 그만큼 현대의 정책흐름이 제 이해당사자들로 인해 복잡한 상태에 이른 것이다. 이러한 변화는 급박한 상황 속에서 단기적 비효율성을 자아낼 수도 있지만, 양 정책조직 간 절충을 통해 정책산출물을 현실과 접목할 수 있도록 객관화하는 데 기여할 수 있다는 점에서, 미래지향적 행태라고도 할 수 있는 것이다.

본 연구에서는 이러한 정책대상조직에 의한 정책흐름을 비정규직보호정책을 통해 조명하고자 한다. 비정규직보호정책은 기간제 등 비정규직근로자를 정규직근로자 수준으로 근접시키기 위한 목표를 가지고 있는 정책으로서, 그 방법상의 견해차로 인해 주체 및 대상조직 간 치열한 게임의 장이 진행된 사례이다. 이러한 상황에서 비정규직근로자를 대변하고 있는 민주노총과 한국노총의 주장이 어느 정도 반영되어 정책흐름이 이어져가고 있는가 하는 문제는 중요한 변수가 될 것이다.

이에 착안해서 본 연구에서는 다음과 같은 목적을 제시하고자 한다.

첫째, 민주노총 · 한국노총 등에 의한 비정규직보호정책의 유지과정을 조명해보고, 이러한 정책유지가 특히, 정책결정과정 또는 정책집행과정 등 어느 정책과정에서 발생하고 있는지를 고찰하고자 한다. 즉, 정책대상조직이 정책집행과정에서 정책주체조직에 의한 또 다른 비정규직보호정책의 변동을 포기시키고, 정책유지를 도출시키는 과정을 검증하는 것으로서, 본 연구에서의 정책유지는 정책대상조직의 높아진 영향력을 의미하는 핵심적 산출이 되는 것이다.

둘째, 이러한 분석을 통해 갖는 제 시사점을 도출해 보고, 이를 통해 차후 비정규직정책 등 유사정책을 추진하는 데 있어 효율성을 지향하는 데 일정부분 가이드역할을 제공하고자 한다.

제 2 절 이론적 배경 및 분석틀

1. 정책유지의 개념

정책유지(policy maintenance)에 대한 개념정의는 거의 부재한 실정이며, 학자들의 접근입장차이로 합의되거나 일치된 견해가 낮은 상황이다.

먼저, 호그우드와 피터(Hogwood & Peters, 1983)는 기본성격, 조직, 법률, 그리고 예산 등을 활용하여 정책변동을 정책혁신, 정책승계, 정책유지, 그리고 정책종결로 유형화했는데, 그중 정책유지에 대해 의도하지 않는 적응적 성격으로서 대개 기존 조직의 개편이 부재하며 기존 법률 및 예산을 유지하는 정책흐름으로 정의하였고, 올드리치(Aldrich, 1999)는 정책변화에 대한 진화론적 접근을 변화, 선택, 유지, 그리고 투쟁의 4단계로 구분하였는데, 이 중 유지에 대해 선택적 변화가 보존되고 복제되며 재생산되는 것으로서, 주로 조정된 정책의 확대나 안정화가 추진되는 단계로 정의하였다.

이러한 기존 개념들을 근거로 본 연구에서는 정책유지에 대해, 정책결정과정에서 산출된 정책이 정책집행과정으로 전달되었을 때, 변화 없이 정책대안이 지속적으로 유지되는 행태로 정의하고자 한다.

2. 정책오차의 개념

정책오차(policy error)에 대한 개념정의는 김영평(1998) 등이 조명해오고 있는데, 김영평은 불확실성으로 인해 정책산출물은 바라는 결과와 예상하지 못한 결과가 함께 나타나기가 보통이라는 점에서, 정책오차란 정책대안의 집행결과가 예상한 기대에 크게 미치지 못한 바람직하지 않은 결과가 나타나는 것으로 규정하였다. 즉, 김영평의 정책오차는 정책결정과정과 정책집행과정 사이에 진행되는 과정 간 불일치를 의미하는 것이다.

하지만, 본 연구에서 다루어지는 정책오차는 이를 근거로 일정부분 수정하여 각 과정별로 나타나는 현실상황과 정책 사이의 불일치를 의미하는 것으로 정의하고자 한다. 다시 말해서, 정책결정과정의 정책오차는 현실상황과 정책산출물 간의 불일치이며, 정책집행과정의 경우도 현실상황과 정책실현활동 간의 불일치를 의미하는 것으로, 여기서 현실은 바람직한 정책산출물이 요구되는 문제시되는 현황을 말하는 것이다.

3. 정책대상조직의 순응 및 불응 개념

정책산출물을 직접적으로 입안하고 시행하는 공식적 조직인 정책결정조직과 정책집행조직을 정책주체조직(policy subject organization)이라고 한다면, 정책대상조직(policy target organization)은 정책주체조직으로부터 정책을 직접 수혜받는 수혜조직과 정책으로 인하여 희생을 감수해야 하는 희생조직 등으로 분류할 수 있다. 이들은 제 요인에 따라 정책산출물을 순응 또는 불응하게 되는데, 정책주체조직이 정한 산출물 및 제반지시사항에 대하여 일치된 행동을 보이는 것이 순응(compliance)인 반면, 불일치된 행동을 나타내는 것이 불응(non-compliance)이라고 할 수 있는 것이다.

본 연구와 관련하여 순응 및 불응의 요인을 정책산출물 차원의 요인과 정책주체조직 차원의 요인으로 대별하여 기존 학자들의 견해를 살펴보면, 나카무라와 스몰우드(Nakamura & Smallwood, 1980)는 정책산출물 차원의 요인으로 정책대안의 소망성, 명료성, 일관성, 정책주체조직 차원의 요인으로는 조직의 정당성, 신뢰성, 구성원의 자질 등을 제시했고, 쿰스(Coombs, 1980)는 전자에 대해 정책목표 자체, 후자에 대해서는 조직의 권위 등을 제시했으며, 앤더슨(Anderson, 1984)은 전자에 대해 정책의 모호성, 명확성의 결여, 정책기준의 불일치, 후자에 대해서는 조직의 권위 등으로 나타냈다. 한편, 정정길 · 최종원 · 이시원 · 정준금(2007)은 전자에 대해 정책의 소망성, 명료성, 일관성, 후자에 대해서는 조직의 신뢰성, 정통성 등으로 나타냈다.

전술한 의견들을 근거로 본 연구에서 다루어질 정책대상조직의 순응 및 불응요인을 공통적으로 도출해 보면, 정책산출물 차원의 요인으로는 정책의 소망성, 명료성, 일관성, 정책주체조직 차원의 요인으로는 조직의 정당성, 신뢰성, 권위성 등으로 나타낼 수 있을 것이다.

먼저, 정책산출물 차원의 요인으로 정책의 소망성은 정책대상조직에게 바람직할 것인가의 여부에 대한 것이고, 정책의 명료성은 정책산출물의 내용이 모호하거나 상반되는 집행기준이 제시되는지의 여부에 대한 것으로서 의사전달의 부족에 따른 불응 등이 이에 해당된다고 할 수 있다. 그리고 정책의 일관성은 정책산출물이 집행과정으로 이어질 경우 일관되게 시행되는지의 여부에 관한 사항을 의미한다.

아울러 정책주체조직 차원의 요인으로 조직의 정당성은 정책주체조직이 법적 규정에 근거한 공식적으로 공신력이 있는 조직인지 여부를 의미하고, 조직의 신뢰성은 특별한 사유 없이 정책을 자주 변화시켜 혼란을 자아낼 수 있는지의 여부에 관한 사항이다. 그리고 조직의 권위성은 리더십의 여부에 관한 사항을 의미하는 것이다.

4. 정책대상조직에 의한 정책유지의 의의

전술한 이론적 배경을 근거로 정책대상조직에 의한 정책유지 관련 이론을 조작화할 수 있는데, 이를 조명해 보면 다음과 같다.

1) 정책대상조직에 의한 정책유지의 개념

정책대상조직에 의한 정책유지(policy maintenance by the policy target organizations)는 정책주체조직(정책결정조직 · 정책집행조직)과 정책대상조직 간의 관계를 근거로 조명한 것이다. 즉, 기존 정책에 대해 정책주체조직이 변동을 추진하는 것에 대해 정책대상조직의 반응 및 대응 등에 의해서 그대로 정책유지를 도출하는 것이다.

2) 정책대상조직에 의한 정책유지의 유형

(1) 설계불응오차형

설계불응오차형은 정책결정과정의 결정가에 의해 현실이 반영되지 못한 부적절한 정책산출물체계를 이루고 있고, 이를 정책대상조직이 불응하지만 정책산출물을 자의든 타의든 정책집행과정의 집행가에게 전달하여 현실이 미반영된 부적질한 집행이 이루어지는 상황에서, 정책대상조직이 순응으로 전환함에 따라 정책유지가 발생하는 유형을 의미한다([그림 10－1] 참조).

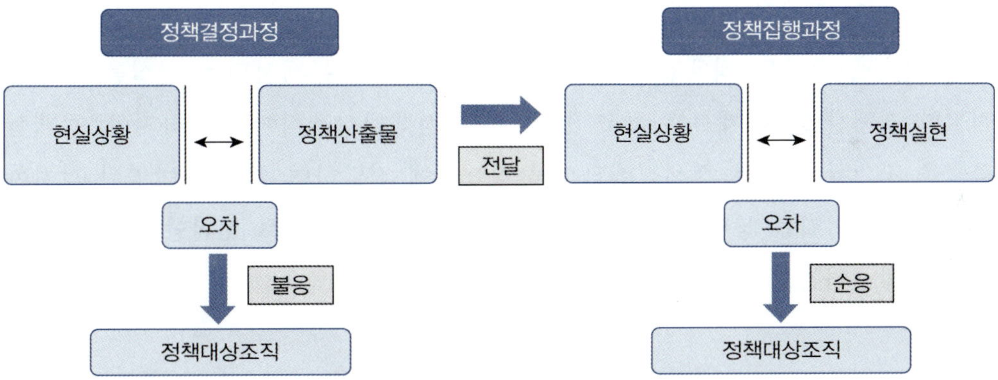

그림 10-1 설계불응오차형의 구조틀

(2) 설계순응오차형

설계순응오차형은 정책결정과정뿐만 아니라 정책집행과정 역시 문제시되는 현실을 반영하지 못한 부적절한 정책체계를 이루고 있으나, 이를 정책대상조직이 순응하여 정책유지가 발생하는 유형을 의미한다([그림 10-2] 참조).

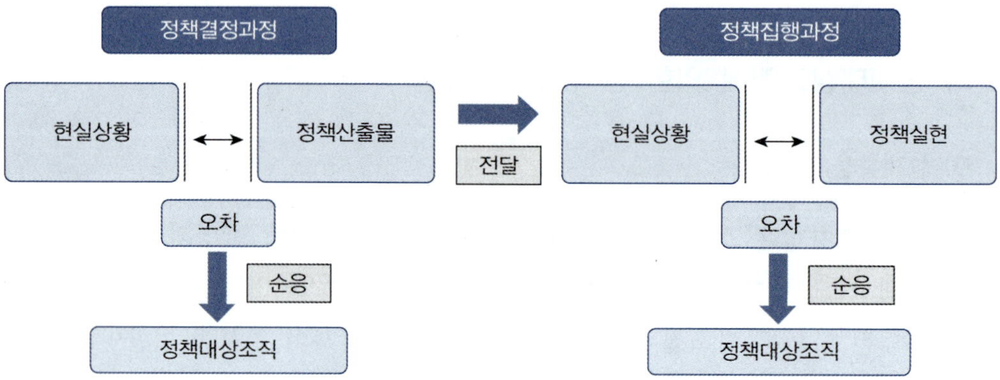

그림 10-2 설계순응오차형의 구조틀

(3) 설계불응일치형

설계불응일치형은 정책결정과정의 결정가에 의해 문제시되는 현실을 반영한 적절한 정책산출물체계를 이루고 있고, 이를 정책대상조직이 불응하지만, 정책산출물을 자의든 타의든 정책집행과정의 집행가에 전달하여 현실이 반영된 적절한 집행이 이루어지는 상황에서, 정책대상조직이 이를 순응으로 전환함에 따라 정책유지가 발생하는 유형을 의미한다([그림 10-3] 참조).

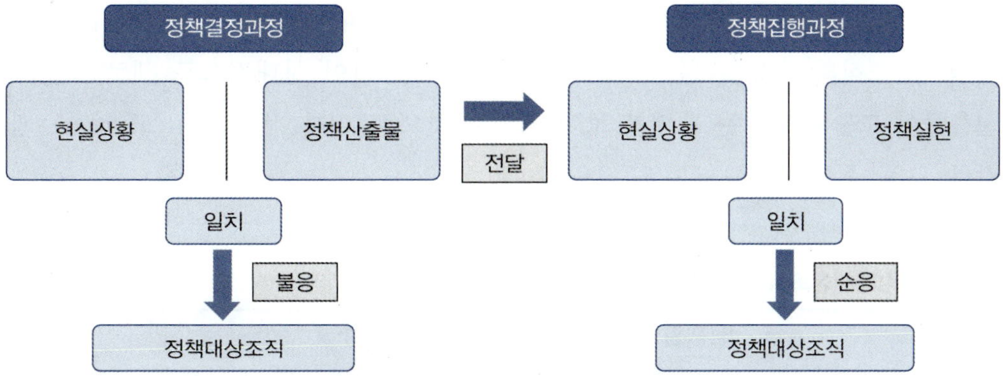

그림 10-3 설계불응일치형의 구조틀

(4) 설계순응일치형

설계순응일치형은 정책결정과정뿐만 아니라 정책집행과정 역시 문제시되는 현실을 반영한 적절한 정책체계를 이루고 있으며, 이를 정책대상조직이 순응하여 정책유지가 발생하는 유형을 의미한다([그림 10-4] 참조).

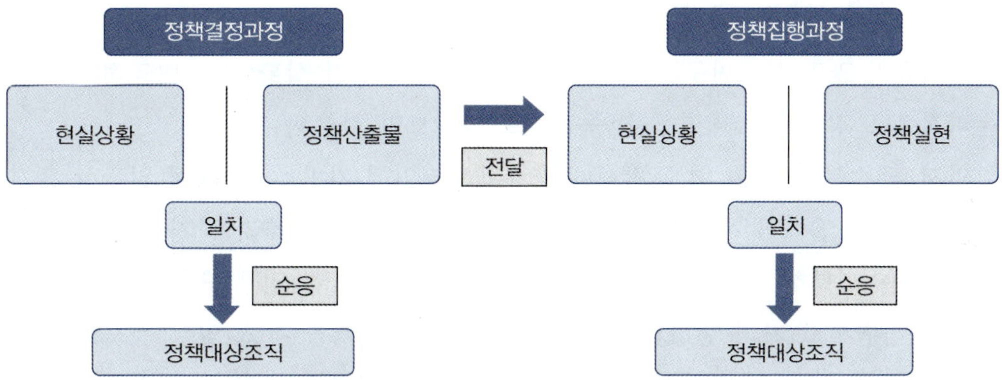

그림 10-4 설계순응일치형의 구조틀

지금까지 조명한 정책대상조직에 의한 정책유지의 유형은 정책집행과정에서 정책대상조직의 순응이라는 자극제가 변수로 작용하여 상대적으로 새로운 정책 산출물이 도출되지 않는 행태를 보이고 있는 것으로, 이를 정리하면 〈표 10－1〉과 같다.

표 10-1 정책대상조직에 의한 정책유지의 유형

구분	정책결정과정		정책집행과정		정책유지의 가능성
	적절유무 판단과정	대상 조직의 순응도	적절유무 판단과정	대상 조직의 순응도	
설계불응오차형	부적절	불응	부적절	순응	높은 수준의 정책유지
설계순응오차형	부적절	순응	부적절	순응	높은 수준의 정책유지
설계불응일치형	적절	불응	적절	순응	높은 수준의 정책유지
설계순응일치형	적절	순응	적절	순응	높은 수준의 정책유지

5. 정책유지 관련 선행연구

정책유지 관련 선행연구는 국내외적으로 거의 부재한 상황이며, 비교적 체계가 논리적으로 정리된 국내연구를 중심으로 살펴보면 다음과 같다.

먼저, 권순복(1999)은 웹 프락시에서 콘텐트타입에 기반을 둔 캐쉬 일관성 유지정책을 통해, 웹에서 사용되는 자원들은 그 콘텐트타입에 따라 각기 다른 특성을 띠고 있는데, 특히 이미지타입들은 다른 타입들과는 달리 전체 요청 수의 대다수를 차지하면서도 거의 변경되지 않는다는 독특한 특징을 갖고 있는 것으로 가정하면서, 이렇게 각기 다른 특성을 가지고 있는 자원들에 대해서 동일하게 일관성 유지정책을 사용하는 것은 비효율적인 면을 많이 내포하게 된다고 밝히고 있다. 따라서 콘텐트타입의 각 특성을 잘 고려하여 각 타입마다 다른 일관성 유지정책을 적용하는 것이 효율적이라는 결론을 도출하였다.

윤종건(2004)은 사교육비의 폐해를 근절하기 위해 학교선택권을 학생에게 주는 현 체제의 평준화정책을 유지해야 된다는 제언을 했다.

김선혁 · 정재동 · 정태헌(2007)은 건국 초기부터 헌법적 질서와 제도적 모방, 급속한 국가발전의 요구 등 역사적 특수성하에서 우리나라의 예산정책이 어떻게 변화해 왔는지를 고찰하였는데 변화, 선택, 유지, 투쟁 등 정책발전의 단계를 4가지로 분류하는 진화론적 접근을 통하여 제1공화국에서 제3공화국 시기까지의 예산정책의 변화과정을 분석하였다.

권태정(2009)은 세계화시대를 맞아, 특히 도시범죄가 많은 미국을 예로 들면서 도시설계와 낮은 수준의 범죄 유지정책의 상관관계를 새로운 각도로 조명하였다.

전술한 선행연구들은 정책유지 관련 연구에 나름대로 의미 있는 기여를 하고 있지만, 본 연구는 정책유지의 핵심요인을 정책대상조직으로 초점을 맞추고 있으며, 범위를 정책결정과정과 정책집행과정으로 명확히 나누고 있다는 점에서, 기존연구와 상당부분 차별성을 갖는 것이다.

6. 연구의 분석틀

전술한 정책대상조직에 의한 정책유지의 유형을 근기로 본 연구의 사례분석에 적합하도록 분석틀을 구성해 보면 [그림 10-5]와 같다.

즉, 정책결정과정에 있어서 현실상황과 정책산출물 사이의 오차 유무를 조명해 보고, 이러한 정책산출물을 정책대상조직이 불응하였는지 여부도 살펴본다. 이러한 상황에서 정책주체조직 또는 정책대상조직에 의해 1차 정책변동이 발생하게 되고, 이러한 정책변동의 산출물을 자의든 타의든 정책집행조직에 전달하여 문제시되는 또는 적절한 집행이 이루어지는 상황에서, 정책대상조직이 불응 또는 순응을 함에 따라 정책주체조직 또는 정책대상조직에 의한 2차 정책변동 또는 정책유지가 발생하게 되는 것이다.

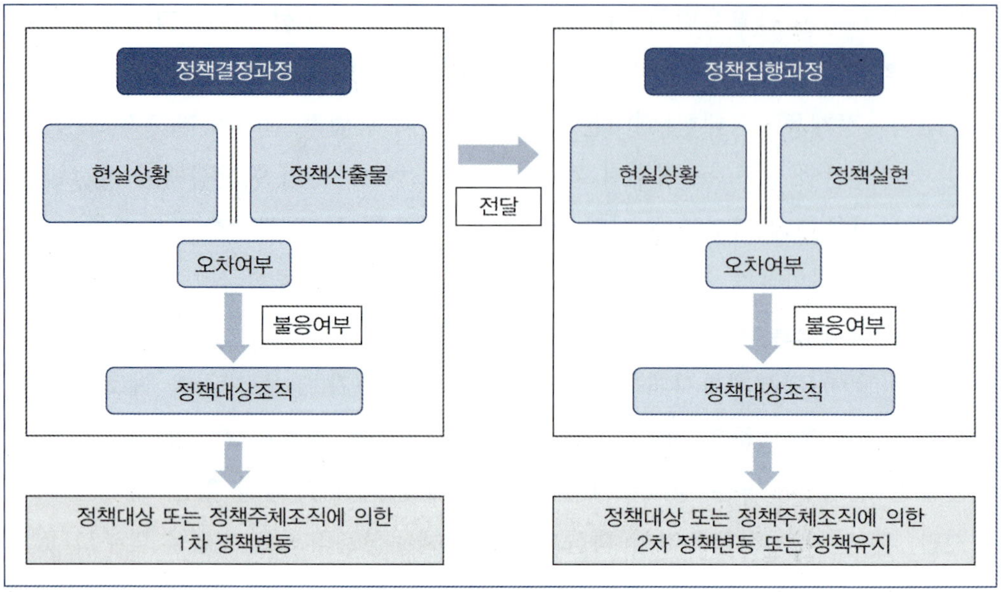

그림 10-5 분석틀의 구성

한편, 본 연구에서 정책대상조직은 비정규직을 대변하고 있는 민주노총과 한국노총 등으로 정의하고, 정책주체조직은 노동부, 열린우리당・한나라당・민주노동당・민주당・자유선진당의 정당 등으로 규정하고자 한다.[1)]

1) 본 구성체계는 비정규직보호정책을 둘러싸고 벌어지는 정책대상조직과 정책주체조직의 핵심적 참여자로 이루어지며, 이는 전문가 인터뷰를 통한 일치된 결과를 통해 도출되었다. 전문가 인터뷰는 전현직 환경노동위원회 소속 보좌관 및 입법조사관 각각 5인 총 10명을 대상으로 2010년 4월 16일부터 18일까지 전화 및 직접방문을 통해 실시하였고, 여타 사항은 본인들의 희망으로 미공개로 하고자 한다. 그리고 본 인터뷰 대상은 〈표 10-8〉과 동일한 전문가이다.

제 3 절 비정규직보호정책의 의의

1. 비정규직보호정책의 추진경과

비정규직보호정책은 「기간제 및 단시간근로자 보호 등에 관한 법률」, 「노동위원회법」, 그리고 「파견근로자보호 등에 관한 법률」을 제 · 개정하여 복지사각지대에 노출되어 있는 비정규직근로자(기간제 · 단시간 · 파견근로자)를 정규직근로자 수준으로 전환하려는 정책으로서, 본 연구에서는 기간제 및 단시간근로자 보호 등에 관한 법률 등에 초점을 맞춰 기간제근로자의 사용기간을 둘러싼 게임의 장을 중심으로 분석을 진행하고자 한다.

본격적인 분석에 앞서 본 연구에서 다룰 비정규직보호정책의 추진경과를 간략히 살펴보면 〈표 10－2〉와 같다.

표 10-2 비정규직보호정책의 추진경과

일자	주요 내용
2004.09.09	노무현정부, 기간제의 사용기간 등을 담은 비정규직법안 발표
2005.04.08~05.02	국회－노사정위, 1~11차 비정규직법안 실무협상
2005.11.10~11.30	노사, 비정규직법안 대표자회의 및 실무교섭
2006.02.27	비정규직법안 국회 환경노동위원회 통과
2006.11.30	비정규직법안 국회 본회의 통과
2006.12.21	노무현정부, 비정규직법 공포 (2년 초과 후 비정규직의 정규직화 등)
2007.07.01	비정규직법 시행
2008.12.23	노동부, 업무보고에서 대량해고를 방지하기 위한 비정규직의 기간연장 등 비정규직법 개정 시사

일자	주요 내용
2009.03.13	노동부, 비정규직법안 입법예고 (비정규직 사용기간을 현행 2년에서 4년으로 연장 등)
2009.06.08	한나라당－노동부, 비정규직 사용기간 2년 제한조항의 적용시기를 유예하기로 잠정결정(민주노총·한국노총 등 노동계 강력 반발)
2009.06.29	여야－노동계 연석회의 결렬 (여야 유예안 고수－노동계 유예안 수용불가)
2009.07.01	비정규직법의 개정이 무산된 채, 2년 초과 비정규직의 정규직화 또는 해고 시작

출처: 기존의 여러 자료를 근거로 구성.

2. 비정규직 관련 선행연구

비정규직 관련 선행연구들을 비교적 체계적으로 분석된 국내연구중심으로 살펴보면, 먼저 박재규(2004)는 비정규직 여성노동자의 인적자본과 노동시장의 지위, 그리고 고용환경과 생활만족의 변화를 정규직 남녀노동자 및 정규직 전환 남녀노동자와의 비교를 통해 상대적 취약성을 검토하였으며, 이를 근거로 비정규직 여성근로자의 고용환경 및 생활만족 향상을 위한 대안을 모색하였다.

배화숙(2005)은 급증하고 있는 비정규직노동자에 대한 기업복지의 제공현황을 정규직노동자와 비교함으로써 비정규직의 상대적 취약성을 검토하고 이를 통해 기업복지에서 비정규직노동자의 소외와 차별을 완화시키기 위한 대안을 제시하였다.

강효진(2006)은 2001년 7월 이후 건강보험에서 시행된 임시·일용직 근로자의 직장건강보험 편입이 비정규직근로자의 직장가입행동에 실질적으로 얼마나 기여했는지를 계량적으로 평가하였다.

배화숙·이인숙(2008)은 비정규직을 전일제와 시간제, 직접고용과 간접고용, 사용직과 임시직, 그리고 계약유무라는 4가지 기준을 통해 유형화하였으며, 이를 유형별로 일자리 만족도의 차이를 유발하는 영향요인을 비교함으로써 비정규직이 정규직에 반하는 하나의 범주로만 설명될 수 없는 다양한 특성을 포괄하고 있음을 검증하였다.

최인이(2009)는 백화점 간접고용 노동자의 사례를 활용하여 유통 서비스업 여성비정규직 노동의 성격과 차별양상에 대해서 분석하였다.

이렇게 볼 때, 비정규직 관련 기존 선행연구들은 본 연구에서 다루고 있는 사용기간을 둘러싼 게임의 장과는 내용적으로 차이가 있고, 정책대상조직에 의한 정책유지를 단 한 번도 시도하지 않았다는 점에서, 본 연구는 기존 연구와 상당부분 차별성을 갖는다고 할 수 있다.

제 4 절 비정규직보호정책에서 나타나는 정책대상조직에 의한 정책유지 분석

1. 정책결정과정의 분석

정책결정과정의 분석기간은 2004년 9월 9일에 노무현정부가 비정규직의 사용기간 등을 담은 비정규직법안을 발표한 시점부터 본 법이 국회를 통과하여 공포된 시점인 2006년 12월 21일까지로 한정하며, 정책대상조직은 민주노총과 한국노총, 정책주체조직은 노동부, 열린우리당, 한나라당, 그리고 민주노동당으로 규정하고자 한다.

1) 정책오차 분석

본 시기에 즈음해서 비정규직근로자에 대한 현실상황을 노동부〈http://www.molab.go.kr〉를 통해 살펴보면, 2001년 8월 현재 비정규직근로자는 임금근로자 대비 364만 명・26.8%였고, 2002년 8월 현재 384만 명・27.4%, 2003년 8월 현재 461만 명・

32.6%, 그리고 2004년 8월 현재 539만 명 · 37.0%를 나타내어 기간제근로자를 중심으로 그 비중이 지속적으로 높아져 가는 상황이다.

이에 대해 노동부를 중심으로 하는 노무현정부는 비정규직근로자를 보호한다는 취지 아래, 비정규직 사용기간을 총 3년으로 제한하고 3년 초과 시 정규직근로자로 간주하며, 비정규직에 대한 불합리한 차별처우를 금지하는 등의 내용을 담은 비정규직법안을 2004년 9월 9일에 공식적으로 발표하게 된다. 이에 따라 본 법안은 2004년 11월 8일 국회에 제출되어 찬성측과 반대측 간에 치열한 게임의 장이 이어지게 된다. 결국, 치열한 상호작용 속에 사용사유제한제도[2] 없이 2년을 사용하되 이후 정규직으로 전환하는 (2+0 안) 등이 2006년 12월 21일에 산출된다.

전술한 현실상황에 이러한 정책산출물이 제대로 반영되고 있는지를 정책오차 차원에서 살펴보면, 다음과 같은 근거로 인해 일정부분 오차가 발생하고 있는 것으로 판단된다.

첫째, 본 규정에서 일정기간까지는 아무런 제한 없이 자유롭게 비정규직근로자를 사용할 수 있어, 오히려 비정규직근로계약의 장기화와 비정규직 확산을 촉진시킬 수 있다는 점에서, 비정규직 문제를 근본적으로 해결할 수 없다는 것이다.

둘째, 비정규직근로자의 총사용기간을 2년으로 제한하고, 이를 초과 시 정규직근로자로 간주하는 내용은 기간 경과 후 해고 또는 정규직근로자 전환이라는 이분법적 결정을 가져올 수 있다는 점인데, 경제유연성을 고려한다면 해고 쪽에 무게중심이 실릴 수밖에 없다는 것이다.

비정규직 문제와 (2+0 안) 사이에 정책오차 유무를 좀 더 객관화시키기 위해, 본 정책산출물에 대해 가장 피부에 닿는 입장인 비정규직과 정규직을 대상으로, "비정규직근로자의 총사용기간을 2년으로 제한하고, 이를 초과 시 정규직근로자로 간주하는 산출물이 복지사각지대에 노출되어 있는 비정규직에 제대로 접근하고 있는가?"라는 설문조사를 한 결과, 비정규직과 정규직 모두 경제유연성 차원에

2) 비정규직근로자에 대한 사용사유제한제도는 출산, 질병 등으로 인한 결원의 경우에만 기간제 등 비정규직을 사용하고, 이 외의 사항에 대해서는 정규직을 고용해야 한다는 것이다.

서 2년 후 해고가 우세할 것이라는 회의적인 반응을 보였으며, 실제로 평균값이 1.93으로 도출되었다는 점에서, 상당부분 오차가 있는 것으로 분석된다.

한편, 비정규직이 정규직보다 문제시되는 현실을 반영하는 일치지향이 다소 많았는데, 이는 답변분석결과 정규직 전환에 대한 기대감을 어느 정도 가진 것으로 분석된다(〈표 10-3〉 참조).

표 10-3 현실상황과 정책산출물 사이의 정책오차에 대한 설문조사[3)]

구 분	← 오차지향(현실미반영)			일치지향(현실반영) →		
	1	2	3 (보통값)	4	5	
비정규직	48명	22명	11명	10명	9명	n=100, 2.10
정규직	55명	28명	7명	6명	4명	n=100, 1.76
합계	103명	50명	18명	16명	13명	n=200, 1.93

어쨌든, 정책결정과정에 있어서 현실상황과 정책산출물 사이에는 일정부분 현실이 미반영된 오차가 존재하는 것으로 나타났으며, 이는 정책대상조직의 불응 또는 순응으로 이어지게 된다.

3) 본 설문조사는 2007년 1월 10일부터 2월 10일까지 진행되었으며, 300인 이상 A기업 비정규직 50명·정규직 50명, 300인 미만 B기업 비정규직 50명·정규직 50명 등 총 200명의 표본으로 이루어졌다. 아울러 300인 이상 A기업의 남녀표본은 남자 50명·여자 50명이고, 연령대는 직원비율에 따라 20대 21명·30대 33명·40대 35명·50대 11명이며, 300인 미만 B기업은 남자 50명·여자 50명이고, 연령대는 비율에 따라 20대 15명·30대 41명·40대 38명·50대 6명이었다. 그리고 기업명 공개여부에 대해서는 반대하는 표본이 더 많아 비공개로 하고자 한다. 한편, 설문조사 분석표에 보통값은 3이고 3을 초과하는 수치는 일치지향, 3을 미만하는 수치는 오차지향으로 규정하고자 한다. 아울러 본 설문조사의 의의는 현실상황과 정책산출물 사이의 정책오차를 분석하는 과정이 질적 분석으로는 한계가 있다는 점에서, 본 설문조사는 오차여부의 객관화를 제고하는 데 큰 역할을 담당하고 있는 것이다. 이러한 사항은 이후 정책집행과정에서도 동일하게 적용된다.

2) 정책대상조직의 불응유무 분석

비정규직근로자의 사용기간을 2년으로 하고, 차별시정제도를 도입하며, 불법 파견 시 사업주에 대한 벌칙을 강화하는 내용 등을 담고 있는 정책산출물의 결정과정에 대해 민주노총과 한국노총 등 정책대상조직은 일정한 반응을 보이는데, 이를 종합적으로 정리하면 다음과 같다(연합뉴스〈http://www.yonhapnews.co.kr〉).

먼저, 민주노총의 경우, "비정규직근로자의 사용기간을 2년으로 규정하고 있는데, 그 기한이 도래되었을 때 정규직 전환보다는 해고로 이어질 가능성이 높다는 점에서, 최소한 사용사유제한제도를 도입해야 하고, 따라서 본 정책산출물에 대해서는 강력히 반대하는 입장이다"라는 주장을 나타냈다.

반면, 한국노총의 경우 "사용사유제한제도를 도입하지 않는 것은 아쉽지만, 차별시정제도와 불법 파견 시 사업주에 대한 벌칙 강화 등을 도입한 것은 환영할 만한 일로서 전반적으로 수용하는 입장이다"라는 의견을 표명했다.

결국, 민주노총은 불응입장을 보였고, 한국노총은 순응입장을 나타냈는데, 전자의 경우 비정규직근로자가 오히려 복지사각지대에 더 노출될 것이라는 점에서, 불응을 나타낸 반면, 후자의 경우는 차별시정제도 등으로 인해 일정부분 비정규직근로자를 보호해 줄 수 있다는 점에서, 순응을 보인 것이다. 따라서 불응 및 순응의 요인은 양자 모두 정책대상조직에게 바람직할 것인가의 여부에 따라 이루어졌다는 점에서, '정책의 소망성'이라고 할 수 있는 것이다.

3) 정책조직에 의한 정책변동

전술한 바와 같이, 정책결정과정의 정책산출물은 문제시되는 현실상황을 제대로 반영하지 못하는 오차를 나타내고 있으며, 이러한 정책산출물에 대해 정책대상조직은 불응 및 순응으로 상반된 반응을 보였다. 이러한 상황에서 정책대상조직 또는 정책주체조직 중 어느 정책조직에 의해서 정책변동이 발생한 것인지에 대해, 정책주체조직에 대한 정책대상조직의 주요 대응전략을 중심으로 살펴보면 다음과 같다.

먼저, 2004년 11월 8일 노동부는 비정규직 양산을 방지하기 위해 비정규직 사용기간을 3년으로 규정하고 이후 정규직으로 전환시키는 비정규직법안을 국회에 제출했으나, 정책대상조직은 이에 대해 높은 수준으로 반발하게 된다. 즉, 민주노총은 민주노동당과의 연대를 통해 3년 후 정규직 전환보다는 그 이전에 해고의 위험성이 많아 오히려 비정규직을 양산시키는 본 법안을 국회 환경노동위원회에 상정 시 총파업을 하겠다는 결의를 했으며, 한국노총은 비정규직 폐지를 위한 총력투쟁을 공표하기에 이른다.

이렇게 반발이 심해지자 2005년 5월 2일 열린우리당은 11차 실무협상(국회-노사정위, 비정규직법안 실무협상)에서 일단 사용기간규정을 제외한 채 차별시정제도 등 합의된 부분만 상정하는 협상안을 내놓게 된다. 하지만 이에 대해 양대노총은 비정규직 보호를 위해 부분타결은 불가하며, 사용기간을 사용사유제한제도가 없는 1년과 있는 1년 등 2년으로 하고 이후 정규직 전환을 요구하는 (1+1 안)을 대안으로 내놓게 된다. 이에 대해 노동부와 열린우리당은 경제유연성 등의 차원에서 사용사유제한제도는 시기상조라는 입장을 표명했으며, 이후 노사실무교섭이 결렬됨에 따라 2005년 11월 30일 당정비공개협의회에서 사용사유제한제도를 반영하지 않고 법안을 정기국회에서 강행처리하기로 합의하기에 이른다.

이에 대해 한국노총은 비정규직법안에 차별시정제도 등 대상자들에게 유익한 내용도 있는 만큼 연내처리를 위해 (1+1 안)과 더불어 사용사유제한제도 없이 2년을 사용하되 이후 정규직으로 전환하는 (2+0 안)을 복수안으로 제시하게 된다. 이러한 움직임에 대해 민주노총은 한국노총의 복수안 제시는 공조파기를 기정사실화한 것으로, 사용사유제한제도가 없는 비정규직법안이 국회를 통과하는 것은 절대불가하다는 입장을 다시 한번 강조했다.

이에 대해 더 이상 시간을 지체할 수 없다는 판단 아래 2006년 2월 27일 열린우리당과 한나라당은 민주노동당의 물리적 저지 속에 사용사유제한제도가 없이 비정규직 사용기간을 3년에서 2년으로 수정하여 환경노동위원회에서 가결시키기에 이른다. 이러한 상임위 가결에 대해 민주노총은 사용사유제한제도가 없이 가결된 비정규직법안은 무효이며, 국회 본회의 통과를 강력히 저지할 것이라는 입장을 밝힌다. 반면, 한국노총은 제시한 복수안 중 (2+0 안)이 상당부분 반영되었다는 점에서 일단 수용의 입장을 밝히게 된다.

결국, 9개월여 지난 2006년 11월 30일 민주노동당의 격렬한 반대 속에 상임위에서 가결된 내용이 본회의에서 그대로 통과되기에 이른다. 통과된 법안은 2006년 12월 21일에 공포되었고, 이후 준비과정을 거쳐 2007년 7월 1일에 시행되기에 이른다(〈표 10-4〉 참조).

표 10-4 정책주체조직에 대한 정책대상조직의 주요 대응전략(정책결정과정)

정책주체조직의 추진						정책대상조직의 대응					
일시	추진경로	정책주체조직									
		노동부	열린우리당	한나라당	민노당	일시	대응경로	민주노총	일시	대응경로	한국노총
2004. 11.08	법률 제출	비정규직 사용기간을 3년으로 규정	–	–	–	04. 11. 12	연석회의	민노당과 연대, 국회 환경노동 위원회 상정 시 총파업	04. 11. 15	기자회견	법률안 상정 반대, 비정규직 폐지를 위한 총력투쟁 공표
2005. 05.02	11차 실무 협상	–	일단 사용기간 규정을 제외한 채 차별시정 제도 등 합의된 부분만 상정	–	–	05. 05. 02	11차 실무 협상	부분타결은 불가 · 사용사유 제한 없는 1년과 있는 1년 등 2년으로 하고 이후 정규직으로 전환 요구 (1+1 안)	05. 05. 02	11차 실무 협상	부분타결은 불가 · 사용사유 제한 없는 1년과 있는 1년 등 2년으로 하고 이후 정규직으로 전환 요구 (1+1 안)

정책주체조직의 추진						정책대상조직의 대응					
일시	추진 경로	정책주체조직									
		노동부	열린우리당	한나라당	민노당	일시	대응 경로	민주노총	일시	대응 경로	한국노총
2005. 11.30	당정 비공개 협의회	노사실무 교섭이 결렬됨에 따라 사용사유 제한이 없는 등의 비정규직 법안을 정기국회에서 강행 처리 합의	노사실무 교섭이 결렬됨에 따라 사용사유 제한이 없는 등의 비정규직 법안을 정기국회에서 강행 처리 합의	–	–	05. 12. 01	총파업	한국노총의 복수안은 공조파기의 기정사실화, 사용사유 제한이 없는 비정규직 법안 국회통과 절대불가	05. 11. 30	기자회견	(1+1 안)과 더불어 사용사유 제한 없이 2년을 사용하되 이후 정규직으로 전환 (2+0 안)하는 복수안 제시
2006. 02.27	상임위 전체 회의	–	사용사유 제한이 없이 비정규직 사용기간을 3년에서 2년으로 수정합의	사용사유 제한이 없이 비정규직 사용 기간을 3년에서 2년으로 수정합의	물리적 저지	06. 02. 28	총파업	사용사유 제한이 없이 통과된 비정규직 법안은 무효, 절대수용 불가	06. 02. 28	대의원대회	전체적으로 부족한 면이 있지만 복수안 중 (2+0 안)이 상당부분 반영되었다는 점에서 일단 수용

출처: 기존의 여러 자료를 근거로 구성.

전술한 분석을 통해, 비정규직 사용기간을 2년으로 규정하는 내용을 골격으로 하는 최종산출물이 정책대상조직 또는 정책주체조직 중 어느 조직에 의해 산출되었는가를 분석해 볼 때, 낮은 수준으로 정책주체조직에 의해 정책변동이 발생했다고 할 수 있다. 즉, 민주노총과 한국노총이 요구하는 사용사유제한제도는 경제유연성 등의 차원에서 전혀 반영이 되지 않았으며, 다만, 한국노총이 제시한 복수안 중 (2+0 안)이 반영되어 원안 3년을 2년으로 수정시켰다는 점 등이 그것을 말해주고 있다.

실제로, 본 비정규직법안을 직접 담당했던 교섭단체 환노위 보좌진 2명을 대상으로 인터뷰[4]를 실시한 결과 공통적인 의견이 나타났다. 즉, "양대노총의 분열로 인해 정책대상조직의 불응 영향력이 상당부분 낮아졌으며, 이로 인해 이들의 주장을 간과한 채 열린우리당과 한나라당만으로 정책변동이 이루어진 면이 농후했다. 다만, 비정규직근로자의 사용기간을 3년에서 2년으로 줄인 것은 한국노총이 복수안으로 제시한 내용을 일정부분을 반영한 결과로 본다. 결과적으로 양대노총에서 주장한 사용사유제한제도를 무시한 채 거의 정부원안의 행태로 결정된 것은 노무현정부가 현실적으로 본 안이 비정규직을 해소하는 데 최적의 대안이라고 생각했던 것으로 판단된다"는 견해를 밝혔다.

결과적으로, 정책결정과정의 비정규직법 제정 관련 정책대상조직들의 입장을 정리해 보면, 민주노총이 지속적으로 반대를 추구한 반면, 한국노총은 반대에서 찬성입장으로 선회했다는 점에서, 정책대상조직의 대응전략은 분산적으로 이어질 수밖에 없었던 것이다(〈표 10-5〉 참조).

표 10-5 1차 정책변동 추진에 대한 각 정책조직의 입장

구분		정책조직	
		정책대상조직	정책주체조직
입장	찬성	–	노동부, 열린우리당, 한나라당
	반대	민주노총	민주노동당
	중립	–	–
	변화	한국노총(반대→찬성)	–

4) 본 인터뷰는 2007년 7월 11일부터 12일까지 진행되었고, 열린우리당과 한나라당 보좌진 1명씩 2명을 대상으로 이루어졌으며, 내용은 학술형식으로 재정리한 것이다. 한편, 여타 사항은 본인들의 희망으로 미공개로 하고자 한다.

2. 정책집행과정의 분석

정책집행과정의 분석기간은 공포된 시점인 2006년 12월 21일부터 현재까지로 한정하며, 정책대상조직은 민주노총과 한국노총, 정책주체조직은 노동부, 한나라당, 민주당, 그리고 자유선진당으로 규정하고자 한다.

1) 정책오차 분석

본 시기에 즈음해서 비정규직근로자에 대한 현실상황을 노동부⟨http://www.molab.go.kr⟩를 통해 살펴보면, 2006년 8월 현재 비정규직근로자는 임금근로자 대비 546만 명 · 35.4%를 나타냈고, 2007년 8월 현재 570만 명 · 35.9%를 보여 기간제근로자를 중심으로 그 비중이 연도별로 계속 높아져 가는 상황이다.

이러한 상황에서 비정규직 사용기간을 2년으로 하되 그 기간 후 정규직으로 전환하는 내용 등을 담은 비정규직법이 2006년 12월 21일에 공포되었고, 이후 준비과정을 거쳐 2007년 7월 1일에 시행되기에 이른다. 결국, 2년 규정에 따라 2009년 7월 1일부터 비정규직근로자는 정규직 전환과 해고라는 이분법적 상황에 직면하게 된 것이다.

전술한 현실상황에 이러한 정책실현이 제대로 반영되고 있는지를 정책오차차원에서 살펴보면, 정책결정과정과 마찬가지로 일정부분 오차가 발생하고 있는 것으로 판단된다.

즉, 정규직 전환보다는 해고가 높은 수준으로 나타나고 있다는 것이다. 실제로, 노동부⟨http://www.molab.go.kr⟩가 2009년 7월 1일부터 13일까지 비정규직근로자가 있는 5인 이상 전체 51만 8,000개 사업장 가운데 8,931개 사업장에 대해 조사한 결과, 해고자는 4,325명, 72.5%였으며, 정규직 전환 근로자는 1,644명, 27.5%를 나타냈다는 점에서, 하루 평균 333명꼴로 해고되는 것으로 나타났다.

비정규직 문제와 (2+0) 집행 사이에 정책오차 유무를 좀 더 객관화시키기 위해, 정책결정과정과 마찬가지로 설문조사를 한 결과, 비정규직과 정규직 모두 비정규직 2년 사용기간이 비정규직 문제에 제대로 대응하지 못하고 있다는 반응을 보였다. 실제로, 평균값이 1.90으로 도출되었다는 점에서, 상당부분 오차가 있는 것으로 분석된다. 한편, 정책집행과정에 있어서 비정규직의 반응이 정책결정과정의 2.10보다 낮은 1.89를 나타냈는데, 이는 답변분석결과 정책결정과정에서는 정규직 전환에 대한 기대감을 어느 정도 가졌으나, 실제로 정책집행과정에서 정규직 전환보다 해고가 우세한 부분이 나타나자 현실미반영으로 좀 더 기울어진 것으로 분석된다(〈표 10-6〉 참조).

표 10-6 현실상황과 정책실현 사이의 정책오차에 대한 설문조사[5)]

구분	← 오차지향(현실미반영)		일치지향(현실반영) →			
	1	2	3 (보통값)	4	5	
비정규직	44명	31명	19명	4명	2명	n=100, 1.89
정규직	38명	41명	14명	6명	1명	n=100, 1.91
합계	82명	72명	33명	10명	3명	n=200, 1.90

어쨌든, 정책집행과정에 있어서 현실상황과 정책실현 사이에는 일정부분 현실이 미반영된 오차가 존재하는 것으로 나타났으며, 이는 정책대상조직의 불응 또는 순응으로 이어지게 된다.

2) 정책대상조직의 불응유무 분석

비정규직 사용기간을 2년으로 하는 내용 등을 담은 비정규직법이 2007년 7월 1일 시행되어 2009년 7월 1일부터 비정규직근로자는 정규직 전환의 갈림길에 놓이게 되는데, 이러한 정책실현에 대해 민주노총과 한국노총 등 정책대상조직은 같은 반응을 보이게 된다(연합뉴스〈http://www.yonhapnews.co.kr〉).

5) 본 설문조사는 2009년 10월 1일부터 10월 31일까지 진행됐다.

이들 조직은 공통적으로 “정부여당의 의지를 담은 본 비정규직법으로 인해 2년 동안 비정규직근로자는 양과 질적으로 높은 수준의 고통을 당해온 것이 사실이다. 하지만 2년이 흐른 현재 비정규직을 정규직으로 전환시켜 고용안정화의 기회를 맞게 된 것은 그나마 다행스러운 일이다. 물론 경제유연성 등의 변수가 있기는 하지만 정규직 전환 지원금을 조속히 집행하여 이를 방어하는 데 최선의 노력을 다해야 것이다”라는 의견을 나타냈다.

결국, 민주노총과 한국노총은 순응입장을 나타냈는데, 고통의 2년이 지난 시점에서 비정규직근로자가 정규직으로 전환될 수 있는 희망이 있고, 그 효과가 미비하더라도 정규직 전환 지원금을 신속히 집행하여 복지사각지대에 노출되어 있는 비정규직에게 새로운 삶이 다가올 것이라는 확신이 있었다는 점에서, 순응을 보인 것이다. 따라서 순응의 요인은 양자 모두 정책대상조직에게 대체적으로 바람직할 것이라는 틀에서 이루어졌다는 점에서, 정책결정과정과 같은 ‘정책의 소망성’이라고 할 수 있는 것이다.

3) 정책조직에 의한 정책변동 또는 정책유지

전술한 바와 같이, 정책집행과정의 정책실현은 문제시되는 현실상황을 제대로 반영하지 못하는 오차를 나타내고 있지만, 이러한 실현활동에 대해 정책대상조직은 순응된 반응을 보였다. 이러한 상황에서 정책대상조직 또는 정책주체조직 중 어느 정책조직에 의해서 정책변동 또는 정책유지가 발생한 것인지에 대해, 정책주체조직에 대한 정책대상조직의 주요 대응전략을 중심으로 살펴보면 다음과 같다.

먼저, 2008년 12월 23일 노동부는 대통령 업무보고에서 비정규직 2년 사용기간 후에는 대규모 해고사태가 발생할 수밖에 없다는 논리를 내세워 기간연장 등의 개정의지를 표명했으며, 이에 따라 2009년 3월 13일 비정규직 사용기간을 2년에서 4년으로 연장하는 입법예고를 하게 된다. 이에 대해 양대노총은 기간을 4년으로 늘리는 것은 비정규직을 지속적으로 양산시키겠다는 것이고, 정규직 전환 지원금을 통해 원래 약속대로 법을 시행할 것이며, 여야 합의로 제정된 법을 단 한 번도 제대로 집행하지 않는 것은 국민을 우롱하는 처사라는 등의 주장을 하면서 강력한 투쟁을 벌일 것을 천명하게 된다.

아울러 야당인 민주당 역시 입법예고 직후 기자간담회에서 4년으로 연장하는 것은 정규직을 고착화시키겠다는 것이라며 반발하게 된다. 이러한 상황에서 4월 22일 민주당 추미애 환경노동위원회 위원장은 사용기간 2년 후 비정규직법을 단 한 번도 사용하지 않는 것은 문제이며, 특히 양대노총의 의견 등 이들의 의견을 반영하지 않는 낮은 수준의 사회적 합의하에서는 상정이 불가하다는 입장을 기자간담회에서 밝히게 된다.

이렇게 되자 노동부와 한나라당은 2009년 6월 8일 당정협의회에서 연장이 아닌 유예로 비정규직법을 개정하기로 합의했으나, 양대노총은 연장도 유예도 비정규직을 고착화시키는 것은 마찬가지라면서 이명박정권에 대한 불신임투표 등 강력대응을 표명하기에 이른다. 그럼에도 불구하고, 한나라당은 2009년 6월 24일 3년 유예 비정규직법 개정안을 발의하기에 이르는데, 발의시점이 5인 연석회의[6]를 진행하고 있는 기간이었다는 점에서, 양대노총의 불만은 최고조에 이르게 된다.

즉, 논의도중 개정안을 발의하는 것은 이해할 수 없는 행위로서 철회를 강력히 요구하게 된다. 이러한 상황에서 2009년 6월 26일 한나라당은 6차 5인 연석회의를 통해 3년 유예입장에서 2년 유예로 수정안을 제시하게 되지만, 이에 대해서도 양대노총은 시행유예를 전제로 한 논의는 진행이 불가하며, 연석 회의장에서 퇴장하게 된다. 아울러 한국노총은 철야노숙투쟁에 들어가게 된다.

한편, 본 6차 5인 연석회의에서는 민주당이 당초 연장 및 유예불가입장에서, 대량해고설에 따른 완충효과를 위해 정규직 전환지원규모의 확대를 전제로 한 6개월 유예안을 제시하게 되어 입장변화를 가져왔으며, 자유선진당은 중재안으로서

6) 5인 연석회의는 민주노총, 한국노총, 한나라당, 민주당, 자유선진당이 참여한 협의기구로서, 정규직 전환의 시점인 2009년 7월 1일을 협의시한으로 두고 있었으며, 실제로는 2009년 6월 18일부터 29일까지 9차례에 걸쳐 열렸다.

1년 6개월의 중재안을 제시하게 된다. 이러한 상황에서 28일 추미애 위원장은 양대노총의 주장은 상당부분 설득력이 있으며, 이에 따라 노동계가 유예안을 받아들이지 않는다면 법안을 상정할 수 없다는 입장을 다시 한번 기자간담회에서 밝히게 된다.

이에 따라 29일 한나라당은 300인 이상 사업장에 대해서는 현행대로 7월부터 적용하고, 300인 미만 사업장에 대해서만 2년 유예하기로 수정안을 다시 제시하게 된다. 또한 민주당은 300인 미만 사업장에 대해 6개월 유예, 자유선진당은 1년 6개월의 유예를 제시하게 된다. 하지만 양대노총은 시행유예는 절대 수용할 수 없으며, 정규직 전환을 위한 법 시행을 다시 한번 촉구했으며, 유예안 상정 시 총파업을 하겠다는 강경노선을 추구하게 된다.

결국, 5인 연석회의는 결렬되었으며, 협의시한인 7월 1일(비정규직의 정규직 전환 시점)까지 절충이 되지 못하여 비정규직법안은 환노위에 상정조차 못하고 기존 법이 유지되기에 이른다(〈표 10-7〉 참조).

표 10-7 정책주체조직에 대한 정책대상조직의 주요 대응전략(정책집행과정)

정책주체조직의 추진						정책대상조직의 대응					
일시	추진경로	정책수제소식									
		노동부	한나라당	민주당	선진당	일시	대응경로	민주노총	일시	대응경로	한국노총
2008. 12.23	업무보고	기간연장 등 개정의지 표명	–	–	–	08. 12. 30	촛불문화제	비정규직 양산하는 개정 움직임 반대	08. 12. 24	성명	기간연장을 강행하면 정부여당과의 정책연대 파기
2009. 03.13	입법예고	비정규직 사용기간을 2년에서	–	–	–	09. 03. 16	기자회견	4월 임시회 입법저지 투쟁을 벌일 것	09. 03. 16	대표자회의	전 조직적 역량을 모아

정책주체조직의 추진						정책대상조직의 대응					
일시	추진경로	정책주체조직									
		노동부	한나라당	민주당	선진당	일시	대응경로	민주노총	일시	대응경로	한국노총
		4년으로 연장									비정규직법 개정안을 반드시 저지할 것
2009.06.08	당정협의회	연장이 아닌 유예키로 잠정합의	연장이 아닌 유예키로 잠정합의	–	–	09.06.09, 06.13	기자회견, 집회	연장도 유예도 절대불가, 비정규직법 개정 시 이명박정권 불신임 투표 진행	09.06.08	성명	경제위기와 허구적 고용대란을 빌미로 유예하려는 처사를 묵과하지 않을 것
2009.06.24	법률발의	–	3년 유예 법률개정안 발의	–	–	09.06.24	4차 5인 연석회의	유예안 발의는 연석회의를 무력화시키는 것으로 철회요구	09.06.24	성명	논의도중 개정안을 발의하는 것은 이해할 수 없는 행위
2009.06.26	6차 5인 연석회의	–	3년 유예에서 2년 유예로 수정제시	당초 연장 및 유예불가 입장에서, 정규직 전환 지원규모의 확대를 전제로 한 6개월 유예 제시	1년 6개월 유예 중재안 제시	09.06.26	회의퇴장	시행유예를 전제로 한 논의는 진행불가, 연석 회의장에서 퇴장	09.06.26, 09.06.26부터	회의퇴장, 노숙투쟁	회의장에서 퇴장, 시행유예를 전제로 한 논의는 무의미·철야노숙 투쟁 (한국노총 비정규직 연대회의)

정책주체조직의 추진						정책대상조직의 대응					
일시	추진경로	정책주체조직									
		노동부	한나라당	민주당	선진당	일시	대응경로	민주노총	일시	대응경로	한국노총
2009. 06.29	9차 5인 연석 회의	–	300인 이상 사업장은 현행대로 7월부터 적용, 300인 미만 사업장은 2년 유예 수정제시	300인 미만 6개월 유예 수정제시	300인 미만 1년 6개월 유예	09. 06. 29, 09. 06. 30	9차 5인 연석 회의, 성명	시행유예 절대 수용 불가정규직 전환을 위한 법 시행 촉구, 유예안 상정 시 총파업	09. 06. 29	9차 5인 연석 회의	시행유예 절대 수용 불가 정규직 전환을 위한 법 시행 촉구

출처: 기존의 여러 자료를 근거로 구성.

이렇게 정책유지가 된 요인을 전문가 인터뷰를 통해 살펴보면, 민주노총 및 한국노총 등 정책대상조직의 대응이 90%로 제일 높았으며, 다음으로는 추미애 위원장의 의지, 정책주체조직의 절충실패, 그리고 기타로 나타났다. 결국, 비정규직 사용기간을 2년으로 제한하고 정규직으로 전환시키려는 비정규직법이 그대로 유지될 수 있었던 이유에는 정책대상조직의 대응이 핵심적 영향요인으로 작용했던 것이다.

즉, 연장과 유예로 개정시키려는 것은 비정규직을 고착화시킬 수밖에 없다는 것, 경제유연성 등을 고려할 때 정규직 전환지원금을 확대해야 한다는 것, 그리고 본 법을 단 한 번도 제대로 집행하지 못하고 개정하려는 것은 정책주체조직의 신뢰성에 문제가 있다는 것 등을 강력하고 지속적으로 주장했던 정책대상조직의 대응이 효과적이었다는 것이 전문가인터뷰와 본 저자의 공통된 견해인 것이다.

아울러 정책결정과정 대비 정책집행과정에 대한 정책대상조직의 전략파워를 비교한 결과, 상대적 관점에서 양적 및 질적으로 80% 우위를 보여 정책주체조직에 대한 정책대상조직의 대응은 정책집행과정이 높은 수준이라는 것을 알 수 있었다(〈표 10-8〉 참조).

표 10-8 정책유지의 요인과 정책대상조직의 전략파워에 관한 전문가 인터뷰[7)]

구분	정책유지의 요인				정책결정과정 대비 정책집행과정의 정책대상조직 전략파워 비교	
	정책대상 조직의 대응	정책주체 조직의 절충실패	추미애 위원장의 의지	기타	빈도(양)	강도(질)
환노위 보좌관 A	√	−	√	−	○	≒
환노위 보좌관 B	√	√	−	−	○	○
환노위 보좌관 C	√	−	√	−	○	○
환노위 보좌관 D	√	−	√	−	○	○
환노위 보좌관 E	√	√	−	−	○	○
환노위 입법조사관 A	√	−	√	−	○	○
환노위 입법조사관 B	−	√	−	√	×	○
환노위 입법조사관 C	√	−	√	−	○	≒
환노위 입법조사관 D	√	√	−	−	○	○
환노위 입법조사관 E	√	−	√	−	≒	○
비 중	90%	40%	60%	10%	80%	80%

결과적으로, 정책집행과정의 비정규직법 개정 관련 정책대상조직들의 입장을 정리해 보면, 정책결정과정에서는 양대노총이 분산적으로 대응을 한 반면, 본 과정에서는 같은 목소리로 개정에 대한 반대입장을 추구했다는 점에서, 정책대상조직의 전략은 유기적으로 이어졌다고 할 수 있는 것이다(〈표 10-9〉 참조).

7) 본 전문가 인터뷰는 전현직 환경노동위원회 소속 보좌관 및 입법조사관 각각 5인 총 10명을 대상으로 2009년 12월 1일부터 29일까지 전화 및 직접방문을 통해 실시하였고, 여타 사항은 본인들의 희망으로 미공개로 하고자 한다. 한편, 본 표에서 정책유지의 요인에 대한 인터뷰는 복수응답(2개)으로 이루어졌다. 아울러 √ 해당, − 미해당, 그리고 ○ 우위, ≒ 유사, × 열세를 의미한다.

표 10-9 2차 정책변동 추진에 대한 각 정책조직의 입장

구분		정책조직	
		정책대상조직	정책주체조직
입장	찬성	–	노동부, 한나라당, 자유선진당
	반대	민주노총, 한국노총	–
	중립	–	–
	변화	–	민주당(반대 → 찬성)

3. 정책대상조직에 의한 비정규직보호정책의 유지 분석 결과

민주노총·한국노총 등 정책대상조직에 의한 비정규직보호정책의 유지를 분석한 결과, 다음과 같은 결론이 도출되었다.

전술한 바와 같이, 비정규직법은 「기간제 및 단시간근로자 보호 등에 관한 법률」, 「노동위원회법」, 그리고, 「파견근로자 보호 등에 관한 법률」 등을 포괄하는 개념으로 볼 수 있는데, 이 중 「기간제 및 단시간근로자 보호 등에 관한 법률」에 근거한 사용기간에 있어서 이전에는 그 규정이 부재하였으나 비정규직근로자의 총사용기간을 2년으로 제한하고, 2년 초과 시 정규직근로자로 간주하는 내용이 제정되었으며, 이러한 규정은 정책대상조직에 의해 계속 유지된다(〈표 10-10〉 참조).

결국, 전술한 사례를 중심으로 분석한 결과, 정책오차 여부는 정책결정과정과 정책집행과정에서 모두 오차를 나타냈으며, 정책대상조직에 의한 정책순응·불응 여부는 전자가 대상조직의 분열로 인해 낮은 수준의 불응, 후자는 순응으로 나타났다. 낮은 수준의 불응 및 순응의 요인으로서는 모두 정책의 소망성으로 나타났으며, 이를 위한 정책대상조직의 전략으로는 정책결정과정에서 대상조직의 분열로 인한 낮은 수준의 정책유지전략, 정책집행과정에서는 높은 수준의 정책유지전

표 10-10 비정규직보호정책의 내용추이

구분	부재 · 현행	제정 · 개정 (정책변동)	개정 · 재개정 (정책유지)
비정규직 근로자 사용기간	부재	비정규직근로자의 총사용기간을 2년으로 제한하고, 2년 초과 시 정규직근로자(무기근로계약)로 간주 → 처벌조항은 부재	제정내용과 동일
차별 시정 제도	부재	비정규직(기간제 · 단시간 · 파견근로자)에 대한 불합리한 차별처우를 금지하고, 노동위원회에 차별시정절차를 마련 → 시정명령 불이행 시 1억 원 이하 과태료	제정내용과 동일
파견 근로자의 보호	불법 파견 시 사업주에 대한 벌칙 존재 → 1년 이하 징역, 1,000만 원 이하 벌금	불법 파견 시 사업주에 대한 벌칙 강화 → 3년 이하 징역, 2,000만 원 이하 벌금	개정내용과 동일

략이 나타났다. 전략의 행태는 전자가 대상조직의 분열로 인해 분산적 행태, 후자는 유기적 행태를 나타냈고, 정책대상조직에 대한 대리인은 전자의 경우 민주노동당, 후자의 경우는 민주당으로 나타났다. 민주당의 경우 처음에는 정책대상조직의 의견을 대변했으나, 차후 대상조직에 반하는 의견변화를 일으켰다는 점에서, 대리인으로서의 한계를 지적할 수 있다. 하지만 민주당 추미애 위원장이 지속적으로 대상조직의 입장을 대변함에 따라 전체적으로는 대리인으로서의 역할을 어느 정도 수행했다고 볼 수 있는 것이다.

결과적으로, 정책결정과정은 고용안정부재정책에서 고용안정지양정책으로 변동되고, 정책대상조직과 괴리된 정책변동(낮은 수준)을 나타냈으며, 정책집행과정은 고용안정지양정책으로 유지되고, 정책대상조직과 일치된 정책유지를 나타낸 것이다(〈표 10-11〉 참조).

표 10-11 정책대상조직에 의한 비정규직보호정책의 유지 분석 결과

구분	비정규직보호정책의 과정	
	정책결정과정	정책집행과정
정책오차 여부	오차	오차
정책순응·불응 여부	불응 (낮은 수준)	순응
요인	정책산출물 차원의 요인: 정책의 소망성	정책산출물 차원의 요인: 정책의 소망성
전략	정책유지전략(낮은 수준)	정책유지전략(높은 수준)
전략행태	분산적 행태	유기적 행태
대리인	민주노동당 (특히 민주노총 대변)	민주당
정책유지 결과	고용안정부재정책 → 고용안정지양정책	고용안정지양정책 → 고용안정지양정책
특징	정책대상조직과 괴리된 정책변동(낮은 수준) [정책주체조직에 의한 정책변동(낮은 수준)]	정책대상조직과 일치된 정책유지 [정책대상조직에 의한 정책유지]

제 5 절 결론

전술한 바와 같이, 비정규직보호정책에 대해 정책대상조직에 의한 정책유지를 분석한 결과, 정책결정과정은 대상조직의 주장을 일부 받아들인 낮은 수준의 정책주체조직에 의한 정책변동을 나타냈고, 정책집행과정은 정책대상조직에 의한 정책유지를 보였다. 이러한 분석과정에 있어서 일정부분 시사점이 도출되었는데, 이를 조명해 보면 다음과 같다.

첫째, 이전보다 중요성이 커진 정책대상조직의 존재라고 할 수 있다.

전반적으로 사회가 다양화되면서 정책에 있어 변화의 빈도가 급속하게 높아져 가고 있고, 정부가 정책문제에 대한 인식변화가 있거나, 꾸준하게 집행되어 온 정책이 환경변화에 따라 정책의 우선순위가 바뀌고 있다. 특히, 환경적 요구에 따른 정책변화 등이 급속히 증가하고 있는데, 과거 권위주의적 시대에서는 정책변화 등을 요구하는 이익집단 등 정책대상조직이 미미하였으나 다원주의적 시대를 맞은 현재에 있어서는 이들에 의한 정책흐름이 급속하게 증가하고 있는 것이다.

즉, 과거에는 정책대상조직이 정책주체조직의 결정과 지시에 따라 순응하는 수동적인 존재였으나, 현재에 있어서는 자신들의 주장을 관철시키기 위해 주체조직에 의한 정책흐름에 상당부분 영향력을 미치고 있는 것이다. 다시 말해서, 민주노총과 한국노총 등 정책대상조직이 정부여당 등 정책주체조직에 의한 비정규법안에 대해 상당부분 영향을 미쳐 그 흐름을 바꾸어 놓은 것이다.

둘째, 이전보다 중요성이 커진 정책집행과정이다.

기존의 고전적 집행관에 입각한 연구들은 집행과정을 결정과정의 의도와 통제에 따라 움직이는 수동적인 존재로만 파악하면서 집행과정의 정책에 대한 해석과 전략의 문제를 그다지 중요하게 다루지 않았다. 또한 정책집행과정에 있어서 정책대상조직에 따라 동일한 정책이 상이한 효과를 나타낼 수 있다는 가능성에 대해서도 중요하게 언급하고 있지 않았다. 하지만 프레스만과 윌답스키(Pressman & Wildavsky)는 결정된 정책이 집행되는 과정을 '진흙탕을 뚫고 나가는 것(mudding through)'이라고 하여 험난한 과정으로 표현하면서 집행과정의 역동성과 중요성을 강조하였다(채경석, 2000).

즉, 정책결정과정에 있어서는 정책대상조직에게 불리하게 형성되는 과정이었지만 당장 시행되지는 않았던 반면, 정책집행과정에 있어서는 정책대상조직에게 민감한 비정규직보호정책이 실제로 집행되는 과정이라는 점에서, 정책결정과정보다는 전략빈도와 강도가 높아져 정책유지를 가져온 것이다. 즉, 비정규직보호정책의 집행과정은 고전적 집행관에서 가정했던 행태와는 달리 역동적인 과정이었다는 점에서, 과거보다 상호작용이 높은 수준이었다는 것이다.

셋째, 같은 정책산출물일지라도 상황에 따라 주장이 변할 수 있는 정책대상조직의 입장변화이다.

비정규직근로자의 총사용기간을 2년으로 제한하는 규정에 대해 정책결정과정에서는 비정규직을 양산한다는 근거로 인해 대체로 반대입장을 표명했으나, 정책집행과정에 있어서 그 시행이 임박해지자 정규직 전환으로 총력을 기울이면서, 찬성으로 입장변화를 추진했던 것이다. 즉, 조직의 정책에 대한 충성도는 환경의 변화에 따라 바뀔 수 있다는 것을 다시 한번 보여주는 사례라고 할 수 있는 것이다.

아울러 본 연구는 정책대상조직에 의한 정책유지의 유형을 근거로 분석틀을 구성했는데, 그 연결과정이 비교적 정교하지 못했다는 점에서, 차후 보다 섬세한 접근이 필요하다고 판단된다. 또한 정책오차의 판단기준이 부재하여 질적 분석과 양적 분석으로 접근했음에도 불구하고 너무 설문조사에만 치중한 면이 있다는 점에서, 이 부분 역시 차후 정확한 측정기준을 개발해야 할 것으로 생각된다.

참고문헌

〈국내문헌〉

◆ 단행본

김경우 · 양승일 · 강복화(2008), 『사회복지정책론』, 창지사.

김기원(2000), 『공공부조론』, 학지사.

김미혜 · 정진경(2007), 『사회복지정책분석론』, 동인.

김영래 외(2004), 『NIG와 한국정치』, 아르케.

김정헌(2002), 『복지정책론』, 대명출판사.

김학만 · 김경우 · 이용환 · 전석범(2005), 『사회복지정책론』, 대왕사.

김한양 · 백윤철(2006), 『사회복지정책론』, 한국학술정보.

김영평(1995), 『불확실성과 정책의 정당성』, 고려대학교 출판부.

김형렬(2002), 『정책학』, 법문사.

김형식 · 이영철 · 신준섭(2001), 『사회복지행정론』, 동인.

김호진(2003), 『한국정치체제론』, 박영사.

남기민(2006), 『사회복지정책론』, 학지사.

노화준(2003), 『정책학원론』, 박영사.

박병현(2004), 『사회복지정책론: 이론과 분석』, 현학사.

______(2005), 『사회복지정책론』, 학현사.

박정호(2006), 『사회복지정책론』, 학지사.

안홍순(2012), 『사회복지정책론』, 공동체.

오석홍 · 김영평 편(2000), 『정책학의 주요이론』, 법문사.

원석조(2004), 『사회복지정책론』, 양서원.

______(2006), 『사회복지정책론』, 공동체.

유훈(2002), 『정책학원론』, 법문사.

양승일(2014), 『사회복지행정론』, 양서원.

__________, 『정책변동론: 이론과 적용』, 박영사.

이정서 · 김상철(2002), 『한국사회복지정책론』, 청목출판사.

이정우(2005), 『사회복지정책』, 학지사.

이태복 · 심복자(2006), 『한국사회복지정책론』, 나남출판.

전재일 · 배일섭 · 정영숙(2006), 『사회복지정책론』, 형설출판사.

정정길(2000), 『정책학원론』, 대명출판사.

정정길 · 최종원 · 이시원 · 정준금(2005 · 2007), 『정책학원론』, 대명출판사.

조선일(1995), 『정책학개론』, 학문사.

조성한 · 임재현 · 주재현 · 한승준(2006), 『정책학의 주요이론』, 법문사.

최성재 · 남기민(2000), 『복지행정론』, 나남출판.

채경석(2000), 『정책집행의 논리와 현실』, 대영문화사.

현외성(2005), 『사회복지정책강론』, 양서원.

◆ 논문

권순만(2006), "건강보험 재정위기의 원인과 정책과제", 한국정책학회보, 10(3).

권순복(1999), "웹 프락시에서 콘텐트타입에 기반을 둔 캐쉬 일관성 유지정책", 서울대학교 석사학위논문.

권태정(2009), "세계화시대의 도시범죄관련 미국 도시설계와 질서유지정책", 국토연구, 60.

강효진(2006), "비정규직근로자에 대한 국민건강보험 확대적용정책의 평가: 1999년~2003년 한국노동패널(KLIPS) 자료를 중심으로", 사회복지정책, 24.

김선혁 · 정재동 · 정태헌(2007), "우리나라 제1~3공화국의 예산정책 변화과정 분석: 정책진화론을 중심으로", 한국정책과학학회보, 11(2).

김성훈(2004), "코포라티즘 의사결정과정의 다이나믹스: 투레벨 게임이론 접근", 한국행정학회 2004년 하계학술대회자료집.

김순양(2006), "보건의료 정책형성과정의 동태성: 옹호연합모형을 통한 의료보험 통합일원화 논쟁의 해석", 한국정책학회보, 15(3).

김영래(1998), "비정부조직의 정치참여 비교연구", 공공정책연구, 4.

김진학(2006), "한국 공공복지 행정조직과 전문인재", 한국사회복지학회 2006년도 춘계학술대회자료집.

김종성 · 김연수(2003), "NIG와 정부 간 관계에 대한 신제도주의적 접근", 한국사회와 행정연구, 14(1).

김태룡 · 안희정(2004), "효과적인 복지정책을 위한 생산적 복지와 참여복지의 탐색", 한국사회와 행정연구, 15(2).

김홍신(2003), "건강보험 재정통합 이후의 과제와 전망", 정책토론회.

남상민(2005), “정책과정에서의 NGO: 정책옹호동맹체모형(ACF)과 새만금사업에서의 NGO 역할”, 한국정책학회보, 14(1).

류학렬(2001), “서울추모공원, 장묘문화 개선의 계기 되어야”, 지방자치, 156.

박윤영(2005), “국민임대주택 정책결정에 관한 연구”, 한국사회복지정책학회 춘계학술대회.

박재규(2004), “비정규직 여성근로자의 고용환경 및 생활만족 변화 연구”, 사회복지정책, 18.

박천오(2002), “정부관료제의 시민참여 수용성: 한국공무원의 인식을 중심으로”, 행정논총, 40(2).

박해룡(1990), “정책변동에 관한 연구”, 대구경북행정학회보, 2.

배화숙(2005), “정규직과 비정규직노동자의 기업복지 차이 연구: 한국노동패널(KLIPS) 6차 자료를 중심으로”, 사회복지정책, 21.

배화숙 · 이인숙(2008), “비정규직 유형별 일자리 만족도 결정요인 분석”, 사회복지정책, 34.

백상현(2007), “자치구 사회복지협의회 기능강화 방안”, 서울특별시의회 정책연구발표회 논문집.

백종섭(2002), “서울시 추모공원 건립정책의 갈등원인과 해결방안”, 한국행정학회 하계학술대회논문집.

부형욱(2002), “방위력 개선사업에서의 정책변동: Kingdon의 정책흐름(Policy Stream)모형과 관료정치 모델의 설명력 고찰을 중심으로”, 국방정책연구, 55.

송하진(1994), “정책실패의 제도화에 관한 연구”, 고려대학교 박사학위논문.

신범순 · 양승일 · 박주용(2006), “장묘복지를 둘러싼 조직간 정책갈등 분석: 제2화장장 입지선정을 둘러싼 서울시와 서초구 · 서초주민을 중심으로”, 한국조직학회보, 3(1).

안병철(2000), “정책형성과정에서의 역동성 분석: 의약분업정책의 참여자간 상호작용을 중심으로”, 고려대학교 박사학위논문.

원석조(2003), “건강보험통합의 이념성 고찰”, 사회복지정책, 17.

______(2006), “건강보험통합논쟁의 전개과정에 관한 연구”, 사회복지정책, 25.

유재원(2003), “시민참여의 확대방안: 참여민주주의의 시각에서”, 한국행정학회 2003년 하계학술대회자료집.

윤홍식(2004), “건강가정기본법 제정경과, 쟁점, 한계에 대한 검토”, 2004년 춘계학술대회자료집.

오을임 외(1990), “정책대상집단의 정책순응에 관한 연구: 영산강농조 조합원의 수세(농지개량조합비) 거부를 중심으로”, 사회과학연구, 13.

윤종건(2004), "사교육비 폐해 근절을 위한 제언: 평준화정책 유지하되 학교 선택권은 학생에게", 신동아, 47(1).

양봉민 · 김진현 · 이태진(2002), "건강보험의 재정전망과 정책과제", 사회복지정책, 15.

양승일(2006), "ACPS 모형을 활용한 규제정책 변동과정 분석: 그린벨트정책의 개발허용기를 중심으로", 한국정책과학학회보, 10(2).

______(2007), "복지정책형성과정에서 나타나는 참여수용성 분석: 건강보험통합정책을 둘러싼 NIG(NGO-Interest Group)에 대한 정부의 참여수용성을 중심으로", 사회복지정책, 30.

______(2009), "장묘시설을 둘러싼 복지정책형성과정의 역동성 분석: 서울추모공원 건립정책을 중심으로", 한국행정학보, 43(1).

양승일 · 유홍림(2010), "정책대상조직에 의한 복지정책의 유지 분석: 비정규직보호 정책을 중심으로", 정부학연구, 16(2).

양승일 · 한종희(2008), "정책대상조직에 의한 교육복지정책의 변동 분석: 노무현 정부의 사학정책을 중심으로", 한국조직학회보, 5(1).

이광래(2001), "한국기업의 사회복지활동 활성화방안", 제주대학교 석사학위논문.

이병길(1992), "정책변동의 요인과 과정에 관한 연구: 방송정책(1980~1990)변동사례를 중심으로", 서울대학교 박사학위논문.

이순만(2004), "Kingdon의 정책흐름모형을 적용한 정책변동 연구: 국군간호사관학교 사례를 중심으로", 한국공공관리학보, 18(2).

이용재(2004), "건강보험 재정통합에서의 의회역할", 사회복지정책, 19.

이양수(2004), "거버넌스시대 지역NIG의 정책과정별 참여에 관한 연구: 대구지역을 중심으로", 한국행정학회 하계학술대회.

이진숙 · 안대영(2005), "건강가정기본법의 정책결정과정 분석", 사회복지정책, 23.

임동완(2003), "새만금 간척사업에 대한 게임이론적 분석: 행위자들의 전략변화를 중심으로", 서울대학교 석사학위논문.

임은아(2009), "문화예술지원정책 변동 연구: 한국문화예술위원회 설립 및 운영을 중심으로", 서울대학교 석사학위논문.

장지호(2004), "경유승용차 판매허용의 정책변동연구: 옹호연합모형의 적용", 한국행정학보, 38(1).

전진석(2003), "새만금 간척사업의 정치경제와 정책옹호연합모형", 한국사회와 행정연구,

14(2).

__________, "의약분업 정책변화에 대한 연구: 정책옹호연합모형을 적용하여", 한국정책학회보, 12(2).

주동근(2009), "약관 규제의 불응요인에 관한 실증분석", 한국정책학회보, 18(2).

진상은(2008), "법학전문대학원 설치·운영법 제정과정에 관한 연구", 서울대학교석사학위논문.

최인이(2009), "유통 서비스업 여성비정규직 노동의 성격과 차별 양상에 대한 연구: 백화점 간접고용 노동자의 사례를 중심으로", 한국사회학, 43(1).

최희경(2004), "의료보험수가 결정과정과 정부의 역할: 건강보험정책심의위원회(건정심) 결정과정을 중심으로", 한국행정학보, 38(2).

현외성(2000), "21세기 NGO로서 강원 사회복지기관의 역할과 과제", 강원복지정책연구원 창립 1주년 기념세미나집.

〈국외문헌〉

◆ 단행본

Aldrich, H.(1999), *Organizations Evolving,* Sage Publication.

Anderson, J. E.(1984), *Public Policy–Making, 3rd ed.* New York: Holt Rinehart & Winston.

Dror, Y.(1971), *Design for Policy Sciences*, New York: American Elsevier.

Etzioni, A.(1968), *The Active Society*, New York: The Free Press.

Eyestone, R.(1978), *From Social Issues To Public Policy*, New York: John Wiley & Sons, Inc.

Freidson, E.(2001), *Professionalism: The Third Logic,* Cambridge: Polity Press.

Gilbert, N. & Terrell, P.(2002), *Dimension of Social Welfare Policy*, Boston: Allyn & Bacon.

Hofferbert, R. I.(1974), *The Study of Public Policy*, Indianapolis: Bobbs-Merrill.

Hogwood, B. & Peters, B. G.(1983), *Policy Dynamics*, New York: St. Mar-tin's Press.

King, C. S. & Stivers, C.(2001), Reforming Public Administration: Including Citizens, in Kuotsai Tom Liou(eds.), *Handbook of Public Management Practice and Reform*, New York: Marcel Dekker, Inc.

Kingdon, J. W.(1984), *Agendas, Alternatives and Public Policies*, Boston: Little, Brown and Co.

Lindblom, C. E.(1980), *The Policy−Making Process*, Englewood Cliffs, New Jersey: Prentice Hall.

March, J. G. & Simon, H. A.(1958), *Organizations*, New York: John Wiley.

Mazmanian, D. A. & Sabatier, P. A.(1983), *Implementation and Public Policy*, Glenview: Scott, Foresman and Co.

Mucciaroni, G.(1995), *Reversals of Fortune: Public Policy and Private Interests*, Washington D. C.: Brookings Institution.

Munro, J. E.(1993), *California Water Politics: Explaining Policy Change in a Cognitively Polarized Subsystem*, Boulder: Westview Press.

Nakamura, R. T. & Smallwood, F.(1980), *The Politics of Policy Implementation,* New York: st. Martin's Press.

Polsby, N. W.(1984), *Political Innovation in America*, New Haven: Yale University Press.

Sabatier, P. A. & Jenkins-Smith, H. C.(1999), *The Advocacy Coalition Framework: An Assessment*, Boulder: Westview Press.

Salamon, L. & Anheier, H. K.(1997), *Defining the Nonprofit Sector: A Cross−National Analysis,* Manchester University Press.

Wilensky, H. L.(1975), *The Welfare State and Equality: Structual and Ideological Roots of Public Expenditure*, Berkeley: University of California Press.

Young, O. R.(1994), *Compliance and Public Authority: A Theory with International Applications,* Baltimore, Maryland: Johns Hopkins University Press.

◆ 논문

Cobb, R. W. & Ross, J. K. & Ross, M. H.(1976), "Agenda Building as a Comparative Political Process", *American Political Science Review*, 70(1).

Cohen, M. & March, J. & Olsen, J.(1972), "A Garbage Can Model of Organizational Choice", *Administrative Science Quarterly*, 17(1).

Coombs, F. S.(1980), "The Bases of Noncompliance with a Policy", *Policy Studies Journal,* 8(6).

Elmore, R.(1978), "Organizational Models of Social Program Implementation", *Public Policy*, Spring.

Ferge, Z.(1989), "Social Policy and the Economy", in M. Bulmer et al.(ed), *The Goals of Social Policy.*

Goldenberg, E. N.(1983), "The Three Faces of Evaluation", *Journal of Policy Analysis and Management*, 2(4).

Gouldner, A.(1959), "Organizational Analysis", in Robert K. Merton, et al.(ed), *Sociology Today.*

Hall, P. A.(1993), "Policy Paradigms, Social Learning and the State: The Case of Economic Policymaking in Britain", *Comparative Politics*, 25(3).

Hofferbert, R. I.(1966), "The Relationship Between Public Policy and Some Structural and Environmental Variables in American States", *American Political Science Review*, 60.

Koontz, T. M.(1999), "Administration and Citizens: Measuring Agency Officials' Efforts to Foster and Use Public Input in Forest Policy", *Journal of Public Administration Research and Theory*, 9(2).

Matland, R. E.(1995), "Synthesizing the Implementation Literature: the Ambiguity-Conflict Model of Policy Implementation", *Journal of Public Administration Research and Theory*, 5(2).

May, J. M.(1991), "Reconsidering Policy Design Policies and Politics", *Journal of Public Policy*, 11(2).

McNair, R. H. et al.(1983), "Citizen Participants in Public Bureaucracies: Foul-weather Friends", *Administration and Society,* 14(4).

Sabatier, P. A.(1988), "An Advocacy Coalition Framework of Policy Change and the Role of Policy-oriented Learning Therein", *Policy Sciences*, 21.

Smith, T. B.(1973), "The Policy Implementation Process", *Policy Sciences*, 6.

Taira, K.(1974), "Social Security and National Economy", in *Social Security, National Economy and Planning*, Report on the ILO/NORAD Asian Regional Seminar on Social Security. Philippines.

Van Meter, D. S. & Van Horn, C. E.(1975), "The Policy Implementation Process: A

Conceptual Framework", *Administration and Society*, February.

Wildavsky, A.(1966), "The Political Economy of Efficiency: Cost Benefit Analysis, Systems Analysis and Program Budgeting", *Public Administration Review*, 26(4).

Winter, S.(1986), "How Policy Making Affects Implementation: The Decentralization of the Danish Disablement Pension Administration", *Scandinavian Political studies*, 9(4).

〈Web-Site〉

국민건강보험〈http://www.nhis.or.kr〉

국민건강보험 노인장기요양보험〈http://www.longtermcare.or.kr〉

국민임대주택〈http://kookmin.jugong.co.kr〉

국민연금공단〈http://www.nps.or.kr〉

근로복지공단〈http://www.kcomwel.or.kr〉

경제사회발전노사정위원회〈http://www.lmg.go.kr〉

경향신문〈http://www.khan.co.kr〉

노동부〈http://www.molab.go.kr〉

노인장기요양보험〈http://www.longtermcare.or.kr〉

네이버백과사전〈http://100.naver.com〉

네이버지식백과〈http://terms.naver.com〉

네이버지식카페〈http://cafe.naver.com〉

두산백과사전〈http://www.encyber.com〉

대법원〈http://www.scourt.go.kr〉

보건복지부〈http://www.mw.go.kr〉

보건사회연구원〈www.kihasa.re.kr〉

법제처〈http://www.moleg.go.kr〉

4대사회보험정보포털서비스〈http://www.4insure.or.kr〉

사회복지공동모금회〈http://www.chest.or.kr〉

사회복지자료방〈http://kr.blog.yahoo.com/hsdystyle/364〉

서울고등법원〈http://slgodung.scourt.go.kr〉

서울특별시〈http://www.seoul.go.kr〉

서울행정법원〈http://www.yonhapnews.co.kr〉

연합뉴스 <http://www.yonhapnews.co.kr>

조선일보 <http://www.chosun.com>

중앙일보 <http://joongang.joins.com>

중앙선거관리위원회 <http://www.nec.go.kr>

통계청 <http://www.nso.go.kr>

한국갤럽 <http://www.gallup.co.kr>

한국사회복지사협회 <http://kncsw.bokji.net>

한국사회복지협의회 <http://kncsw.bokji.net>

한겨레신문 <http://www.hani.co.kr>

〈기타 자료〉

국민연금관리공단(2006), 『제1차(2005년도) 우리나라 중고령자의 경제생활 및 노후준비실태－국민노후보장패널조사 기초분석보고서』.

감사원(2005), 『공공 장사시설 설치관리 실태 감사』.

김재종(2000), 『서울특별시 장묘문화개선정책 추진방향』, 서울특별시 내부자료.

노동부(2006), 『고용보험백서 2006』.

보건복지부(2014), 『2014년 국민기초생활보장사업안내』.

보험개발원(2009), 『산재보험 운영의 경쟁원리 도입(민영보험 참여) 방안』.

사회복지공동모금회(2007), 『2006 연간보고서』.

삼성경제연구소(2005), 『최근 고용불안의 원인과 시사점』.

유길상 · 홍성호(1999), 『주요국의 고용보험제도 연구』, 한국노동연구원.

이호용 · 임진섭 · 조정완(2012), 『주요국 장기요양제도 비교 연구』, 국민건강보험 건강보험정책연구원.

통계청(2007), 『2006 한국의 사회지표』.

한국노동연구원(2006), 『고용형태별 복리후생 수준의 격차－노동리뷰 3월호: 이슈분석』.

한국보건사회연구원(2006), 『사회복지지출 추계를 위한 한국종교계의 사회복지시설지원금 실태조사: 2001-2003』.

한국종교계사회복지대표자협의회(2004), 『사단법인 한국종교계사회복지협의회 창립 총회 및 제7차 정기심포지엄』.

찾아보기

인명

내용

『 ㄱ 』

『 ㅇ 』

『 ㅈ 』

『 ㅊ 』

저자소개

▸ 양승일

고려대학교 행정학박사(복지행정)
고려대학교 행정학석사(복지행정)
한국외국어대학교 행정학사

대통령자문 정부혁신지방분권위원회 연구위원
서울특별시 의회사무처 보건복지전문위원
서강대학교 공공정책대학원 대우교수
보건복지부 한국장례문화진흥원 이사
한국행정학회 행정학전자사전특별위원회 위원장
강남복지재단 이사
현, 충남도립대학교 자치행정학과 교수

〈저서 및 논문〉
사회복지행정론(양서원), 분배정의와 의료보장(나눔의 집), 정책변동론(박영사), 행정유형론(박영사), 행정학 용어사전(박영사), 학술논문 다수

[제3판]

▌사회복지정책론▐

1판 1쇄 발행 2015년 6월 25일
2판 1쇄 발행 2019년 3월 5일
2판 2쇄 발행 2020년 8월 25일
3판 1쇄 발행 2025년 3월 5일
3판 2쇄 발행 2025년 9월 10일

저 자 | 양승일
발 행 인 | 박철용
발 행 처 | 양서원
주 소 | 경기도 파주시 직지길 522 파주출판도시
전 화 | 031-955-8000(代)
팩 스 | 031-955-8005
홈페이지 | www.yswpub.co.kr
이 메 일 | yswgroup@naver.com
출판등록 | 1987년 11월 24일 제 406-2003-037 호

ISBN 978-89-994-1510-4

정가 22,000원